Andreas Altmann studierte Psychologie und Jura, arbeitete in zahlreichen Berufen und Jobs, z. B. als Nachtportier, Taxifahrer, Anlageberater, Dressman und Buchclubvertreter. Ausbildung am Mozarteum in Salzburg, Engagements am Münchner Residenztheater und am Schauspielhaus Wien. Aufenthalte in einem indischen Ashram und einem Zen-Kloster in Kyoto.
Ausgedehnte Reisen durch Asien, Afrika und Südamerika. Ghostwriter in Paris und New York, Ende der achtziger Jahre Leben in Mexiko City.
Umfangreiche publizistische Tätigkeit für GEO, Stern, Focus, Mare, Zeit-, FAZ- und SZ-Magazin. Autor zahlreicher Bücher, unter anderem bei Frederking & Thaler »Unterwegs in Afrika«. Träger des Egon-Erwin-Kisch-Preises, Auszeichnung durch die Deutsche Aids-Stiftung und Verleihung des Weltentdecker-Preises.
Für das vorliegende Buch »34 Tage/33 Nächte« wurde Andreas Altmann der Johann-Gottfried-Seume-Literaturpreis des Jahres 2005 zugesprochen. Dieser Preis wird alle zwei Jahre Autoren verliehen, die auf dem Gebiet der deutschsprachigen Reiseliteratur eine Arbeit vorlegen, die über Reisen im Sinne Seumes berichten. Das Buch wurde vor allem wegen seiner hohen publizistischen Qualität ausgezeichnet. ARTE hat über »34 Tage/33 Nächte den Film »Die Kunst des Bettelns« gedreht.

www.andreas-altmann.com

Bibliografische Information Der Deutschen Bibliothek

Die Deutsche Bibliothek verzeichnet diese Publikation in der
Deutschen Nationalbibliografie; detaillierte bibliografische Daten
sind im Internet über http://dnb.ddb.de abrufbar.

NATIONAL GEOGRAPHIC ADVENTURE PRESS
Reisen · Menschen · Abenteuer
Die Taschenbuch-Reihe von
National Geographic und Frederking & Thaler

1. Auflage Februar 2006, erstmals im Taschenbuch
© 2004 Frederking & Thaler Verlag GmbH, München
Alle Rechte vorbehalten

Text und Fotos: Andreas Altmann, Paris
Lektorat: Karl-Heinz Bittel, München
Karten: Eckehard Radehose, Schliersee
Umschlaggestaltung: Dorkenwald Grafik-Design, München
Herstellung: Caroline Sieveking, München
Druck und Bindung: Clausen & Bosse, Leck
Printed in Germany

ISBN 3-89405-266-X
www.frederking-thaler.de

Das Papier wurde aus chlorfrei gebleichtem Zellstoff hergestellt.

ANDREAS ALTMANN

34 TAGE
33 NÄCHTE

Von Paris nach Berlin
zu Fuß und ohne Geld

FREDERKING & THALER

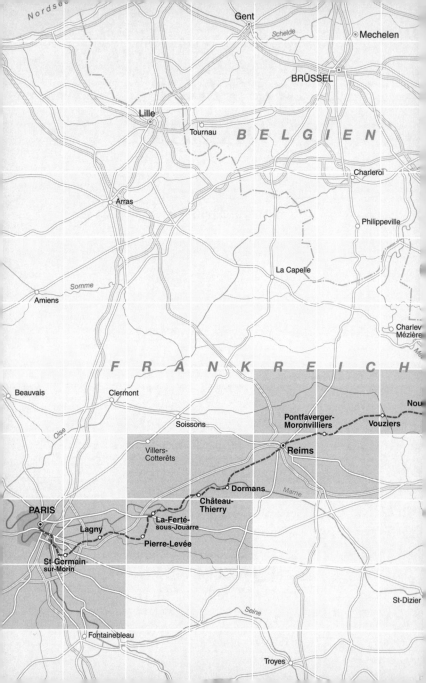

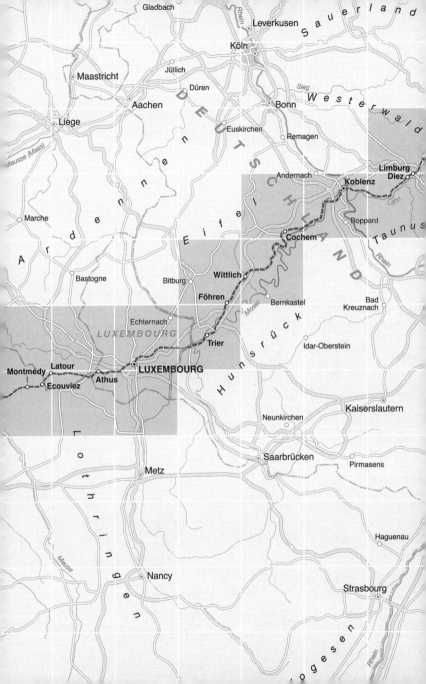

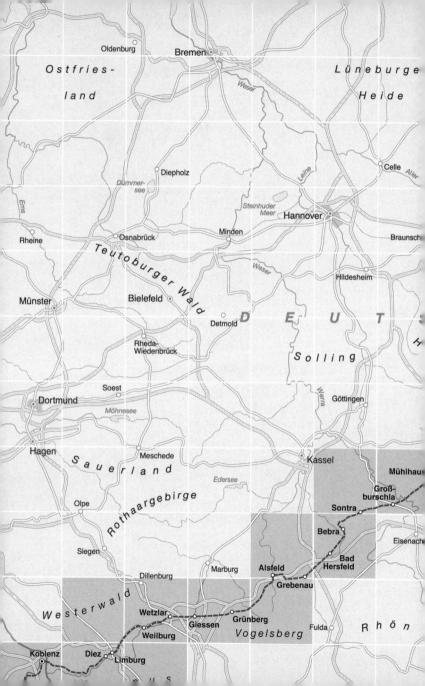

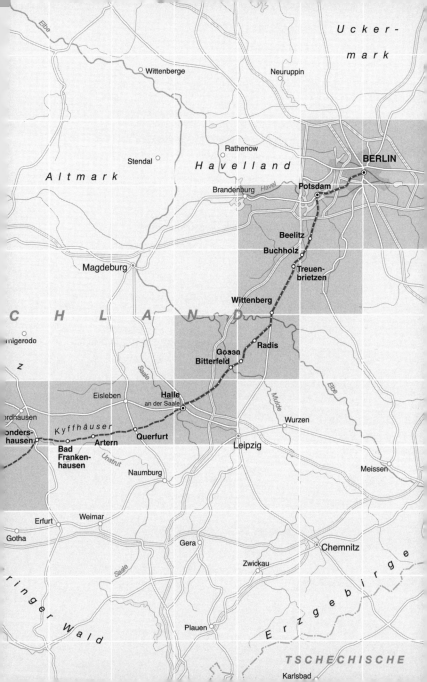

Für Andrea.
Für jeden Tag.

Für Daniel.
Den Bereicherer, den Ansporner, den Neidlosen.

Und die Welt ist weit und wild und noch immer verhandelbar.
Terence, ein New Yorker Obdachloser

Einer der die Nähe sucht der andere das Weite.
Thomas Brasch

It's better to burn than to fade away.
Neil Young

Vorwort

Wer in den Zoo geht und ein Krokodil betrachtet, betrachtet Mitteleuropa. Wohl genährt, träge und bewegunglos liegt es da. Schon erledigt vom pausenlos guten Leben, ist ihm der Hunger nach Aufregungen vergangen. Deshalb stehen in vielen Städten Türme herum, von denen die Ruhelosesten in die Tiefe springen. Kein Reiseversicherungspaket begleitet sie nach unten, um heil davonzukommen. Nein, nur ein Bungee-Gummiband verspricht letzte Rettung. Unglaublich, welche Kraftakte man auf diesem Erdteil unternehmen muss, um sein Herz noch schlagen zu hören.

Es gibt verschiedene Möglichkeiten, um den Anwürfen der Verdummung, der Komfortsucht und dem Wunsch nach einem harmlosen Dasein zu entrinnen. Ich hatte Glück, ich saß in meinem Pariser Café und blätterte in einer Illustrierten. Auf einer Doppelseite Werbung sah ich einen Mann vor der Glaswand eines Schaufensters stehen. Er betrachtete einen funkelnagelneuen Sechszylinder, Text darunter: *Désir*, Sehnsucht. Ich wusste augenblicklich, dass mich andere Sehnsüchte jagen. So kam mir die Idee, von Paris nach Berlin zu marschieren. Immer zu Fuß und immer ohne Geld.

Ich ahnte, dass diese Art, mich fortzubewegen, meinen Leib herausfordern, ihn plagen und piesacken würde. Gleichzeitig bekäme ich täglich, ja stündlich das euphorische Gefühl vermittelt, dass er (der Leib) vorhanden ist und zu mir gehört. Dass ich am Leben bin, dass ich existiere. Zudem kämen mir, hoffentlich, Gedanken in die Quere, von denen ich vorher nichts wusste. Gedanken, die mein

Weltwissen bereichern, Gedanken, zu denen mich nur die 1100 Kilometer führen würden.

Das abenteuerleere Mitteleuropa – hier preisen sie das Betreten eines Kaufhauses als shopping adventure – versprach nur noch dann Gefühle, wenn ich mir Gewalt antat. Der Erdteil selbst tat es nicht, ich musste es selber tun. Deshalb gehen und betteln. Die Entscheidung fiel umso leichter, als ich in der Tradition des jüdisch-christlichen Abendlandes erzogen worden war. »Im Schweiße deines Angesichts sollst du dein Brot essen«, der Satz leuchtete mir auf Anhieb ein. Ich blieb immer das Gegenteil des eleganten, nie verschwitzten Hallodris, ich war immer Arbeiter, Schwitzer, Sünder.

Um mir Mut zu machen, erzählte ich ein paar Freunden von dem Vorhaben. Statt mich anzufeuern, gaben sie mir den Rest und versprachen ein baldiges Scheitern. Nach spätestens zwei Wochen würde ich im Straßengraben darben, verhungert, verdurstet. Oder überrollt von Männern hinter dem geheizten Lenkrad ihrer Sechszylinder. Ich hörte nicht hin, ich glaube nicht an das Böse, ich glaube an das Böse und Gute.

Es gab noch einen zweiten Grund, warum ich andere über das Projekt informierte. Ich brauchte Zeugen. Damit ich in schwachen Augenblicken an sie denke und mir ihr Gelächter vorstelle, wenn sie erführen, ich hätte aufgegeben. Diese Aussicht versperrte jeden Fluchtweg. Es gab nur losgehen und ankommen. Ein anderes Ende kam nicht in Frage.

Mit einfachen Gesten habe ich mich auf die Reise im Sommer 2003 vorbereitet. Ich lernte, mich nass zu rasieren, ich las die Bücher früherer Wanderer, ich ließ mich gegen Zecken impfen. Und ich fing an, jedem Pariser Schnorrer, dem ich begegnete, einen Euro zu geben. Um der Gerechtigkeit auf die Sprünge zu helfen. Bald würde ich selber schnorren, da konnten ein paar gute Taten meinerseits nicht schaden. Natürlich ist das scheinheilig, trotzdem, ich glaubte daran.

Der letzte Punkt war der heikelste: Einsamkeit üben. Sich im Kopf daran gewöhnen, dass man verdammt allein sein würde. Grundsätzlich bin ich nicht unbegabt für solche Zustände, aber ein zusätzliches Training konnte nicht schaden. »Die Kraft sitzt im Herzen«, meinte Floyd Patterson. Er war Boxweltmeister, er musste es wissen.

Der Marsch sollte durch vier Länder gehen, Frankreich, Belgien, Luxemburg, Deutschland. Zuerst der Westen der Bundesrepublik, dann der Osten. Dass 1990 eine Wiedervereinigung stattfand, hat sich auch bis in die französische Hauptstadt herumgesprochen. Aber dass die beiden Teile so erstaunlich verschieden blieben, so verschieden eben wie zwei sich ferne Länder, das sollte ich noch erfahren. Beim Wandern, beim Handaufhalten, beim Einsammeln von Storys.

Was ich mir vorher innig wünschte, war am Ziel Gewissheit. Das träge Krokodil erwacht viel intensiver zum Leben, wenn man es ohne Kreditkarte und Sechszylinder besucht. Nähe entstand. Überraschungen passierten, ja Wärme brach aus. Genug jedenfalls, um die Wichtigmacher, die Kalten und Verstockten auszuhalten. Klar, auch sie standen am Weg. In Berlin war ich dankbar für jeden. Einmal mehr hatte ich begriffen, dass Geschichten heilen. Die guten, die bösen, sie alle erklären für einen Augenblick die Welt.

Elfter Juni

Gestern, so sagen jene, die ohne Zahlen nicht leben können, ging die Sonne zum 1825 Milliardsten Mal auf. Als ich ein Kind war und die größte Ziffer herausfinden wollte, schrieb ich auf ein Din-A4-Blatt lauter Neunen. Und Robert, mein Freund, schrieb daneben: »Und eins.« Robert war klüger als ich. Er hatte bereits begriffen, dass ein schnelles Ende nicht zu erwarten ist. Als ich um 6.14 Uhr die Haustür hinter mir schließe, denke ich an den Zwölfjährigen. Zum 1825 Milliardsten und ersten Mal geht die Sonne heute auf. Ich sehe in ihr Gesicht und fürchte mich. Seit Tagen glüht der Himmel.

Stiller, klarer Morgen, *Paris s'éveille*, Paris erwacht. Zwei Straßenkehrer öffnen einen Gully, Wasser spritzt, die Sonne leuchtet auf ihre schwarze Haut. Wir kennen uns flüchtig, noch nie haben wir miteinander geredet. Keiner von uns lächelt.

Nach dreizehn Minuten lege ich den ersten Pump an. Ich mag den Ausdruck, er steht bei Henry Miller, der zehn Jahre in Paris gelebt hat und bisweilen die Hand ausstrecken musste, um über den Tag zu kommen. Ich muss umgehend lernen, mich zu überwinden. Und die Scham auszuhalten, das Ausgeliefertsein, das ranzige Mitleid.

Als Anfänger betrete ich die erste Bäckerei und sage »Guten Morgen« und »Haben Sie etwas altes Brot für mich, bitte?« Die Bäckerin interessiert nicht einmal mein *Bonjour*, sie antwort *»non«* und wendet sich ab. Zwei weitere Pumps gehen daneben, das dritte Weib wirft mir noch die Moralkeule hinterher: *»on n'a rien sans peine«*, ohne Fleiß, kein Preis.

Frühbegabte sehen anders aus als ich. Aus drei von Kuchen und zwanzig Brotsorten überquellenden Läden hole ich nicht einen Zipfel. Immerhin lehren sie mich von Anfang an, was es geschlagen hat: Niederlagen zu verkraften.

Ich mag keine Verlierer. Noch weniger ertrage ich die pausenlosen Sieger. Ich will zu denjenigen gehören, die bauchlanden und wieder abheben.

Nach einer halben Stunde verlasse ich Paris. Nichts könnte der Stadt gleichgültiger sein. Keine vierzig Minuten sind vergangen, und eine erste Depression nagt. Jeffrey fällt mir ein. Ich merke, dass mein Hirn nach Erinnerungen sucht, die mich nähren, wenn es sein muss, peitschen: Richtung Osten, Richtung Berlin. Habe ich Glück, dann treffen in meinem Kopf die richtigen Bilder und Gedanken ein. Mit ihnen könnte ich es schaffen.

Jeffrey war ein *homeless bum*, ein obdachloser Nichtstuer, der ruhelos vor dem Haus, in dem ich in New York wohnte, auf und ab rannte. Als ich ihn nach dem Grund für seine Ruhelosigkeit fragte, meinte er: »*Walking off my anger*«, mir den Ärger aus dem Leib treten. Jeffrey tut gut, ich gehe schneller, will wütend sein wie er.

Durch Montreuil, die erste *banlieue*, den ersten Vorort. Banlieue ist ein sinniges Wort: »Bannmeile«, hier stranden jene, die es nicht nach Paris geschafft haben. Schon haben die Arbeitslosen auf den Terrassen der Cafés Stellung bezogen und richten sich ein für den Tag. Hier zahlen sie nicht für den Kaffee, hier zahlen sie für die Möglichkeit, möglichst lange hocken bleiben zu dürfen. Einer feilt mit einem Bimsstein die Nägel, einer redet mit sich selbst, einer bohrt in der Nase, bis das Blut den Zeigefinger herunterfließt.

Die nächsten drei Bettelgänge folgen. Ein Metzger schaut immerhin nach, ob irgendwo eine Wurst von vorgestern herumliegt. *Rien*, alles schon in der Mülltonne. Nicht, dass er auf die Idee käme, mir eine frische anzubieten. Ein Apfel aus einem Obstladen? Von wegen. Ich hole einen Mann mit zwei Baguettes auf der Straße ein. Ob er mir ein Stück abtreten könne? Kommt nicht in Frage, das Brot gehöre ihm nicht. Ich frage einen vierten Mann nach dem Weg, ich will ins drei Kilometer entfernte Neuilly-sur-Marne, er sagt: »Das ist aber weit.« Er ist der Erste, der lächelt. Das erste Geschenk der Reise. Wie dankbar ich bin. Ich ahne, dass das Lächeln eines anderen mich ebenfalls nähren wird. Gerade dann, wenn nichts anderes den Hunger stillt.

Ich komme an einer Bushaltestelle vorbei, wo eine schöne Afrikanerin wartet. Eine Stelle aus Nelson Mandelas Autobiographie fällt mir ein, »Der lange Weg zur Freiheit«: Mandela beschreibt, wie er als junger Rechtsanwalt eines Morgens mit seinem Wagen an einer Endstation in Johannesburg vorbeikam und eine Frau bemerkte, die *dazzling beautiful* aussah. Die aufwühlend Schöne war Winnie, die bald darauf seine Frau werden sollte. Was wird aus der schönen Afrikanerin werden? Wird ihr der Himmel einen Mann wie Mandela schicken? Oder wird sie in Montreuil verwittern, alle Schönheit loswerden an der Seite eines Blinden, der nicht jeden Morgen das Lied ihrer Schönheit anstimmt?

Ich bin froh um die Assoziationen, die mir durch den Kopf schießen. Was lässt sich sagen über Vororte? Dass sie hässlich wie ein Kropf sind? Wer wüsste es nicht längst. So wäre die erste Entdeckung beim Gehen: Die Neuronen flitzen noch schneller, Gedanken sprudeln, das Hirn hat ein gesteigertes Bedürfnis nach Selbstgesprächen. Womit das genaue Gegenteil von dem passiert, was die Ergriffenen gerne berichten: Das Sprudeln legt sich, die Hirnströme verlangsamen sich, die Gedankenblitze werden rarer, Ruhe kehrt ein. Die Ergriffensten begegnen am Ende gar Gott. Beneidenswert.

In Fontenay-sous-Bois. Ich frage nach der Richtung, und einer weist sogleich nach vorne: »Nehmen Sie den Bus!« Die Stimme klingt eher barsch, so als ob Gehen eine unanständige Beschäftigung wäre. Seltsam, sie ist eine Form von Bescheidenheit und scheint gehörig zu irritieren.

Um 7.59 Uhr ist es so weit, jemand beschließt, mir Gutes zu tun. Ich betrete die Bäckerei *Au Levain*, zum Sauerteig, und die Frau Bäckerin öffnet eine Schublade und holt sechzehn Teile eines bereits zerkleinerten Baguettes heraus. Sie lächelt sogar. Der Herr Bäcker kommt auch, lächelt ebenfalls, beide erklären freundlich den nächsten Kilometer. Hinter dem zweiten Eck, als ich zu essen anfangen will, wird klar, dass ich vergessen habe, nach der Beißzange zu fragen. Um die harten Brocken mundgerecht zu zerkleinern. Ich finde einen Brunnen, halte die Steine unter das fließende Wasser, um sie aufzutauen. Bis jemand auf das Schild zeigt: Kein Trinkwasser! In der Kirche gegenüber frage ich nach dem *Secours catholique*, der Caritas im Lande. Ich finde die nahe Tür, aber der Eingang zum Sankt-Martin-Saal ist heute geschlossen. Ab diesem Augenblick weiß ich, dass man nur an bestimmten Tagen Hunger in Frankreich haben darf.

Zwei grundverschiedene Ausgangspositionen: Einer bettelt, weil er es bitter nötig hat. Und einer bettelt, weil er dafür bezahlt wird. Von seinem Verleger. Die Motive sind verschieden, die aktuelle Wirklichkeit ist die absolut gleiche: Wir beide hungern, wir beide sind Bittsteller und müssen uns ausliefern. Und mit dem Ergebnis fertig werden. Dem Hunger des einen wie dem Hunger des anderen ist es völlig egal, wie es zu dem beißenden Gefühl kam. Es beißt. Und das muss aufhören.

Weiter durch die Vorstädte, eine nach der anderen, in jeder wird man von der elenden Vorstellung heimgesucht, hier leben zu müssen. Wie privilegiert ich bin, ich muss nur ein einziges Mal hier durch.

Neuilly-Plaisance, ich bettle zum neunten Mal, ich bitte einen Mann um einen Euro. Er ist gut vorbereitet, er sagt: »Geht nicht, ich bin arbeitslos.« Ich komme an Plakaten vorbei, die niedliche Haustiere zeigen: *Campagne nationale contre les abandons*, Kampagne gegen das Aussetzen von Hunden und Katzen. Sicher von Brigitte Bardot finanziert, die vor Tagen ein Buch veröffentlicht hat, in dem sie sich als Menschenhasserin und Tierfreundin outet. Ein Mann torkelt vorbei, lehnt sich an eines der Plakate. Er ist zu betrunken, um die Ironie der Situation zu erkennen. Aufrufe, sich um Männer zu kümmern, die aufgegeben von allen, auch von sich selbst, durch Neuilly-Plaisance torkeln, finde ich nicht.

Um 12.22 Uhr mache ich eine erste Pause, in Chelles. Mit dem Taschenmesser zerlege ich die Baguette-Klumpen. Ich rutsche ab, die Klinge fährt in meinen rechten Daumen. Ich sauge das Blut aus der Wunde. Was mir seltsamerweise das Gefühl von Geborgenheit verschafft, von weniger Verlassensein. Aus dem Rucksack hole ich den mitgebrachten Proviant, die Reste aus meinem Kühlschrank. Ein Reflex aus Kindertagen, ich kann, ich darf nichts wegwerfen. Diese altmodische Ehrfurcht bin ich bis heute nicht losgeworden. Brot ist heilig, basta.

Der andere Grund für das Mitnehmen der sechzehn Salami-scheiben und drei Äpfel war meine Mutlosigkeit. Den ersten Tag der Tour wollte ich behutsam beginnen. Ich ahnte bereits, dass mir keiner Kalbsfilets und Schinken-Sandwiches nachwerfen würde. Und dass ich ein paar Stunden Schonfrist einfordern dürfte. Um die Kunst des Bettelns zu üben, um den rechten Ton zu finden, jene Sprache, die verführt und weichspült.

Auf der anderen Straßenseite steht ein Supermarkt. Ich habe mir den Platz ausgesucht, um mich zu quälen, um möglichst früh mit den Härtetests zu beginnen. Ich sehe wohlgenährte Männer und Frauen vorfahren, im Geschäft verschwinden und mit vielen Taschen wieder herauskommen. Wahrhaft beneidenswert leuchten ihre Gesichter. Die Aussicht, immer wohlgenährter zu werden, scheint sie zu erheitern.

Weiter. Weiterpumpen. Auch den Alten in Vaires-sur-Marne überrede ich nicht, er schwindelt: »Ich habe meine Börse zu Hause gelassen.« Ein vergesslicher Tropf, den Weg weiß er auch nicht, aber die nächste Haltestelle, die schon. Ich verstehe das Insistieren auf ein öffentliches Verkehrsmittel jetzt anders. Da es oft keine Bürgersteige gibt, will der Mann mir helfen, am Leben zu bleiben. Mit der Flucht in einen Bus.

Was sich ebenfalls wiederholt: das Erstaunen, das bisweilen leichte Entsetzen in den Gesichtern, wenn klar wird, dass ich tatsächlich zu Fuß in den nächsten Ort will. Sie reagieren, als sollten sie mir die Abzweigung nach Wladiwostok zeigen.

Am Ende aller Vororte marschiere ich auf der Nationale 34 weiter. Vorschriftsmäßig und aus Liebe zum Leben gehe ich am äußersten linken Rand und erkenne sofort meinen Todfeind: den Autofahrer.

Ich habe das gleiche Recht wie er, die Straße zu benutzen. Aber er will nichts wissen von diesem Recht, ein ungleicher Kampf beginnt.

Um 12.35 Uhr betrete ich ein Restaurant und begegne dem zweiten Großzügigen an diesem Tag. Nach den sechzehn Baguette-Brocken gibt es jetzt zwei Glas Wasser. Ich trinke mit Bedacht und vermeide heftige Bewegungen, denn hinter der Theke bellen die zwei angeketteten Hunde. Zu jedem französischen Patron, ob Restaurant oder Café, gehört ein Hund. Das ist ein Klischee und immer wahr.

Mir dämmert, dass reinkommen und betteln nicht reicht. Vielleicht reichte es früher. Der Panzer, die tägliche Verhornung, der zähe Wille, den Besitzstand bis auf den letzten Nagel zu retten, verführt nicht zum Spenden. Ein Desaster muss wohl her, um uns wieder an die eigene Menschlichkeit zu erinnern.

Um halb zwei in Lagny-sur-Marne, Endstation für heute. Im Rathaus bekomme ich die Adresse des *Secours catholique*. Ich finde sie, bin aber zu früh, erst um 14.30 Uhr wird geöffnet. Zwanzig Schritte weiter gibt es einen Parkplatz für Behinderte. Der wurde für mich eingerichtet. Ich deponiere meine Füße dort. Nach den ersten 36 Kilometern Gehen haben sie zu ihrer Hauptbeschäftigung gefunden: vor Schmerzen zu schreien. Ich sitze, und sie schreien.

Pünktlich wird geöffnet. Die freiwilligen Helfer, meist ältere Damen, sind ohne Herablassung, auch ohne die Herablassung des Gutmenschen, der ununterbrochen mitfühlende Blicke auf die leidende Kreatur wirft. So will auch ich freundlich sein und bin die nächsten dreißig Minuten ein anständiger Katholik. Ein Dossier wird über mich angelegt, sie fragen sacht nach meiner Geschichte. Im Gegensatz zu Michael Holzach, der in seinem feinen Buch

Deutschland umsonst von den Skrupeln berichtet, sich als armer Schlucker zu präsentieren, obwohl er kein armer Schlucker ist, ja schlimmer, hinterher – für Geld – darüber schreiben wird, im Gegensatz zu ihm bin ich skrupellos. Weil ich als aufrechter Wahrheitsapostel überall hinausflöge. Nur als Elender habe ich ein Recht, hier aufzutreten. Erzählte ich von meinem Projekt, wäre ich draußen. Die schmalen Ressourcen sollen den echten armen Schweinen zuteil werden, nicht einem Reporter, der gern Bücher schreibt. Außerdem spiele ich gern, ich habe mich schon immer gelangweilt, wenn ich zu viele Tage hintereinander derselbe sein musste. Drittens: Wer gut zu mir ist, verdient eine Geschichte. Sie ist mein Anteil, sie ist ein Akt der Freundlichkeit. Weil ich mir Mühe mache und dem anderen damit eine Freude bereite. Zuletzt: Erwähnte ich den Buchvertrag, jeder Zuhörer würde sich umgehend anders benehmen. Diese Information würde wie eine Kamera wirken, die Reaktion des anderen wäre nicht mehr seine natürliche, sondern die Reaktion eines Menschen, der eine Linse auf sich gerichtet fühlt.

Ich erfinde eine heikle Herzoperation, die ich überstanden habe. Und den geleisteten Schwur, hinterher aus Dankbarkeit von Paris nach Berlin zu wandern. Zu Fuß. Und ohne Geld, da der lange Krankenhausaufenthalt mich ruiniert und aus der Bahn geworfen habe, ich erst wieder zu mir und einem Neubeginn finden müsse.

Die Geschichte kommt an. Jeanne d'Arc war auch in dieser Stadt, feste Schwüre lassen auf einen festen Charakter schließen. Nach der Protokollaufnahme nehme ich im Wartezimmer Platz. Acht Personen sitzen schon, Weiße, Schwarze, Araber. Kaffee und Plätzchen werden auf den Tisch gestellt. Instinktiv führe ich mich auf wie ein Kamel, das die Oase erreicht hat. Ich trinke fünf Tassen und esse ein halbes Kilo Kekse. Auch die Kekse, die alle anderen liegen lassen. Ich will den Höcker füllen für Notzeiten.

Das stille Zimmer, keiner redet, Armut macht nicht leutselig. Nur einmal läutet das Handy von Dominique, er ist arbeitslos und ohne Bleibe. Ein abwegiges Bild. Ein Habenichts mit einem Gerät in der Hand, das noch vor kurzem als Insignie des Wohlstands galt. Bei Dominique ist es genau umgekehrt, er hat nichts, aber ein Telefon. Es soll die Verbindung herstellen zum Wohlstand, zur Arbeit, zur Wohnung, zur Rückkehr ins bürgerliche Leben.

Ein Prospekt liegt aus, da steht: »Wir fordern Respekt gegenüber jedem, ungeachtet seiner Hautfarbe, seines sozialen Status, seiner Religion. Wer seinen Enthusiasmus und seinen Humor bezeugen will, bitte bei uns melden.« *Secours catholique* betreibt auch einen kleinen Friseurladen. Das ist sehr französisch und sehr bewegend: die Einsicht, dass zur menschlichen Würde ein gepflegtes Aussehen gehört.

Man ruft meinen Namen, bittet mich in den Hinterhof. Damit kein Neid entsteht, die anderen sollen nicht sehen, was sie einem Mann alles mitgeben, der nur *en passant* hier vorbeikommt: Zwei Plastiktüten, prall gefüllt mit 375 Gramm Cornflakes, 350 Gramm Linsen, 125 Gramm Schokolade, einer Flasche Sprite, 28 Teebeuteln, einer Thunfischdose (80 Gramm), zwei Dosen Bauernpastete (je 78 Gramm), einer Dose mit Sardinen (69 Gramm), einer Dose Erdnüsse (160 Gramm), einem Liter Milch. Mit einer Verbeugung wische ich durch den Hinterausgang.

Nur in der deutschen Sprache gibt es das Wort »Vorfreude«. Die mich jetzt antreibt. Auf der *Place de la Fontaine*, dem Zentrum der hübschen Stadt, hat der Bürgermeister ein paar Bänke aufstellen lassen. Er soll hochleben. Ich lasse mich nieder und ziehe als erstes die Stiefel aus. Seit heute Nachmittag weiß ich um die zwei entscheidenden Vokabeln dieser Reise: gehen und essen. Kann ich gehen? Kann ich essen? Der Rest ergibt sich von selbst.

Ich esse und schaue mir zu. Weil ich mich an eine *baglady* in Greenwich Village erinnere, die rastlos mit dem Neuarrangieren ihrer *bags*, ihrer Tüten, beschäftigt ist. Weil alles wieder ausgepackt werden muss, um ein bestimmtes Teil zu finden. Und nach dem Einpacken wieder alles hervorgekramt werden muss, weil man ein anderes Teil vergessen hat. Ich bin diese Alte, denn ich kapiere schnell, dass dieser Aktionismus einen unschätzbaren Vorteil hat: Er hilft beim Zeitschinden. Meine Füße haben heute kein Interesse mehr an Erfahrungen, sie wollen regungslos den Rest des Tages hinter sich bringen. Nach der Pastete, den Sardinen und den Erdnüssen rauche ich. Auch die sechsundzwanzig Zigarillos habe ich aus meiner Wohnung gerettet. Auch sie sind ein Zeichen von Schwäche, ich weiß.

Irgendwann schaffe ich die hundert Meter bis zur *Eglise Notre Dame des Ardents*. Ich liebe Kirchen. Wenn sie leer sind und dämmrig und durchzogen vom Geruch vieler Kerzen. Im Jahr 1127 hat die Heilige Jungfrau das Dorf vom *mal des ardents* gerettet, einem Zustand, der zu Wahnvorstellungen und Krämpfen führen kann. Im großen Buch stehen die vielen Bitten der Gläubigen: »Unternimm was, damit ich den rechten Weg finde!« und »Bring das geliebte Wesen zurück an meine Seite!« und – von Joëlle, leicht genervt – »Mach was!« Viele Rechtschreibfehler in den stürmischen Bitten, ich blättere von vorn nach hinten, aber um Rechtschreibhilfe bittet niemand.

Drei Meter von dem Pult entfernt kniet eine Frau. Flüsternd bewegt sie ihre Lippen, ein Dutzend Kerzen schimmern auf ihr Profil. Der Kopf eines intelligenten Menschen, vielleicht Mitte vierzig. Ich höre die Stimme von Erzengel Gabriel und die Stimme des Satans in mir. Der eine sagt, tu's nicht, der andere wiegelt mich auf. Ich kämpfe mit mir. Und verliere. Weil ich jetzt wissen muss, was hier vor sich geht. Ich nähere mich der Betenden und frage, was sie so selbstvergessen hinauf in den Himmel schickt. Die Neugier sei ein Fluch der Götter, sage ich noch entschuldigend, aber ich kann sie nicht abstellen. Wieder wirkt die heiligste Jungfrau Gutes, denn die Versunkene lächelt. Und beginnt zu reden. Eine andere hätte mich zurückgefaucht, sie, Barbara, schenkt mir ihr Unglück.

Vor zwei Jahren ist sie von Paris hierher gezogen. »J'ai craqué«, ich habe durchgedreht. Ihre letzte Attacke überkam sie kurz vor dem Ortswechsel: Wegen eines Streiks rollten nur wenige Metro-Züge. Die randvoll waren. Barbara mittendrin, Abendverkehr. Irgendwann habe sie zum Schreien angefangen, überwältigt von Angst, Platzangst, Menschenangst. An der Haltestelle Concorde sei sie von Panik getrieben aus dem Waggon gestürzt. Ein paar hätten gleich angeschoben und sie hinausgedrängt. Aber ein junger Mann nahm sie bei der Hand und führte sie nach oben, an die Luft und weg von den Massen. Anschließend seien sie in ein Café gegangen, sie habe ein Glas Wein getrunken und sich irgendwann beruhigt. »Comme un saint dans une mer des brutes«, wie ein Heiliger im Meer der Rüpel sei ihr der Retter vorgekommen.

Dieser Auftritt war nur einer von vielen. Und nicht immer stand ein Gentleman in der Nähe. Ein paar Mal kam die Polizei oder die Ambulanz. Hier in Lagny geht es ihr besser, kleine Stadt, kleine Welt. Aber Barbara lauert auf die nächste Katastrophe. Es kommt ihr vor, als trüge ihr Körper eine Zeitbombe, nur wisse sie nicht, auf welchen Tag, auf welche Stunde die Uhr eingestellt sei. Deshalb kniee sie hier dreimal die Woche nieder und beginne zu flüstern. Damit die Jungfrau die Bombe entschärfe, damit diese Sturzwellen der Beklemmung aufhören.

Ich will auch Kavalier sein und nehme die schwitzenden Hände dieser unglücklichen Frau in meine. Ich bin nicht unglücklich, ich habe noch Kraft, vielleicht hilft ihr die Geste bis morgen früh. Als wir uns verabschieden, denke ich an den Teufel. Wie gut, dass ich auf ihn gehört habe. Er hat einen Riecher für Abgründe und die Untiefen des Lebens.

Die Hitze des Tages hat inzwischen nachgelassen. Wie die Nacht verbringen? Ich frage jemanden, wo man hier im Freien schlafen könne. Ein Park, ein verlassener Kinderspielplatz, irgendein stilles Eck? Der Mann denkt nach, sagt, unten entlang der Marne gebe es sicher eine Möglichkeit. Aber schwierig, denn »Zigeuner treiben sich in der Gegend herum«.

Ich gehe über die Brücke zum Fluss, Enten, Ruderer, die frühe Abendsonne, sehr friedlich. Zwei Bänke neben mir sitzt eine Gruppe Männer, der Jüngste steht und unterrichtet den Koran. Er führt das große Wort, die fünf anderen lauschen. »Allah hört und sieht alles«, höre ich. Während der Eifrige sich am Bart zupft und redet und immer neue Beispiele vom Allesseher und Alleshörer Allah vorbringt, geschieht etwas ganz Irdisches. Von der Brücke her nähert sich eine Frau, eine hübsche Frau. Und Allah und ich sehen, wie die sechs heimlich zur Seite schielen.

Wie beruhigend, dass eine weibliche Brust, obwohl zur Hälfte bedeckt, imstande ist, letzte göttliche Wahrheiten zu unterlaufen. Und mit nichts weiter, mit keinem Wort, mit keinem Versprechen auf Ewigkeit sechs gottesfürchtigen Männern für Minuten den Verstand raubt. Das ist ein wunderbarer Beweis, dass Schönheit wirklich ist und alles andere daneben kläglich auf der Strecke bleibt. Der Busen ist überirdisch wahr und die himmlischen Wahrsagungen nichts als Behauptungen.

Wie versöhnlich diese Szene auf mich wirkt. Weil ich wie viele zusammenzucke, wenn sie dem Gefasel eines Fanatikers begegnen. Der Auftritt der Schönen aber zeigt, dass das halbe Dutzend Bärtiger nicht anders ist als ich, als wir. Anrührbar von Sehnsucht, von Eros, von der Nähe einer Frau.

Das brave Lagny, um halb zehn überrede ich nochmals einen Café-besitzer zu einem Glas Wasser. Die Straßen sind bereits leer, nur noch ein paar Angeber schneiden mit quietschenden Reifen die zwei schärfsten Kurven. Männer in Unterhemden lehnen am Fenster und blicken auf Straßen, auf denen so wenig passiert wie in den Wohnungen hinter den Männern in Unterhemden. Der Vollmond leuchtet, und irgendwo blinkt *Brasserie*, ein Mann lehnt an der Tür, es ist der Patron, er wartet, er wartet vergeblich.

Ich sitze auf den Stufen des Bahnhofs. Von Dominique habe ich erfahren, dass hier um 23 Uhr das Rote Kreuz vorbeikommt und Essen verteilt. Bald bin ich nicht mehr allein, andere Hungrige kommen, den roten Fusel (*Beau soleil*) unterm Arm. Drei torkeln ums Eck wie drei schlechte Schauspieler, die drei Betrunkene mimen. Aber das Trio ist stockbesoffen und schwankt trotzdem linkisch. Jemand hat ein Kofferradio mitgebracht, er sucht einen Sender, den er nie findet. Die anderen beschließen, noch ein Bier zu kaufen. Während der zähen Verhandlungen, wie das um diese Zeit noch zu machen sei, kommt die Ambulanz.

Zwei Männer und zwei Frauen steigen aus, alles Freiwillige. Für jeden von uns gibt es eine Suppe. Oder zwei. Verwöhntes Frankreich, selbst in der Runde dieser notorischen Verlierer fragen sie jeden höflich: »*Quel parfum désirez-vous?*«, welche Geschmacks-richtung wünschen Sie? Ich nehme eine Hühnerbrühe. Für die Zahnlosen steht auch ein *Instant purée* zur Verfügung. Ich frage Catherine, warum sie als Berufstätige nebenbei als guter Mensch von Lagny unterwegs ist. Sie, eher cool: »Ich halte es nicht aus, nur für mich zu leben. Ein Abend pro Woche gehört den andern.«

Nach einer Dreiviertelstunde fahren die vier weiter, zum nächsten Bahnhof. Wer nicht mehr gehen kann, auch wankend nicht mehr nach Hause finden würde, wird aufgeladen und abgeliefert. Mich liefert niemand ab, kurz vor Mitternacht mache ich mich auf die Suche nach einem Schlafplatz.

Zwölfter Juni

Entlang der Marne ist das Gelände zu steil, auch von allen Seiten einsehbar. Ich gehe zurück über die Brücke, finde einen Parkplatz, viele Autos stehen in der letzten Reihe, dahinter liegt ein Grasstreifen. Das sieht nicht schlecht aus. Ich muss schleichen, denn an der Einfahrt lungert eine Gruppe Jugendlicher neben den laufenden Motoren ihrer Autos. Sie trinken Bier und reden. Am Ende des Grasstreifens gäbe es einen Baum, er verspricht eine gewisse Intimität. Aber ich schaffe die sechzig Meter nicht, weil ein einparkender Pick-up meinen Fluchtweg bestrahlt. Ich ducke mich, will erst weiter, wenn der Besitzer und seine Beifahrerin verschwunden sind. Sie verschwinden aber nicht, lassen nur den Hund raus. Wahrscheinlich soll er irgendein Wagenrad anpinkeln. Das blöde Tier findet mich natürlich, schnuppert und zieht desinteressiert weiter. Ein kluges Tier, mit keinem Laut verrät es meine Anwesenheit.

Eineinhalb Stunden muss ich warten. Der Pick-up bleibt, die Jugendlichen bleiben. Vielleicht bereiten sie eine Mutprobe vor wie in dem Film »...denn sie wissen nicht, was sie tun«: James Dean und Corey Allen rasen in zwei Autos auf ein Kliff zu. Wer als Letzter vom Fahrersitz springt, ist der größere Held. Hier könnten sie auf die Marne lospreschen. Irgendwann wird mir klar, dass Nicholas Ray die Szene vor fünfzig Jahren drehte. Inzwischen steht mutig sein nicht mehr an erster Stelle. Vor Wochen konnte man lesen, dass die französische Jugend durchaus glücklich sei. Die Zukunft sehe so schlecht nicht aus. Vom Losrasen und todesmutigen Abspringen war nichts zu erfahren. Der berufliche Lieblingswunsch der glücklichen Jugend sei *fonctionnaire*: Beamter.

Um 1.35 Uhr haben die jungen Beamtenanwärter genug Bier konsumiert, sie räumen das Feld. Der Pick-up ist inzwischen auch verschwunden, in wenigen Sekunden bin ich am Ziel. Ich breite die Aluminiumfolie aus, krieche in den Schlafsack, schaue auf meinen Schrittzähler: 56.705 Schritte waren es von meiner Haustür bis unter dem großen Baum.

Um 5.27 Uhr aufstehen, gerädert. Durch das totenstille Lagny gehen, überall hängen Plakate, sie zeigen ein großes Huhn, der dazugehörige Text: *La vie. La vraie.* Ein Huhn im Supermarkt zu kaufen, bedeutet das Leben, das wahre Leben. Schon frühmorgens ist die Hure Sprache unterwegs. Und hurt.

Bergauf, an jedem dritten Gartenzaun steht *chien méchant*, bissiger Hund. Ein Privatdetektiv bietet auf einem großen Schild seine Dienste an. Ich habe kaum geschlafen, die Neuronen sausen auch nachts, der Boden war hart, meine Hüften sind beleidigt. Heute ist der zweite Tag und ich bin verletzbarer als gestern. Ich denke an schöne Frauen, die mich vorbeigehen sehen, die Haustür öffnen und mich hereinwinken. Aber keine öffnet, keine winkt, stattdessen: *chien méchant, chien méchant, chien méchant.* Böse Hunde statt sanfter Frauen. Das wahre Leben, was ist das? Das tiefgekühlte Huhn im Supermarkt? Meine Träume? Mein zorniger Körper? Ein Satz unter einer Zeichnung des französischen Cartoonisten Sempé fällt mir ein: *J'ai froid, j'ai faim, je veux de l'amour,* mir ist kalt, ich habe Hunger, ich will Liebe.

Als ich die Stadt verlasse, zwingt mich der dichte Gegenverkehr, einen Meter links neben der Nationale 34 zu gehen, durch hohes Gras. Ich bilde mir ein, dass jeder mir zuruft: »Kehr um, du bist lächerlich, du hast keine Chance!« Ich hole die über Nacht wieder hart gewordene Schokolade hervor. Wenn schon keine Liebe, dann wenigstens den Ersatz für Liebe. Zwischendurch entsteht so etwas wie Glück, Glücksfetzen. Halbe Minuten lang gibt es kein Auto auf der Welt, sie ist dreißig Sekunden lang still und gefahrlos. Dann kommt der Krach zurück, wie eine Springflut tost die Blechlawine vom Horizont auf mich zu.

Ich träume von einem Gerät, das Laute in Lautlosigkeit verwandelt, eine Art Lärmschlucker. Der Apparat wäre eine Sensation, er sollte ähnlich effizient sein wie das Rohr, das sich rücksichtsvolle Gangster auf ihre Pistolen stecken und mit dem aparten Wort *silencer* beschreiben: Stille-Macher: ein Schalldämpfer eben, der sich kinderleicht auf zwei Menschenohren schrauben lässt. Diskret, formschön, in allen Farben.

Wandern oder wandern ohne Geld, da liegt ein Himmelreich dazwischen. Hätte ich Kreditkarten und Scheine dabei, könnte ich meinen Magen bei jedem Knurren auf die baldige Ankunft in einem Restaurant vertrösten, jenem magischen Ort, in dem ein guter Geist nach kurzem Wortwechsel in der Küche verschwindet und Minuten später Speis und Trank auf den Tisch stellt. Könnte bei jedem Schrei meiner Füße gedanklich ins abendliche Hotelzimmer fliegen und ihnen eine Badewanne versprechen, in der sie faulenzen und einschlafen dürfen. Könnte meinen beleidigten Hüften ein Bett in Aussicht stellen, das sie baumwurzelfrei willkommen heißt.

Nach zwei Stunden erreiche ich St-Germain-sur-Morin. Vor der ersten Ampel sitzen fünfzig einsame Männer und Frauen in ihren

Autos und warten, bis sie weiterdürfen. Richtung Arbeitsplatz. Den sie fürchten oder hassen. Ihre Gesichter sind nicht eindeutig, nur eindeutig unglücklich. Die fünfzig bemitleiden mich sicher. Ich bemitleide sie auch, wir sind quitt.

Geht es mir schlecht, denke ich schlecht. Die Kleinstadt strengt an. Ich betrete drei Cafés hintereinander und bettle um nichts anderes als ein Glas Leitungswasser. Alle drei Besitzer des Wasserhahns reagieren unwirsch, das Glas verweigern sie nur aus Feigheit nicht. Einer sucht mit Bedacht das kleinste aus. Warum tut er das? Ich bin schweißgebadet, jeder sieht auf den ersten Blick, dass ich die letzten Tage auf keiner Beauty Farm verbracht habe.

Vor Jahren lief in Frankreich der Film *Un monde sans pitié*, eine Welt ohne Erbarmen, ich bin gerade mittendrin. Selbst schuld, ich habe meinen Charme überschätzt. Alle meine Freunde, aber wirklich alle, denen ich von meinem Vorhaben erzählte, hatten mich gewarnt. Vor der Gnadenlosigkeit der Welt, vor der Hartleibigkeit ihrer Bewohner, vor der Übermacht der Habgierigen. Ich war überrascht von dieser Sicht der Dinge, sie passte nicht in mein Menschenbild. Ich glaube an beide, an die Hartherzigen und die Warmherzigen. Aber vielleicht habe ich etwas versäumt, die Zustände sind wohl härter, unnachsichtiger, ja, unromantischer geworden. Inzwischen kennen wir den Neoliberalismus, den Börsenwahn, den Hanswurst, der den Satz »Geiz ist geil« erfunden hat.

Ich denke an den Patron meines Cafés in Paris, der jeden Bettler mit einem Befehl an der Tür abfängt: »*Dehors!*«, raus! Man kann Monsieur Alfred verstehen, weiß man doch, dass weniger Gäste kommen und konsumieren, wenn sie angeschnorrt werden. Und trotzdem, wie unmenschlich klingt das scharfe Wort.

Wäre ich Überlebensgenie Rüdiger Nehberg, ich hätte es leichter. Meine Magenwände bestünden inzwischen aus Panzerplatten. Alle fünf Kilometer würde ich einen überfahrenen Igel verspeisen und mit einem Holunderröhrchen die links und rechts liegenden Pfützen ausschlürfen. Vielleicht als Nachspeise noch einen Frosch goutieren, den ich vorher einer Ringelnatter aus dem Schlangenleib presste.

Ich will mir Zeit geben, der Charme wird kommen. Wie die Warmherzigen. Noch bin ich Anfänger, noch fange ich erst an mit der Kunst des Nichthabens, kenne noch nicht die Gesten und Töne, die einer braucht, um den andern zu beeindrucken.

Um 8.22 Uhr die erste Pause, außerhalb der Stadt. Ich habe noch immer Reserven von gestern. Ich bearbeite weiter das Steinbrot, dazu Bauernpastete und Linsen. Hinterher zähle ich die ersten Blasen. Sechs. Es gibt keine »richtigen« Stiefel, es gibt nur falsche Füße. Noch hat jeder, der einen Gewaltmarsch unternahm, spätestens am zweiten Tag hinauf in den Himmel geflucht. Als ich wieder aufstehe, stehe ich auf wie ein frisch Operierter. Bis zu diesem Augenblick wusste ich nicht, wie viele Muskeln man hat, die wehtun können.

Nach einer halben Stunde wird es besser, ich verlasse die gräuliche Nationale 34 und biege links ab auf eine ruhigere Landstraße, die D 21. Sonne, kein Schatten, der jetzt elf Kilo schwere Rucksack, aber bisweilen ein Zeichen der Freundschaft: Ein Autofahrer weicht großzügig aus, scheucht mich nicht in den Straßengraben, er ahnt meine Mühsal. Ich werde dankbar für die geringste Äußerung von Mitgefühl.

Das englische Wort *travel* (reisen) ist mit dem französischen Wort *travailler* (arbeiten) verwandt. Ich gehe auf Straßen nach Berlin, nicht querfeldein. Auch wenn es riskanter ist. Die Entscheidung fiel bereits gestern. Definitiv. Den mitgebrachten Kompass werde ich dem nächsten Schulkind schenken. Jetzt ist Erntezeit, jeder Bauer würde mich auf die Mistgabel spießen, wenn ich seinen Weizen niedertrampelte. Zudem kenne ich mich auf dem Land nicht aus, wüsste nicht, wie mich ohne GPS exakt positionieren. Ich bin das, was die Franzosen einen *garçon de ville*, einen Stadtjungen, nennen. Ich muss an Männern und Frauen vorbei, nicht an Flora und Fauna. Mit Gesichtern, Körpern und Stimmen kenne ich mich aus. Dazu kommen mir Assoziationen, für sie habe ich ein Koordinatensystem. Erst in ihrer Nähe, nah den Besitzern der Körper, kann ich um Geld, Nahrung und Geschichten betteln. Und den einfachen Traum träumen, irgendwann in einem strahlend weißen Bett die Nacht verbringen zu dürfen.

Um elf Uhr erreiche ich La Haute Maison, im Rathaus unterrichtet der Lehrer im einzigen Klassenzimmer. Ich dampfe vor Hitze, und er erklärt mir, dass es hier keinen Laden gibt, nichts, wo ich einen Pump anlegen könnte. Ich gehe Richtung Kirche, beim Näherkommen sehe ich eine Frau im Gebäude nebenan verschwinden. Ich sehe, wie sie sich hinter einer Gardine versteckt und mich beobachtet. Ich rufe in das geöffnete Fenster hinein. Sie weiß, dass ich sie gesehen habe, sie zieht den Vorhang zur Seite und kommt heraus. Ich strecke ihr die leere Flasche entgegen, die ich aus einem Abfalleimer gezogen habe. Ob sie einen Liter Wasser für mich habe? Durch das vergitterte Tor nimmt sie das Plastik entgegen. Mein Hemd klebt nass auf meiner Haut. Wo bin ich gelandet? In der Bronx der achtziger Jahre? Wo sie um ihr Leben fürchten mussten, wenn sie das falsche Wort aussprachen? Oder in einem erbärmlichen Kuhdorf, in dem sie von der Bronx so viel wissen wie in der Bronx von La Haute Maison? Oder fürchten sie hier Zustände wie in der nur sechzig Kilometer entfernten Pariser Métro, wo alle zehn Minuten ein Hautkranker einsteigt und mit seinem Lamento loslegt? Sicher nicht. In diesem Kaff gibt es keine Aidskranken mit Kaposibeulen, wahrscheinlich bin ich hier der erste Bettler seit dem Ende des zwanzigsten Jahrhunderts.

Die Alte kommt zurück. Nicht, dass sie inzwischen auf die Idee gekommen wäre, mir etwas Zusätzliches anzubieten. Mit dem einen Liter Wasser ist sie am äußersten Rand ihrer Großzügigkeit angelangt.

Minuten später lerne ich eine weitere Lektion dieser Reise, jetzt eine gute, eine wichtige. Schwarze Wolken ziehen auf, ein Platzregen folgt, fieberhaft suchen meine Augen nach einem Unterschlupf. Auf der anderen Straßenseite steht eine Telefonzelle, ich renne drauflos und stelle mich hinein. Von dort aus sehe ich die Frontseite der Kirche, mit einer Bank unter dem Vordach. Ich renne wieder los und lerne: Mitten in der Scheiße macht das Leben eine Kurve. Jetzt habe ich die Bank, das Wasser, ich darf die Füße freilegen, das nasse Hemd ausziehen und das Reservehemd überstreifen. Das ist ein Akt von Zivilisation, ein Akt höchster Sinnlichkeit meinem Körper gegenüber. Wie die Hand eines Wunderheilers legt sich die frische Baumwolle auf meine brennenden Nackenmuskeln. Vorsichtig zünde ich ein Zigarillo an, ich rauche, ein schwer verdientes Glücksgefühl verwöhnt meinen Leib.

Weiter. Vorbei an umzäunten Einfamilienhäusern. Einmal geben die Hecken den Blick frei auf ein nächstes, furchtbar wahres Klischee. Die Sonne brütet, und das Familienoberhaupt wäscht das Familienauto. Hier wurde es zur Krönung der Schöpfung erkoren, es steht mitten im Garten, mitten auf dem Rasen. Rufe ich hinein, blickt der Autowäscher herüber und verschwindet wortlos in seiner Festung. Was für ein menschenscheues Gesindel. Hier erschrecken sie vor jedem fremden Gesicht.

Um 15 Uhr erreiche ich Pierre-Levée, ähnlich trostlos. Die leere Straße, sogar der Bäcker hat den Laden zugenagelt und ist davon. Hier könnte ich nur vor Scheunentoren und Traktoren niederknien und betteln.

Ich betrete das einzige Café. Ich muss noch eine Schwäche beichten, die letzte nach der Salami, den Äpfeln und Zigarillos. Aus Paris habe ich das Kleingeld mitgebracht, das mir vom Vorabend geblieben war. Zwei Euro und siebenundsiebzig Cent. Es gibt keine Entschuldigung, nur so viel: Die Münzen garantieren – zumindest die ersten Tage – die Zufuhr von Kaffee, ohne den ich nicht leben will.

Ich stelle mich an die Theke, da ist er billiger, nur achzig Cent. Eine widerliche Bude, man fühlt sich sogleich wie ein Schwarzer, der im tiefen Mississippi eine *Whites only*-Bar besucht. Drei wortkarge *Rednecks*, die mit Fremden nie und untereinander fast nie reden, lungern neben mir. Einer schafft immerhin einen Satz mit acht Silben: »*J'ai déjà mangé aujourd'hui*«, ich habe heute schon gegessen. Ich versuche zwei Fragen, sie werden nicht beantwortet. Stumm schiebt der Patron die Tasse herüber, das Glas Wasser muss ich ihm abringen. Wir schaffen das alles ohne ein Lächeln.

Nebenbei fungiert der armselige Raum als Kiosk für Pornografen. Unter anderem liegt *Sexy Busty* aus, die Schlagzeile: *La France veut sucer votre bite*, Frankreich will Ihren Schwanz lutschen. Dem Käufer wird versprochen, darin nur Amateurinnen zu finden. *La Chasse* kann man auch erwerben, das Hausblättchen französischer Bürger, die gern auf die Jagd gehen. Sie gelten als reaktionärer Haufen, jeder Pariser Regierungschef fürchtet sie. In der Tageszeitung *Le Parisien* wird einmal mehr die neue Hassfibel von Brigitte Bardot vorgestellt. Neben den Afrikanern, den Homosexuellen und Heroinspritzern sind auch Leute wie ich für den drohenden Untergang des Landes verantwortlich: die Schnorrer, die Versager, die Landstreicher. Ein Radio krächzt, man versteht kein Wort. Das scheint keinen zu stören, sie stieren in ihr Bier und ahnen noch immer nicht (oder ahnen sie es?), dass sie tot sind, bevor sie sterben dürfen. Als ich keine Anstalten mache zu verschwinden, lieber hier bleiben und mich vor der Hitze der Welt schützen will, verkündet der Patron die vorübergehende Schließung des Etablissements. Siesta. Seine Gutmütigkeit scheint erschöpft, ich trolle mich, die *Rednecks* bleiben. Ich höre noch, wie jemand den Schlüssel umdreht, zweimal.

Außerhalb von Pierre-Levée suche ich einen Schlafplatz. Ich gehe mehrmals von der Straße ab, bis ich etwas finde. Im Wald, nahe einem Rübenfeld. Ein paar Quadratmeter, flach, versteckt, ein umgefallener Baumstamm wird später als Klobrille dienen.

Bis Mitternacht, das wären acht Stunden, bin ich der einsame, schlaflose Waldschrat. Ich esse sparsam vom Fresspaket aus Lagny, nicht ein Stück Brot habe ich heute ergattert. Ich will lesen und kann nicht. Keine Power. Das mitgebrachte Radio funktioniert nicht, zu mickrig für einen klaren Empfang.

Marcel Proust fällt mir spätnachts ein, seine hinreißende Antwort auf die Frage, was für ihn äußerstes Unglück bedeute: *être séparé de Maman*, von der Mutter getrennt zu sein. Nur ein Genie darf sich einen solchen Satz erlauben. Mit der wundervollen Vorstellung, dass Proust auf der Aluminiumfolie sitzt und mir von seiner Maman erzählt, schlafe ich ein.

Dreizehnter Juni

Um 5.31 Uhr piepst meine Uhr, der französische Schriftsteller ist inzwischen verschwunden, dafür sitzt eine Kröte neben meinem rechten Ohr. Ach, die Träume, ach, die Wirklichkeit.

Um 7.10 Uhr in La Ferté, an Marktbuden vorbei, die gerade aufgebaut werden. Geruch von Schinken, Käse und Obst liegt in der Luft. Ich bettle nicht, habe augenblicklich keine Kraft für Niederlagen. Zehn Minuten später habe ich sie, betrete eine Bäckerei und siege. Eine junge Bäckerin sagt sogleich ja und packt eine Tüte mit sechs, unfassbaren sechs Baguettes ein. Nicht knusperfrisch, aber ohne Beißzange konsumierbar. Auf dem Rathaus steht »Freiheit – Gleichheit – Brüderlichkeit«, ich bin gespannt, ob die großspurigen Worte heute gelten.

Guter Anfang. Eine freundliche Patronne reicht mir ein Glas Wasser, ich darf mich setzen und die Bauernpastete auf die Baguettes streichen. Verstohlen packe ich meine Füße aus. Ich lausche. An den drei Nebentischen erledigen die Einwohner von La Ferté das, was ungefähr die Hälfte aller Franzosen um diese Zeit erledigt: *Ils râlent*, mit Hingabe nörgeln sie, sind diese *râleurs*, diese Wehleidigen, die in einem der schönsten Länder der Welt leben, die eine der schönsten Sprachen der Welt erfunden und die sich mit Paris die schönste Hauptstadt der Welt geleistet haben. Und nörgeln. Der Sänger Alain Souchon hat dieses postanale Greinen in einem Chanson beschrieben: *Maman, bobo!*, Mutti, Mutti, es tut weh. In den letzten Wochen tut viel weh: die Hitze, die Streiks, die Regierung, die Amerikaner, der Irak, die Waldbrände. Vielleicht ist das ein Grund für ihre schlechte Laune, für ihre Weigerung zu teilen.

Um neun Uhr betrete ich das Rathaus, ja, einen *Secours catholique* gibt es. Aber nur mittwochs, an sechs Tagen der Woche müssen die hiesigen Habenichtse woanders suchen. Ich zerschneide die restlichen Baguettes und staple die Stücke in meinem Rucksack. Fünfhundert Meter weiter, auf dem Weg hinaus aus dem ansehnlichen Städtchen, komme ich an einem Gartentor vorbei und lese:

»Franciscaines Missionaires«. Während ich die Klingel drücke, denke ich an den Film von Franco Zeffirelli, »Bruder Sonne, Schwester Mond«, der die Geschichte des Franz von Assisi erzählte. Ich glaube, jeder hat damals im Kinosaal geheult, so ergriffen von der Großherzigkeit dieses Mannes. Jetzt werde ich seine Ideen auf die Probe stellen. Ob sie noch taugen, auch achthundert Jahre nach seinem Tod.

Und ob. Die Tür öffnet sich, sie öffnet sich weit, keine Kette hemmt, kein Zögern. Ich sage, dass ich auf der Wanderschaft bin und Hunger habe. Und die 82-jährige Schwester Monique führt mich um das Haus herum, dorthin, wo ein großer Garten liegt, wo Vögel zwitschern und Tisch und Stühle stehen. Ich solle bitte Platz nehmen, mich gedulden, sie würde etwas für mich herrichten. Und nach fünf Minuten kommt ein dickes Sandwich mit Schinken, mit einer Banane und fünf Äpfeln. Und ein Liter frisches Wasser.

Ich könnte hier essen, aber ich will weiter, frage die Schwester beim Abschied noch, was sie antreibt, was ihr den Gleichmut verleiht, den sie ausstrahlt. »Ach, wissen Sie, wenn ich sterbe, geht meine Seele zum Herrn.« So ist das. Für die Gewissheit, dass es einen Herrn gibt, der auf sie wartet, musste sie nie kämpfen. Sie war immer da, sagt sie. Belebend wie ein Herzschrittmacher, wie eine Droge, wie ein Gutschein aufs Glück.

50 Meter weiter springt ein Hund auf die Gartenmauer und bellt auf mich herunter. Ein Dobermann. Mir wird wieder klar, dass man für alles bezahlen muss. Augenblicklich mit dem zähnefletschenden Gebell eines Killers für die seligen Momente bei einer rechtschaffenen Greisin. Ich hole das Pfeffergas aus dem Rucksack. Der Vierbeiner scheint die Geste zu verstehen, er bleibt oben, ich ziehe vorbei.

Ich gehe auf einen Mann zu, der die Szene beobachtet hat. Sein Pech, denn umgehend frage ich ihn nach einem Euro. Daraus wird nichts, denn listig antwortet der Knicker: »Ich habe kein Geld, ich ziehe gerade um.« Ich ertappe mich bei dem Gedanken, dass mir die abstrusen Ausreden besser gefallen als die kleine Freundlichkeit, einen Euro zu bekommen. Ich will in Zukunft wissen, was sich die Geizkrägen einfallen lassen, um sich von keinem noch so lächerlichen Betrag trennen zu müssen.

Weiter auf der Nationale 3, irgendwann ein Schild mit der Aufschrift *Chaussée déformée*, kaputte Straße. Das lesen kaputte Füße nicht gern. Aber der Verkehr ist ruhig, die nahe Autobahn sorgt dafür. Ein Radfahrer mit Gepäcktaschen zieht vorbei, aus Einsamkeit rufe ich ihm *Bonjour* nach. Und der Mensch antwortet so freundlich, dass ich gleich nachfrage, wohin es denn gehe. Der Freundliche hält an, er sei auf dem Weg nach *Allemagne*.

Mit Gernot erlebe ich ein Phänomen, das sich schon oft bestätigte. Fremde sind in der Fremde die hilfsbereiteren Menschen. Aus dem ersichtlichen Grund, dass sie inniger auf die Wärme des anderen angewiesen sind. Weil die Sicherheit der heimischen Umgebung fehlt.

Der 56-Jährige hat eine lange Reise hinter sich, von Würzburg über Brüssel, Amsterdam nach Paris. Und jetzt Richtung Reims zurück nach Deutschland. Er will alle Hauptstädte Europas sehen und als Rentner in die Stadt ziehen, die ihm am besten gefällt. Der Mann überrascht, er ist kein Freak, kein Aussteiger, kein Aufsässiger, er arbeitet in der Verwaltung eines Krankenhauses. Aber in den sechs Wochen Urlaub holt er seine Träume ein, fährt hartnäckig dorthin, wovon er die übrige Zeit phantasiert. Diesmal bedeutet die Fahrt eine Art Therapie. Die Frau hat ihn kürzlich verlassen, schlimmer, ihn wegen eines anderen verlassen. Zuerst dachte er, die »Niederlage« fege ihn weg, aber dann kam sein Widerspruchsgeist zurück. Jetzt tritt er in die Pedale, um den

Schmerz loszuwerden, um beim Anblick von Amsterdam und Paris zu erfahren, dass die Wunder der Welt weiterbestehen. Auch nach dem Ende der Liebe. Der Wind, meint er noch, komme heute aus dem Osten. Gut so, denn somit muss er noch fester treten.

Kaum ist der Radler außer Sichtweite, will ich vor Wut schreien. Ich vergaß, ihn anzupumpen. Er wäre das ideale Opfer gewesen. Labil, einsam, ganz unfähig, einem hungernden Landsmann darben zu lassen. Ohne mit der Wimper zu zucken, hätte ich seine Schuldgefühle geknetet.

Einen Kilometer nach Gernot kommt mir ein Alter auf der anderen Straßenseite entgegen, mitten auf dem Land. Er hat nichts, nur Hemd, Hose und Schuhe. Und nicht einen Centime. (Viele Franzosen nennen aus Trotz den Cent noch immer Centime.) Ich frage nach seinem Ziel, und er sagt, dass er seinen Sohn besuchen wolle. In Meaux. Das ist weit, das schafft er nie, er humpelt bereits. Im Laufe der nächsten zwei Sätze wird klar, dass sich Yves nicht auf der Höhe seiner geistigen Fähigkeiten bewegt. Er hat sich wohl verlaufen, mitten im weiten Frankreich. Als ich anbiete, mit ihm ins nächste Dorf zu gehen, lehnt er ab. Er muss zu seinem Sohn.

Viele Schritte, wieder arbeitet das Hirn wie ein Drillbohrer, um mir Gesellschaft zu leisten und mich anzufeuern. Damit ein Zwiegespräch in Gang kommt, damit wir uns – das Hirn und der geschundene Rest – nicht langweilen. Bruce Chatwin fällt uns ein, der langweilt bestimmt nicht. Der hat immer von seinem Nomadenbuch geträumt. (Aus dem nichts wurde.) Er wollte beweisen, dass des Menschen ureigenster Trieb das Fortgehen sei. Den ewigen Wanderer müsse man sich als glücklichen Menschen vorstellen. Was für ein romantischer Stuss. Ich habe Nomaden getroffen, da heulten die Frauen oder blieben stumm vor Trauer, weil sie die nächsten Tage wieder weitersollten, wieder packen, wieder aufladen, wieder fort, wieder woanders leben mussten. Natürlich will der Mensch fort. Aber bevor er das will, will er dableiben, will sich einrichten, will eine Ahnung bekommen von der Welt, in der er lebt. Das Gegenteil der tiefen Sehnsucht des Fernwehs ist eine andere tiefe Sehnsucht: das Verlangen nach Heimat. Beides treibt den Menschen an.

Kurz vor zwölf Uhr endlich in Montreuil-aux-Lions, eine gemeine Steigung zieht durch das große Dorf. Am Ortseingang steht ein Schild mit der Aufforderung: *Aimez nos enfants – Roulez doucement!*, lieben Sie unsere Kinder, fahren Sie vorsichtig. Ich muss weiterhin auf der Hut sein, zur Liebe für Erwachsene ruft niemand auf.

Ich gehe zu »Chez Paulette«. Das hätte ich nicht tun sollen. Aber ich brauche einen Kaffee. Ich frage die Bedienung, ob sie mir – zum (bezahlten) Getränk – eine Schale bringen könne. Das dürfe sie nicht entscheiden, da müsse sie erst die Chefin, Paulette, fragen. Wie folgerichtig: Die Kuh ist Bedienung geworden, weil sie nicht gelernt hat, die Herausgabe einer kleinen Schüssel zu verantworten. Ich brauche das Geschirr, um endlich meine Cornflakes in Milch einzurühren, seit Tagen trage ich die 375 Gramm und den Liter mit mir herum.

Paulette kommt. Man sieht sofort, dass sie die letzten fünf Jahre keine sinnenfreudige Nacht mehr erlebt hat. Das unfrohe Weib lässt mich wissen, dass im ganzen Haus keine Schüssel, auch keine kleine, vorhanden sei. Ich sage gut, dann bitte einen Suppenteller. Aber auch Suppenteller hat das Haus nicht.

Im selben Augenblick fällt mir Schwester Monique ein, die Franziskanerin. Sie ließ mich noch wissen, dass ein unverrückbarer Glaube an Gerechtigkeit sie begleite. Den hätte ich jetzt auch gern. Dann würde ich an das Fegefeuer glauben und mich an der Aussicht laben, dass Paulette, das ungeliebte Monster, drei Ewigkeiten lang für ihre Herzlosigkeit schmoren wird.

Paulettes Ehemann kommt, er liefert zumindest die Antwort darauf, warum Paulette ohne Sex durchs Leben muss. Nur mit einer Uzi im Nacken ließe man sich von Herrn Paulette anfassen. Er verweigert endgültig die Herausgabe einer Gerätschaft zur Aufbereitung meiner Cornflakes. Ich bedanke mich unbarmherzig freundlich und frage nach der Tageszeitung. In französischen Cafés ist es üblich, dass wenigstens eine Zeitung zum Lesen ausliegt. Paulette hört meine Bitte und schreit hinter der Kasse hervor: »Achetez!«, kaufen Sie! Ich begreife, dass Paulette und ich den Rest unseres Daseins als Feinde verbringen müssen. Als ich aus der Tür trete, wird mir die ganze Ungerechtigkeit der Welt klar. Herr und Frau Paulette müssen in Montreuil-aux-Lions bleiben, ich darf weiterziehen. Auch wenn der Befehl an die Füße zum Abmarsch wie ein Blitzschlag durch den Leib jagt: Ich bin ein freier Mann.

Was macht den Spießer aus? Die cremefarbene Gabardinehose mit der messerscharfen Bügelfalte? Sandalen und Socken? Der Bauch? Das Fehlen von Büchern? Die Acryldecke über dem Ehebett? Das Tierschutzgitter vorm Kühlergrill? Vielleicht das alles, vielleicht nichts von alledem. Aber eines immer: die Unfähigkeit zu teilen, die Unmöglichkeit, loszulassen vom Besitzstand.

Auf dem Weg nach Berlin sind immer zwei Personen unterwegs. Eine bin ich. Mit dem missmutigen Magen, dem Hunger, dem Durst, den Flüchen. Die andere ist der Schreiber. Der ist hochzufrieden, er lobt den Hunger, den Durst, den Zorn. Sie garantieren ihm Arbeit, ja das Recht zu schreiben. Was erzählen über einen Satten, den nichts heimsucht?

Ein paar Kilometer nach Montreuil-aux-Lions raste ich. Baguette mit Tunfisch, das soll reichen. Einer der Gründe, warum ich mir die Reise zutraue, ist das Wissen, dass ich ein schlechter Esser bin. Im Hirn liegen ein Hungerzentrum und ein Sättigungszentrum. Und dazwischen liegt der Charakter, die Disziplin. War ich in finanziellen Nöten, habe ich immer zuerst die Essenszufuhr gedrosselt. Sie schien das Unwichtigste.

Während ich kaue, höre ich Radio, der Empfang ist hier besser. Irgendwann kommt Bob Dylans *Blowin' in the wind*, nie habe ich die zweite Strophe bewusst registriert, jetzt passt sie: *How many times can a man turn his head and pretend that he just doesn't see.* Die Zeile gilt auch für Erbsenzähler, die den Kopf wenden und nicht wahrhaben wollen, was sie sehen. Und doch, Dankbarkeit überkommt mich für die Begegnung mit der Familie Paulette. Hätte ich die Schale erhalten, ich säße jetzt nicht hinter einer Tanne und hörte das Lied. Ich merke (ein uralter Reflex), dass mich Worte bisweilen radikaler sättigen als eine verdammte Portion Cornflakes.

Sich setzen nach 30 Kilometern heißt nicht sich setzen, heißt: den Rucksack vom nassen Hemd ziehen und bedachtsam nach einer Stellung für die Füße suchen. Heißt wieder aufstehen, die Füße wieder auf den Boden stellen, den Rucksack wieder aufladen. Heißt den Stromstoß und die Peitschenhiebe aushalten, ohne die man keinen Schritt weiterginge.

Um 15.15 Uhr erreiche ich Le Thiolet, ein Weiler, winzig. Vor kurzem schrieb ich meiner Freundin: »Das Erste, was ich von dir hören werde, wenn wir uns wiedersehen, wird mein Herzklopfen sein.« In Le Thiolet wäre mir der Satz nicht eingefallen. Das Erste, was ein Wandersmann hört, wenn er eine Hausglocke betätigt, ist das wütende Anschlagen zweier Hunde, die an ihren Ketten reißen. Die

Ausbeute ist immerhin ein Liter Wasser. Man glaubt nicht, wie schnell sich der Mensch an die Verhältnisse gewöhnt. Habe ich mich je über ein Geschenk von zehn Cent so gefreut?

Einen Liter Wasser zu erobern, ist eine Tat. Wie eine Stafette begleitet mich das Bellen der Hunde bis zum letzten Haus. Die Bewohner sind schon tot, nur die Hunde leben noch. Da sie mitten unter Toten leben müssen, sind sie böse und einsam geworden. Und bellen. Hinter jedem nächsten Zaun springt ein nächster Köter heran und übernimmt den giftigen Refrain: »Hau ab, verpiss dich, du bist hier unerwünscht!« Bis zum letzten Haus. Kein Tier passt besser zum Spießbürger, der alles Fremde hasst, als ein Hund, dem man den Hass so einfach beibringen kann.

Wieder allein, auf der Nationale 3, lauern andere Gegner. Sie beißen nicht, sie leiden nicht an Tollwut, sie leiden an einer Krankheit, für die es kein Serum gibt und für die noch immer keine schlüssige Erklärung gefunden wurde. Diese Gegner rasen in Blechkisten. Wer sie daran hindern will, den räumen sie aus dem Weg. Das geht so, erstes Beispiel: Ein Raser überholt einen anderen Raser, der langsamer rast. Ich spüre, wie der Windzug des rechten Kotflügels an meinem rechten Oberschenkel vorbeizischt. Mache ich eine falsche Bewegung, segelt eines meiner zwei Beine ins Maisfeld. Zweites Beispiel: Einer rauscht mit dem Seitenspiegel seines Caravans an mir vorbei. Hätte ich abstehende Ohren, eines läge jetzt abgerissen im Straßengraben.

Solche Szenen heizen die Träume an. Ich visualisiere eine bemerkenswerte Frau, die in ihrem feuerwehrroten Morgan an mir vorbeifliegt, in den Rückspiegel blickt, beschließt, ohne mich nicht mehr leben zu wollen, mich evakuiert und schon auf dem Weg zu ihrem Weingut ihre Hausdame Thérèse anruft. Damit sie umgehend ein Kilo »Dr. Scholls belebendes Badesalz« besorgt. Mit Pinienduft.

Muss ich es noch hinschreiben, dass die Bemerkenswerte nicht auftritt? Aber der Traum erheitert mich, ich entspanne, ich beginne zu unterscheiden. Ich sehe, dass eine Reihe Autobesitzer – vor allem Frauen, sechs bemerkenswerte Frauen in einer Stunde – mit Eleganz und Respekt auf ihren Zeitgenossen reagiert. Sie weichen großzügig aus. Sie starten keinen Überholvorgang in meiner Nähe. Sie erwidern meinen Gruß, mit dem ich mich für jede Rücksicht bedanke.

Weit hinter Le Thiolet suche ich nach einem Platz zum Schlafen. Viele Wälder sind eingezäunt, irgendwo werfe ich Rucksack und Wasserflasche über den Zaun, klettere rüber. Nicht ohne vorher noch einen Blick zu werfen, ob jemand mich sehen könnte, nicht ohne zu checken, ob die Drähte unter Strom stehen. Aus der schmalen Lichtung wird keine Five-Star-Suite, aber nachts werden hier wieder fünf Millionen Sterne aufgehen.

Ein Ritual stellt sich ein. Folie und Schlafsack ausbreiten, die Füße verarzten, Notizen machen und essen. Heute Wasser, Brot und zwei Äpfel. Zuletzt daliegen und hoffen, dass die Mücken Erbarmen haben und irgendwann erschöpft abdrehen.

Wälder sind schön und langweilen. Ich weiß keine fünf verschiedene Bäume, kann kaum den Laut eines Tiers dechiffrieren, kenne keine zehn Blumen. Ein geheimnisvoller Ort, dessen Sprache ich nicht spreche. Seltsamerweise scheitert einmal mehr der Versuch zu lesen. Und sei es Fernando Pessoas *Buch der Unruhe*. Auch dieser Fluchtweg – Flucht aus der Langeweile – bleibt verschlossen. Ich fühle mich wie ein Mann, der acht Stunden unter Tage gearbeitet hat. Der Leib streikt, die Konzentration reicht nicht, um haarscharf einem Satz nach dem andern zu folgen.

Spät abends höre ich im Radio Eric Claptons *My father's eyes*, das ist ein Geschenk der Götter, ein Heartbreaker, ein Kinderlied für

Erwachsene, die sich einen Vater als Freund wünschen: *...Bit by bit, I've realized that's when I need them, that's when I need my father's eyes...*

Vierzehnter Juni

Um 5.38 Uhr zurück auf die Straße, kaum Verkehr, heute ist Samstag. Felder, Wälder, verschlafene Dörfer. Eine Stunde später bin ich in Chateau-Thierry, ich winke mit der Landkarte einem Autofahrer, der an einer Ampel steht, will nach dem Weg fragen. Und der Scheißer gibt Gas.

Um halb acht frühstücke ich. Weil mir zwei Minuten zuvor endlich eine Möglichkeit eingefallen ist, wie ich meine Cornflakes konsumieren könnte: Ich trinke zuerst einen halben Liter Milch, schneide dann die obere Hälfte des Pappbehälters ab, habe somit eine Art Schale, kann jetzt beide miteinander verrühren.

Weiter. Vorbei an Gärten mit kniehohen Zäunen, mit unkrautfreien Wegen, mit Geranien, mit gußeisernen Fußabstreifern, mit Häuserwänden, so geschleckt, so sauber, so undurchdringlich glatt. Hermann Hesse und sein Harry Haller, der Steppenwolf, fallen mir ein. Und dessen Wut auf die Wohnsitze der Philister und der gleichzeitige Drang nach einem aufgeräumten Leben. Diese Ambivalenz, sie stimmt genau. Der Horror vor einem Zuhause, das dasteht wie ein Mausoleum, und das Verlangen, sich irgendwo zugehörig zu fühlen.

Um neun Uhr in Crézancy, der erste Pump ist fällig. Und wieder scheitere ich. Einen Euro? »Ich habe kein Geld bei mir.« Das ist eine verdammte Lüge, denn jedermann weiß, dass es nur zwei Typen von Mitmenschen gibt, die kein Bargeld mit sich herumtragen: die Bettelarmen und die Stinkreichen. Aber der Mann stieg aus einem Peugeot 206, normaler kann man nicht sein.

Beim Gehen der nächsten zweihundert Meter spüre ich, wie sich ein großes Stück Haut von der rechten Fußsohle löst. Schockwellen erreichen mein Hirn. Ich habe nur zwei Füße, ich kann sie nicht austauschen. Wenn der Schmerz sie überwältigt, ist die Reise zu Ende. Vor dem *Tabac de la Gare* lege ich die Sohle frei, schmiere eine desinfizierende Salbe auf die offene Fläche, schneide mein Handtuch in Streifen und packe sie damit ein. Ach ja, vorher bat ich noch einen Passanten, die unverbundene Wunde zu fotografieren. Er beschleunigte den Schritt. Heute morgen treffe ich nur Helden.

Ich gehe ins Café und erkundige mich nach den Preisen. Wenn ich am Tresen stehe und mir der Patron ein paar Cent nachsieht, reicht es für eine letzte Tasse, dann sind die 2,77 Euro weg, dann muss ich einen finden, der mich bereichert. Oder die fünfundfünfzigtausend Schritte täglich ohne Kaffee durchstehen.

Zwischendurch verschwinde ich in der Toilette, versuche, mich zügig und heimlich zu waschen, zumindest Gesicht und Hände. Nach drei Tagen und Nächten haben sie ein Recht darauf. Als ich mich nach vorne beuge, um die Zähne zu putzen, macht sich eine neue Drangsal bemerkbar. Ein Stechen zwischen den Schulterblättern, als bohrte ein Skorpion seinen Stachel in den dritten Rückenwirbel. Sind das die zehn Kilo Rucksack, die nach hundert Kilometern hundert und nach tausend Kilometern tausend Kilo wiegen? Jetzt, beim ersten Auftauchen des Skorpions, ist die Wucht des Schmerzes so überraschend, dass ich mich festhalten muss, um nicht einzuknicken.

Von dem rumänisch-französischen Philosophen Cioran stammt ein absurd schöner Satz: »Wenn es den Selbstmord nicht gäbe, hätte ich mich längst umgebracht.« Auch jetzt scheint der Satz hilfreich, man muss ihn nur umschreiben: Wenn es die Möglichkeit zur Aufgabe nicht gäbe, hätte ich längst aufgegeben. Als gestärkter Mensch verlasse ich das WC.

Der Café-Besitzer ist ein sanfter Patron, ich darf sogar einen Stuhl belegen, obwohl ich nicht dafür bezahlt habe. Eine Zeitung gibt's auch, auf der ersten Seite ist ein Interview mit Madonna angekündigt, Überschrift: »44 Jahre Spaß«. Schrecklicheres lässt sich über ein Leben nicht berichten. Aus dem Radio kommt die Nachricht, dass einer für den Einsatz von einem Euro den Betrag von 10.697 Euro gewonnen hat. Ich habe nach Abzug meiner hiesigen Unkosten noch sieben Cent. Zehntausend Euro sind ein ungeheueres Vermögen.

Männer in Trainingshosen und Turnschuhen kommen herein und setzen sich vor den Fernseher, die Lottozahlen werden angezeigt. Viele Männer, höre ich, kommen an jedem Samstagmorgen hierher und bringen Bleistift und Papier mit. Um Zahlen aufzuschreiben, die sie nicht getippt haben. In der amerikanischen Pädagogik gibt es den Ausdruck *negative learning*, soll heißen: Ich weiß nicht, was ich will, aber ich weiß, was ich nicht will. Ich will nie mit einer Trainingshose vor einem Fernseher sitzen, um nachzuschauen, ob ich Millionär geworden bin. Während ich in die Runde blicke, registriere ich mit Erleichterung, dass ich die Männer nicht verachte, sie auch keine Sekunde lang bemitleide. Nur gebannt auf sie starre – und wohl nie wissen werde, wie einer so umgehen kann mit seinem Leben.

Kurz vor zehn Aufbruch. Ab 10.06 Uhr geht der Kampf um Geld weiter. Ich sehe eine Frau auf einer Leiter vor ihrer Hecke stehen, eine Wasserwaage (!) liegt obenauf, die Frau stutzt die Zweige. Hinter der Hecke steht ein rosafarbener Gartenzwerg und ein braun glasierter Gipshund, groß wie ein Kalb. Ob sie nicht einen Euro hätte, einen einzigen? Leider nein, »ich habe rein gar nichts«. Wie das, frage ich, sie habe doch das Haus, die Hecke, die Heckenschere, die Wasserwaage, den Gartenzwerg, den Garten, das Kalb, den frisch geputzten Saab, die Satellitenschüssel? Ist das nichts? Ja schon, aber Geld, nein, leider nur Schulden.

Schon verwunderlich, wie viel Energie gewisse Leute investieren, um die Trennung von einer so unscheinbaren Münze zu verhindern: Die Arbeit wird unterbrochen, die albernsten Ausreden erfunden. Die Heckenfrau stieg sogar von der Leiter, um ihren vielen Worten Nachdruck zu verleihen.

Bin ich so anders? In Indien riet mir ein Bettler, der mich die kleinsten Scheine für ihn raussuchen sah, doch einfach loszulassen: *It's just money*, ist doch nur Geld.

Jede Absage ein persönlicher Misserfolg. Ich bettle nicht begabt genug, der Ton stimmt nicht, die Körpersprache lässt zu wünschen übrig. Noch immer. Ich muss besser werden, endlich.

In Varennes gehe ich auf eine Pforte zu und will klingeln. Und zucke zurück, auf dem Schild steht kein Name, nur *Homme méchant*, fieser Typ. Das ist nicht möglich, ich schaue genauer. Natürlich habe mich getäuscht, gefoppt vom Stress und den bisherigen Erfahrungen. Diesmal lese ich das Übliche: *Chien méchant*, fieser Hund. Ich klingle nicht.

Am Haus gegenüber hängt ein großes Werbeposter, »Titanium« wird angepriesen, ein neues Eau de Toilette. Das Foto zeigt einen Mann mit nachdrücklich gemeißelter Bauchmuskulatur. Hinter ihm steht ein Supermodel – ebenfalls entkleidet – und fasst nach diesem unglaublichen Six-pack. Die Botschaft ist unübersehbar: Kaufe ich Titanium, bin ich ein Titan, den Muskeln wappnen, nach denen die Schönen der Welt verlangen. Ich glotze neidvoll auf die beiden, als eine Frau herauskommt und missmutig fragt, warum ich hier herumstehe. Auch sie hat mich, wieder einmal, als Feind enttarnt. Ich begreife, dass die Zombies auf diesem Friedhof, der zufällig Varennes heißt, unter sich bleiben wollen. Ich frage – und während ich frage, weiß ich schon, dass ich verloren habe –, ob sie nicht etwas Kleingeld spendieren könne oder etwas zu essen. Natürlich will sie nichts hergeben, aber die Ausflucht, die sie vorbringt, war die Szene wert: »Ich habe nichts, ich habe Kopfweh.«

Warum entschied ich mich nicht für ein Leben mit Waschbrettbauch? Dann stünde jetzt eine schöne Nackte hinter mir, und ich würde entspannt der Dinge harren, die das Gleiten ihrer Hände über meinen Unterleib erahnen lässt. Aber eine böse Alte steht vor mir, an nichts anderem interessiert als an meinem Verschwinden. Weit weg fällt ein Schuss, das ist das Zeichen, ich verdufte.

Ein Film von Ettore Scola heißt »Flucht nach Varenne«. Ein ganz anderes Varenne (ohne s) war gemeint. Eine Szene schien mir die wichtigste. Casanova, gespielt von Marcello Mastroianni, wird vom Wirt einer Kneipe aufgefordert, die Rechnung zu bezahlen. Und der Italiener antwortet: »Freilich, aber zuerst musst du dreimal sagen, es lebe die Würde des Menschen!«

Ein anstrengender Nachmittag erwartet mich, am anstrengendsten die Blicke vom hoch gelegenen Ende eines Tals auf das – Kilometer entfernte – hoch gelegene andere Ende. Mitansehen müssen, wie sich die Straße von oben nach unten schlängelt. Um sich von ganz unten wieder nach ganz oben zu schlängeln. Was versöhnt: Frankreich liegt da wie eine wunderschöne Frau unter der Sonne. Die gelben Felder und dazwischen kleine, geheimnisvolle Wälder.

In Dormans wird gerade der Markt abgebaut, ich nähere mich einer Verkäuferin, bitte um eine Banane. Die Dicke liefert den bisher dümmsten Satz: »Das geht nicht, ich muss nach Hause.« Über die öffentlichen Lautsprecher singt Whitney Houston: *I love you*. Das ist saukomisch.

Das Rathaus ist geschlossen. Ich beschließe, lieber zu hungern, als nach einer barmherzigen Seele Ausschau zu halten. Eine gute Stunde außerhalb der Stadt suche ich nach einem sicheren Schlafplatz. Weil es nach Regen aussieht und kein Baum vor einem Wolkenbruch schützt. Hier stehen keine Heustadel und Geräteschuppen auf den Feldern, absolut nichts, was nach einem Dach aussieht. Ich lege den Schlafsack in dichtes Gebüsch, kommt der Regen, hilft noch immer die Aluminiumfolie.

Als ich nachts den Rucksack auspacke, entdecke ich das Sandwich von Schwester Monique. Unbegreiflicherweise habe ich es vergessen. Die Ameisen nicht. Ich beiße in das letzte Baguette aus La Ferté. Ich schaffe drei Bissen, dann kommen auch hier die Insekten durch den Teig gekrochen. Ich esse ein paar saubere Cornflakes, schiebe immer eine Handvoll in den Mund und spüle nach mit Wasser.

Irgendwann rumort der Darm. Als ich ein stilles Örtchen gefunden habe, noch immer mitten im Wald, blicke ich nach oben. Wieder der glitzernde Himmel. Der türkische Dichter Nazim Hikmet schrieb: »Viele kennen die Namen der Sterne, ich kenne die Namen der Einsamkeit.« Er hat ein Recht auf einen solchen Satz, andere nicht. Er saß über dreizehn Jahre im Gefängnis.

Fünfzehnter Juni

Wie immer um halb sechs auf der Straße, Frühnebel, durch ein Dorf mit dem schönen Namen *La belle idée*, der schöne Einfall. Das berauschende Gefühl, durch Orte zu wandern, in denen es still ist wie auf einem Seitenarm der Wolga. Kein Tier, kein Mensch, keine Maschine, kein verwehtes Blatt, kein Geräusch, nichts. Käme man mit verbundenen Augen hier vorbei, man würde nichts anderes erahnen als eine verlassene Welt. Ich bin so allein, dass ich einem vorbeifahrenden Polizeiauto hinterherwinke.

Eine halbe Stunde später kommen andere Polizisten vorbei. (Versteckt sich in der Gegend ein Krimineller?) Sie stoppen, und einer fragt, ich höre es genau: »On vous avance?«, sollen wir Sie ein Stück mitnehmen? Natürlich lehne ich ab, erkläre, dass ich zu Fuß gehen muss, und natürlich bin ich berührt von dieser Geste. Weil einer etwas anbot, was sich jeder von seiner Umgebung wünscht: Empathie, die Begabung, sich in andere hineinzuversetzen.

Pause in Romingny, Wasser trinken. Neben den Stufen, auf denen ich sitze, klebt ein Schild, Aufschrift: Maison sous protection électronique. Ich denke an Werner Herzogs Buch Vom Gehen im Eis, der Bericht über seinen Fußmarsch von München nach Paris. Vor fast dreißig Jahren unternommen. Er erwähnte mehrmals, wie er leere Häuser aufbrach, um kostenlos übernachten zu können. Das Buch hat inzwischen historische Bedeutung. Weil es von einer vertrauensseligeren Welt berichtete. Heute liest der Einbrecher als Erstes: »Haus unter elektronischer Bewachung« oder »Bissiger Hund« oder »Achtung, elektrisch geladen«.

In Chambrecy vorbei an einem britischen Soldatenfriedhof, die Toten von 1914–1918. Gepflegt, Blumen, eine wunderbare Stille. 244 namentlich genannte, 191 unbekannte und – wie kurios die ausdrückliche Erwähnung – »ein Inder« sind hier begraben. Es liegt ein Buch aus, in dem die Namen der bekannten Gefallenen aufgeführt sind. Darunter der Gefreite Anderson. Mit neunzehn Jahren tot,

Sohn von Ralph und Williamin Anderson. Ein Gefühl von Dankbarkeit überkommt mich. Weil ich leben darf, ohne es rechtfertigen zu müssen.

Kurz vor zehn in Bligny, ich sehe einen Mann seinen Gemüsegarten wässern und rufe ihm zu, ob ich etwas Wasser haben könne. Der Alte macht eine Handbewegung, ich soll näher kommen. Ich kann meine Flasche auffüllen, wir reden. Monsieur Matthieu ist neugierig, ich erzähle ihm von meinem Vorhaben. Als ich Berlin erwähne, beginnt sein Gesicht zu leuchten, und er sagt, dass er 1950 dort als 20-Jähriger stationiert war, als Soldat. Ich denke sofort, dass er wie viele alte Franzosen, die unter deutscher Okkupation aufwuchsen, etwas Ungutes über *les Boches* loswerden will. Aber nein, er schwärmt von der Schönheit der Berliner Frauen, meint: »*Aimer, c'est mieux que faire la guerre*«, lieben ist doch besser, als in den Krieg zu ziehen. Die Neigung, zuerst einmal von der weiblichen Schönheit zu reden, das ist ebenfalls sehr französisch. Und sehr bewundernswert. Ich bin erleichtert und augenblicklich gern ein Deutscher. Weil die Schönheit »unserer« Frauen einen Franzosen dazu verführt hat, nicht von der erlittenen Demütigung zu reden, sondern von der Zärtlichkeit, von der Versöhnung.

Ich bringe es nicht übers Herz, ihn um Geld anzupumpen. Will diesen Augenblick des Einverständnisses zwischen uns nicht belasten, ihm nicht das Gefühl vermitteln, dass ich nur zuhöre, um anschließend etwas einzufordern. Und ich will nicht riskieren, ihn bloßzustellen, will die Vorstellung bewahren, dass sinnliche Männer großzügige Männer sind.

Zur Mittagszeit in Pargny-les-Reims, ich gehe in das einzige offene Restaurant und frage, ob ich einen Kaffee haben könne. Einen umsonst. Das könne ich nicht, zuerst das Geld, dann der Kaffee.

Auffallend, dass ich ihn sogar vorher bezahlen müsste, mein Auftreten rät offensichtlich zu dieser Vorsichtsmaßnahme.

Zugegeben, irgendwie beneide ich den Standfesten, der so kategorisch mit seinen Gewohnheiten umgeht. Er führt ein Leben ohne Ausnahmen. Kein Kaffee ohne Gegenleistung, Punkt. Immer tritt er im Kopf auf derselben Stelle, lässt sich nicht irritieren von einem, der um etwas bittet, das er nicht finanzieren kann.

Ich krieche auf einen Platz mit Schatten, ich siede, ich würge die letzten Cornflakes herunter. Ein Liebespaar geht vorüber, sie schmusen wie zwei, die schon längere Zeit miteinander schmusen und noch immer ihre helle Freude daran haben. Beide sind attraktiv, beide mit Achtsamkeit bei der Sache. Ein solcher Anblick tut meiner Einsamkeit nicht gut, es reißt Löcher ins Herz. Ich sehe mich selbst, rieche mein dampfendes Hemd, verstecke die dreckigen Fingernägel, finde nichts an mir, das einer Frau gefallen könnte.

Die zwei Verliebten tragen je ein Baguette unterm Arm, lässig steigen sie auf ihr Motorrad. Garantiert wartet nicht weit von hier eine Terrasse mit einem gedeckten Frühstückstisch auf sie. Ich blende das Bild aus, ich will meine Leidensfähigkeit nicht überfordern.

Um 13.45 Uhr erreiche ich Tinqueux, einen Vorort von Reims, ich habe noch Wasser und sieben Cent. Um 14.04 Uhr geschieht ein Wunder. Ich sehe eine vielleicht fünfzigjährige Frau vor der Bäckerei *La Mie Gourmande* das Trottoir kehren. Ich nähere mich ihr und bitte um einen Euro. Sie macht die typische Handbewegung des Knausers, der in die rechte Hosentasche fährt, um zu demonstrieren, dass er nichts dabei hat. Und die Frau sagt tatsächlich: »Zu dumm, nicht ein Sou.« Aber dann fängt das Wunder an, denn sie sagt einen zweiten Satz: »Warten Sie, ich gehe ins Geschäft«, geht los, dreht sich um – sie erinnert sich wohl an mein schweißtriefendes Gesicht – und fragt: »Sicher wollen Sie was zum Trinken?« Und ruft durch die offene Tür: »Ein Getränk für Monsieur!«, dreht sich nochmals um – sicher hörte sie das Knurren meines Magens – und sagt: »Bestimmt wollen Sie was zum Essen!« Ich weiß nicht, wie mir geschieht, stammle nur: »Ich will nicht nein sagen, danke, danke.« Dass Madame Corinne mich mit »Monsieur« anspricht, ist ein zusätzliches Zeichen von Achtung. Keine mitleidige, despektierliche Bezeichnung, nein, ein Monsieur, ein Herr soll hier versorgt werden. Die Bäckerin zeigt noch auf einen Platz im Schatten. »Vielleicht wollen Sie sich hier setzen?«

Ich setze mich und werde die Fee, die aussah wie eine Hausfrau, nie wieder sehen. Minuten später kommt eine Angestellte heraus, bringt eine Cola und ein gewaltiges Käsesandwich. Kurz darauf serviert sie ein Croissant mit Fleischfüllung und eine große, eiskalte Flasche Mineralwasser. Mit immer vollem Mund bedanke ich mich. Beim dritten Wunder kommen mir die Tränen, das Mädchen bringt einen Fünf-Euro-Schein, ein letztes Lächeln und die besten Grüße von Corinne.

Fünf sagenhafte Euro, das sind mindestens fünf sagenhafte Tassen Kaffee. Ich bin überwältigt, ich heule und esse und trinke.

Hinein nach Reims, in einer öffentlichen Telefonzelle wähle ich die gebührenfreie Nummer 115, sie gilt im ganzen Land. Sie wird vom Roten Kreuz unterhalten, über sie erfährt man, ob und wo sich ein Obdachlosenheim in der Stadt befindet. Ja, es gibt etwas, ich notiere die Adresse, erfahre noch, dass nicht vor 18 Uhr geöffnet wird.

Ich überlege, ob ich auf dem (weiten) Weg dorthin ein Krankenhaus aufsuchen soll, um mir die Füße sauber verbinden zu lassen. Dabei fällt mir ein, dass ich in Frankreich zwar eine Krankenversicherung habe, aber jeden Eingriff zunächst mit Cash bezahlen muss. Was ich nicht kann.

Verdammt langer Weg, irgendwann trotte ich an einem »Quicky« vorbei, einem Fastfood-Restaurant. Wieder einmal überkommt mich die Ehrfurcht vor Geld, weil ich einfach den Schein hinstrecke und jemand ohne Widerworte einen Becher Kaffee bereitstellt.

Auf dem Weiterweg bettle ich mehrmals, die ersten drei Opfer sind Schwarze, zwei sind jung und hip gekleidet, einer streunt alt und ärmlich durch die Straße. Alle sagen, dass sie nichts haben, keiner gibt. Auch der (weiße) Punk nicht, den ich zuletzt abfange.

Ich gehe an die Rezeption des Institut Godinot, hier in der Nähe sollen die »Bungalows« der Heilsarmee stehen. Die Rezeptionistin hat »nie davon gehört«, sprich, hier gibt es keine Bungalows. Ich erwähne die Nummer 115. Das muss eine falsche Nummer sein, denn wieder hat sie »nie davon gehört«. Immerhin kann ich sie dazu überreden, selbst die Nummer zu wählen. Sie ruft an und hört eine Stimme am anderen Ende der Leitung, die bestätigt, was ich gerade erklärt habe. Der erste Grad von Schwachsinn bricht jetzt aus, denn nun erklärt die Frau, dass sie nicht glauben kann, was sie soeben erfahren habe, denn sie hat – Herr im Himmel hilf – noch »nie davon gehört«.

Man kennt solche Zeitgenossen, die nichts gelten lassen, wovon sie noch nie gehört haben. Die Möglichkeit, etwas Neues zu hören, ist ihnen nicht vorstellbar. Bis zu einem gewissen Alter hören sie Neues, dann beginnt der Rückflug. Ich begreife, dass ich hier gegen dreißig Jahre Rechthaben antreten muss. Mit sieben Blasen, dem rotverbrannten Gesicht, dem Rucksack im Kreuz. Eine Kollegin rettet mich, sie kommt dazu, hat längst davon gehört und weist heiter und intelligent die Richtung. Minuten später bin ich dort.

Ich liege im Schatten neben den eingezäunten Blechcontainern, den »Bungalows«. Der Körper will nichts anderes als nichts tun.

Ich schaffe noch immer nicht, das mitgebrachte Buch herauszuziehen. Selbst Radio hören hält der Leib für eine Zumutung, nur liegen will er. Zweimal raffe ich mich auf, um Passanten um Feuer zu bitten. Aber beide weichen auf die andere Straßenseite aus. Ein Mann, vor der Heilsarmee lungernd, scheint ein beunruhigendes Subjekt. Ein Autofahrer hält, steigt aus, um den Kofferraum zu öffnen. Er sieht mich und steigt sofort wieder ein. Erstaunlich, über wie viel Macht ein ächzend am Boden liegender Mensch verfügt. Irgendwann wird es ausgesprochen witzig. Eine Ambulanz kommt vorbei, besorgt verlangsamen sie das Tempo und fragen, ob bei mir alles in Ordnung sei. Heute ist der fünfte Tag, wie soll ich je nach Berlin kommen, wenn andere mich jetzt schon für krankenhausreif halten?

Pünktlich um 18 Uhr ist Einlass, man muss läuten. Nach einer Viertelstunde sind alle, die hier übernachten wollen, eingetroffen. Stammkunden begrüßen sich, darunter auch drei junge Burschen, keiner älter als 22. Yussuf, der Mauretanier, jobbt bei der Heilsarmee, er ist heute für den ruhigen Verlauf der Nacht verantwortlich. Ich muss meinen Pass vorzeigen und lügen, dass ich obdachlos bin. Wie ich erfahre, gehen die Daten an die Polizei, inoffiziell. Damit sie checken kann, ob ein Missetäter hier Unterschlupf sucht.

Vive la France, es gibt ein Büfett (!) mit heißen Rouladen, dazu Kartoffeln, Erbsen, Äpfel, Orangen, Kiwis, Brot, Mineralwasser, Sirup, Kaffee und Kuchen. Von allem zu viel. Yussuf fordert uns auf, uns vollzustopfen. Was morgen nach dem Frühstück übrig bleibt, kommt auf den Müll. Ich frage nach, und man bestätigt ungerührt die Information.

Zweimal läutet jemand am Haupttor und darf nicht herein. Denn sein Name steht auf der Schwarzen Liste der Radaubrüder, die – meist vom Alkohol überwältigt – hier mehrmals randalierten. Aber

Yussuf hat ein Herz, sagt er, und handelt danach. Wer hier nicht übernachten darf, bekommt von ihm, entgegen der Hausordnung, ein Fresspaket mit auf den Weg.

Der Mauretanier und ich verstehen uns. Ein heller Kopf, neugierig, studiert in Reims Psychologie und arbeitet nebenbei, um sein Studium zu finanzieren. Reist gern, hat schon was gesehen von der Welt, auch in Deutschland war er. Dort würde er am liebsten leben. Das ununterbrochene Funktionieren eines Telefons, die Effizienz, die Willenskraft (so redet er), das imponiert dem 27-Jährigen.

Ich dusche mich zum ersten Mal seit Paris. Mit Blick auf den Rucksack, der daneben steht. Nichts soll hier eine Minute lang unbeaufsichtigt bleiben. Heimlich wasche ich meine Wäsche, da verboten. Zuletzt mit dem Rucksack auf die Toilette.

Mit Thierry teile ich einen der fünf Container, in denen je vier Betten stehen. Ich habe Yussuf gebeten, mich mit jemandem zusammenzulegen, der seine wüstesten Aggressionsschübe schon hinter sich hat. Seit sieben Jahren lebt Thierry, vor ein paar Wochen vierzig geworden, auf der Straße. Ich frage ihn warum, und er weiß es nicht. Irgendwann, sagt er, fing sein Leben an, auseinander zu fallen. Um den Absturz ohne Bewusstsein durchzustehen, trinkt er täglich sechs Liter Wein. Ich lasse mir die Zahl aufschreiben, er schreibt die Ziffer 6 aufs Papier. Wie kommt er an das Geld, um die Trunksucht zu finanzieren? »Je me démerde«, ich schlage mich durch, das wäre: ein bisschen dealen, geklaute Sachen hehlen, betteln. Als Junge war Thierry *Rugbyman*, soll sagen, straff, biegsam, schnell. Vor einem Freundschaftsspiel in Irland wurde er entjungfert. Von der Freundin eines gegnerischen Spielers, die am nächsten Tag auf der Tribüne stand und dem kleinen Franzosen und ihrem gehörnten Iren beim Match zusah. Thierry erzählt die Geschichte voller Freude, wohl als Beleg dafür, dass er einst von Frauen begehrt wurde, wohl als Hinweis auf seine letzte oder vorletzte Heldentat. Ich frage ihn noch, ob die 2190 jährlichen Liter nicht seine Libido ruiniert hätten. Thierry, trocken: *«Oui, c'est fini.«*

Der muffige Container. Es wird ausdrücklich darauf verwiesen, die Betten sauber zu hinterlassen. Ein frommer Wunsch. Sicherheitshalber übergibt Yussuf jedem Neuen ein halbes Dutzend Gaze-Tücher. Zum Abdecken der versifften, mit Blutflecken (und anderen Flecken) gesprenkelten Matrazen. Auf meinem Bett liegen Brotreste, ein Hemd, zwei benutzte Papiertaschentücher. Unter dem Bett schimmeln weitere Kleidungsstücke, alles Hinweise, dass hier ein reger Durchgangsverkehr herrscht.

Als ich nach einem Gang zur Toilette wiederkomme, schläft Thierry bereits. Nackt und schwer liegt der dreifache Vater auf seinem gewaltigen Weinranzen. Er riecht jetzt nicht unangenehm, besser als angezogen. Sein Kofferradio läuft noch, Gareth Gates singt: *... I've hungered for your touch, a long, lonely time, time goes by so slowly, and time can do so much ...* Ich setze mich auf das Bett gegenüber, blicke auf einen Mann, der nie über seine Zukunft nachdenkt. Er will sie nicht wissen. Träume scheinen ihn zu jagen, er gurgelt laut ins Kopfkissen, wie eine Woge hebt und senkt sich sein Rücken. Und verharrt plötzlich totenstill. Um danach – getrieben von anderen Dämonen – weiterzukeuchen. In seinem letzten Satz unseres Gesprächs bezeichnete sich Thierry als *vieux con*, als alten Blödmann.

Spätnachts fällt er aus dem Bett, vielleicht eine ungeschickte Drehung. Er wacht nicht auf, der konsumierte Alkohol hält ihn bewusstlos. Ich hieve ihn zurück, zuerst den Oberkörper, dann die Füße, beides 40 Jahre und Tausende von Litern schwer. Wieder das Staunen in mir, wie einer es schafft, so nachlässig sein Leben wegzuwerfen. Über Thierrys Kopf hängen Poster von Johnny Halliday, unter einem steht: »Wird er Weihnachten auf dem Land verbringen?«

Sechzehnter Juni

Ich bin nervös, will nicht bis sieben Uhr warten, verzichte auf das Frühstück, will Kilometer machen. Zurück ins Zentrum, ich verirre mich, verirre mich am Stadtrand ein zweites Mal. Spüre die rasende Wut auf den Idioten, der mir die falsche Auskunft erteilte. Dass der erste Pump danebengeht, kein Wunder, mir fehlt jedes Gleichgewicht.

Kurskorrektur. Über eine vierspurige Schnellstraße wetzen, dann einen Abhang hinunter und entlang dem Bewässerungskanal eines Weizenfeldes stapfen. Die sofort nassen Stiefel. Aber die Nässe beruhigt die Füße, dämpft die Pein. Nach fünfhundert Metern wieder hochklettern, hier zieht eine schmale Landstraße vorbei. Die könnte stimmen. Wieder winke ich mit der Landkarte, wieder will ich mich vergewissern. Aber keiner hält, viele geben erst recht Gas. Als stünde ein Meuchelmörder unter dem Baum. Sicher gehört auch das zum Inventar des anständigen Bürgers: seine vollen Hosen. Ich schreie einem Traktorfahrer den Namen des nächsten Ortes zu, er nickt, offensichtlich bin ich auf der richtigen Spur.

Um Viertel nach acht in Cernay-les-Reims. Die Straßen gabeln sich, eine Frau rennt an mir mit der Information vorbei, dass sie keine Zeit für Auskünfte hätte, sie habe es »supereilig«. Aber eine Bäckerin tritt als erster Mensch an diesem Tag auf, sie ist nicht ängstlich, nicht geizig, nicht in Eile, sie packt ein Sandwich mit Leberpastete und ein halbes frisches Baguette in die Tüte. Damit zum Café Saint-Valentin, ich bestelle einen Kaffee und frage die Wirtin, was hier so passiert. »*Rien*«, nichts passiert. Hinterher will Madame Chantal, nachdem sie erfahren hat, dass ich allein unterwegs bin, von mir wissen: »Haben Sie denn keine Angst?« – »Angst wovor?« – »Ja, dass Sie jemand auf der Straße angreift.«

Das ist typisch, den Satz habe ich schon gehört. Er klingt in dem Kaff noch absurder. Nichts passiert, aber jeder, der allein daherkommt, muss sich fürchten. Natürlich sagt keiner: Welch eine Chance! Sie werden Geschichten hören! Sie werden interessante Leute kennenlernen! Sie werden Erfahrungen sammeln! Sie werden Ihr Leben bereichern! Nein, immer nur Angst, immer der Nächste als Feind, als Strolch, als einer, der Unheil bringt. Angst, das offizielle Lebensgefühl. In Saint-Exupérys *Der kleine Prinz* bemerkt der Bruchpilot, dass die Erwachsenen immer nach dem Einkommen, nach der Stellung, nach den Pfründen fragen. Nie fragen sie den anderen nach der Farbe seiner Lieblingsblume, nie nach seinem innigsten, mutigsten, glücklichsten Moment.

Möglicherweise gibt es noch eine Erklärung für die Frage nach der Angst. Vielleicht wollen die Frager insgeheim – im wirklichen Leben versorgt bis zur Leichenstarre – in wilden, gefährlichen Umständen leben. So reden sie sich die Angst und die Überfälle herbei. Die Aussicht, in dubioser Nachbarschaft zu existieren, verschafft den Kick. Der ansonsten immer fehlt.

Um elf Uhr in Epoye, hier passiert noch weniger, hier stehen sie am Gartentor und fangen den Briefträger ab. Vielleicht lesen sie in den Briefen von einer Aufregung. Ich spreche einen Mann an: Wie wäre es mit einem Euro für mich? Der Alte schlägt mit der flachen Hand auf die linke Hosentasche und sagt – er kann den Satz nicht mehr abbremsen: »Sie ist vollkommen leer.« Sagt es, und wir hören das Scheppern von Münzen. Der Geizling hat die falsche Tasche erwischt.

Es gibt Augenblicke, da überkommt mich die Sadomasolust, vom Geiz eines andern zu erfahren. Ich will es wissen, will, da ich schon ahne, was geschehen wird, den anderen demütigen. Auch klar, anschließend gehen wir beide als Verlierer auseinander.

Pause im *Soleil d'Or*. Circa vierhundertfünfzig Leute leben in Epoye, nur ein Zehntel davon komme ins Café, berichtet der Patron. Der Rest nie, sie blieben zu Hause, praktizierten *cocooning*, spönnen sich in ihr Häuschen ein, hockten den Abend, jeden Abend, vor dem Fernseher.

Eine sonderbare Situation entsteht. Während der Pächter klarsichtig über hiesige Trägheit und Geistesabwesenheit lamentiert, richtet seine Frau die gemeinsame Tochter ab: »Marie, hör' auf damit!« und »Marie, jetzt reicht's aber!«, diese zwei Verbote hageln alternativ auf die Fünfjährige nieder, die das Café inspizieren will. Jeder Akt der Neugierde wird sofort geknebelt. Man darf vermuten, dass am Ende des dreimillionsten Warnschreis das Werk vollbracht ist. Aus Marie wurde ihre Mutter, der verängstigte, von allen Lebensregungen befreite Mensch.

Ich sitze und tue nichts. Und langweile mich trotzdem nicht. Mein Körper ist zu sehr mit sich beschäftigt, um nur einen Gedanken an Nebentätigkeiten zu verschwenden. Ein Fußmarsch ist das Gegenteil von virtuell, jeder Schritt erinnert an die Tatsache, dass man – und wäre es noch so kräftezehrend – wirklich ist. Ich betaste die beiden dick geschwollenen Achillessehnen, sie pochen. Was für ein Lebenszeichen.

Am frühen Nachmittag in Pontfaverger-Moronvilliers. Ich bettle um Wasser, vergeblich. Jemand verweist auf den Zettel, der an jeder Haustür hängt. Hinweis darauf, dass augenblicklich kein Tropfen fließt. Unbekannte Täter haben Gift in die Kanalisation geschleust. Der Bürgermeister spricht von einem *acte du vandalisme*.

Ein Lastwagen mit der Aufschrift »Rik van Steenbergen« fährt vorbei. Der holländische Sechstagefahrer mit dem gleichen Namen war ein Idol in Jugendjahren. Ich habe ihn jedes Mal um seine prächtigen Oberschenkel beneidet. Die ich noch immer nicht habe.

Deshalb fordern sie in immer kürzeren Zeitabständen eine Ruhepause. Ich suche einen Baum und massiere sie. Was mich fröhlich stimmt. Weil ich Riks Muskelberge vor mir sehe und daneben meine tapferen Beinchen. Wie sie sich trauen.

Eine ältere Frau sieht von ihrem Fenster aus meinem sonderbaren Treiben zu. Ich frage nach einer Tasse Kaffee, ob sie sich dazu überreden ließe? Als Geschenk an einen Wandersmann? Nein, leider nein, das Wasser sei doch abgedreht. Aber Zündhölzer, die hätte sie sicher, die sind gewiss nicht vergiftet? Und die Neugierige verlässt ihren Aussichtspunkt und bringt die Streichhölzer. Nachdem sie ihr Zimmer wieder erreicht hat, verriegelt sie die Fensterläden. Das soll sie schützen vor weiteren Forderungen.

Eine halbe Stunde später gilt es in Bétheniville den billigsten Kaffee zu finden, nur noch 7 0 Cent. Neben mir am Tresen steht ein Mann, vor ihm liegen ein Schnuller und ein Handy. Der Schnuller gehöre seinem Sohn. Sagt er. Handy und Schnuller so nah nebeneinander, das ist ein ungemein erheiternder Anblick.

Um 17.15 Uhr, zwei Kilometer außerhalb der Stadt, ist *Check-in-time*. Hundert Meter waldeinwärts finde ich ein verborgenes Plätzchen, ich richte mich ein. Neben den Stiefeln deponiere ich wie immer die kleine Buddhastatue und das Bild einer Frau, die bei jeder Erinnerung an sie mein so weit entferntes Herz beschleunigt. Von ruhig Schlagen auf Hämmern. Der Erleuchtete und die Göttin, sie werden mich behüten.

Sitzen, an einem Baum lehnen. Beim Notieren ins Tagebuch kommt mir eine Bosheit Nietzsches in die Quere. Sogleich halte ich inne, denn der knappe Satz muss jeden Schreiber verschrecken.

»Trau keinem Gedanken, der im Sitzen kommt.« Eine vorlaute
Mahnung, hat doch selbst F. N. seine revolutionärsten Kopfgeburten am Schreibtisch zur Welt gebracht. Mich rettet der Gedanke an
ein nächstes Genie, ein zweites Mal kommt mir das asthmatische
Muttersöhnchen Marcel zu Hilfe. Das nie rasant leben musste, keinen einzigen Gewaltmarsch schaffte, kein einziges Mal im Wald
übernachtete und trotzdem wie von den Göttern choreografiert
seine Bücher vollschrieb. Proust hat es nicht einmal zum Sitzen
geschafft. Er blieb gleich liegen und verfasste im Bett über tausend
Seiten Weltliteratur.

Siebzehnter Juni

Morgens der roten Sonne entgegen, die am Horizont aufsteigt.
Zwei Stunden später bin in Machault. Ein Dorf ist ein Dorf ist ein
Dorf. Eine Bäckerin sagt, dass sie kein altes Brot für mich habe,
aber neues, greift nach hinten und überreicht ein ofenwarmes Baguette. Sie lächelt dabei. Ich will fest glauben, dass jene, die etwas
hergeben, ein grundsätzlich entspannteres Gesicht zeigen. Absolut
gesichert: Meist geben Frauen. Sie hängen wohl mehr am Leben
anderer.

Ich erlaube mir zwei Bissen und horte den Rest des Brots im Rucksack. Gestern war ein geiziger Tag, ich muss aufpassen. Wladimir
kommt mir in den Sinn. Wir arbeiteten gemeinsam in Kirgisien,
einer ehemaligen Teilrepublik der Sowjetunion. Er als Übersetzer,
ich als Reporter. Immer wenn ich ein paar Mars-Riegel auf dem
Schwarzmarkt kaufte und zwischen uns aufteilte, steckte sie der
Russe sofort weg. Nie sah ich ihn die Schokolade aufessen. Als ich
ihn nach seinem kauzigen Gebaren fragte, meinte er: »Man weiß
nie, was kommt. Meist kommt nichts.« Die Riegel dienten als eiser-

ne Ration. Ich lachte, so verwöhnt war ich als westlicher Mensch von der Idee, dass immer etwas Essbares zur Verfügung stehen würde. Jetzt bin ich Wladimir. Ich grinse trotzdem. Aus Freude über die Erinnerung.

Um halb elf in Bourcq, ich sehe eine alte Frau beim Schneiden ihrer Rosen im Garten. Ob sie etwas für mich zum Essen und Trinken hätte? Oder einen überflüssigen Euro? Sie verschwindet im Haus, kommt mit der vollen Flasche und vier staubtrockenen Zwieback-Scheiben zurück. Das Wasser sieht jetzt grün aus, ich erfahre, dass sie etwas Menthol beigemischt hat. Wahrscheinlich rieche ich aus dem Mund.

Das weiß ich jetzt auch: Von Naturalien trennen sich Männer und Frauen leichter als von Geld. Obwohl sie doch einmal, erst gestern oder vorgestern, Geld für die verschenkte Ware ausgegeben haben. Zaster scheint unheimlich anhänglich.

Langes Gehen bringt lang verschollene Gedanken zurück. Mit erstaunlicher Impertinenz öffnet mein Unbewusstes auf den nächsten zehn Kilometern den Giftschrank, lässt Vorfälle aus meinem Leben Revue passieren, die mich mit nichts anderem als Scham erfüllen. Weil ich feig war, nicht beherzt war. Ich halte Schwäche nicht aus, nicht Larmoyanz, nicht Zaudern. In »Giganten«, jenem Film, der James Dean berühmt machte, gibt es folgende Szene: Bick Benedict (Rock Hudson) will seinem Sohn das Reiten beibringen. Doch der Kleine schreit, flennt, will wieder vom Sattel. Benedict gerät darüber in Wut, man sieht seine wütende Enttäuschung. Ich war damals siebzehn, als ich die Szene sah, und sofort schlug ich mich auf die Seite des Vaters. Wie ich Feigsein nicht ertrage, nicht Winseln. Wie mich eigene Feigheiten als immer wiederkehrendes Bild im Kopf verfolgen. Auch wenn sie Jahre, Jahrzehnte zurückliegen. Wie Sperrmüll verpesten sie mein Gedächtnis.

Das ist das Deprimierendste an der Vergangenheit: dass sie bleibt, dass nichts, keine Macht der Welt, sie verbessern kann. Nur die Lüge. Aber dazu, immerhin, bin ich zu mutig. Ich lasse den Sperrmüll, wie er ist, ertrage den Gestank, lüge mir nichts erträglicher. Mike Tyson, *the baddest* (sic!) *guy on earth*, hat es überraschend klug und einfach formuliert: »Ich habe Rebellen immer bewundert. Lieber leide ich, als dass ich eigene Unterwürfigkeit toleriere.« Das ist der springende Punkt: Man leidet mehr, wenn man die Unterwürfigkeit toleriert. Lieber ein Ohr abbeißen als seine Würde riskieren.

Als nach einer halben Stunde die schwarzen Bilder weichen und ich in die augenblickliche Wirklichkeit zurückkehre, kehren auch die Füße in sie zurück. Formidable Erkenntnis: Die Konzentration auf die Vergangenheit war so ausschließlich, dass ich den Körper völlig ignorierte. Jetzt kommt alles schlagartig wieder, die Schmerzen, der Schweiß, die Strapazen. Wäre ich ein begnadeter Zen-Meister, könnte ich mit reiner Willenskraft eine solche Ablenkung herstellen. Ich gebe den Befehl: »Nicht an den Schmerz denken!«, und ich denke nicht an ihn. Die gerade gemachte Erfahrung ist ein Beweis dafür, dass es den Schmerz in den Füßen oder im Nacken oder in den Hüften, wo auch immer, nicht gibt. Er hat nur einen Platz, dort, wo sich das Glück und das Unglück eines Lebens entscheiden: im Hirn.

Zur Mittagszeit in Vouziers. Am Ortseingang hat der Bürgermeister ein Schild aufstellen lassen, das auf die Bibliothek und das Schwimmbad der Stadt hinweist. Gewiss ein besonderer Bürgermeister, denn er kümmert sich um Leib und Seele seiner Einwohner.

Ich belagere das Rathaus, bis 14 Uhr ist es geschlossen. Ich bin sicher, hier mache ich Beute. Ich nehme eine ganze Bank auf dem Vorplatz in Beschlag, entlüfte Rucksack und Füße, strecke bei jedem dritten Passanten den Kopf nach vorne und frage nach Geld, Kleingeld. Vielleicht ist es die Hitze, denn keiner will die Kraft aufbringen, einen Euro aus dem Portemonnaie zu holen. Vor Minuten kam ein Lied aus dem Radio, ein aktueller Hit in Frankreich: ... *l'important, c'est donner sans demander, c'est y croire*, wichtig sei zu geben, ohne etwas zu verlangen, sei daran zu glauben. An mich glaubt hier niemand.

Hinter meiner Bank steht eine Apotheke, ich brauche Verbandszeug, ich habe noch zwei Euro. Beim Betreten bemerke ich, dass man mich jetzt mit einer Kopfbewegung wahrnimmt, die sie beim Film *double take* nennen: Man sieht jemanden an, schaut weg und schaut gleich wieder hin. Als hätte man beim ersten Mal eine Besonderheit übersehen. Das Besondere an mir ist jetzt mein Humpeln, die Erschöpfung. Noch bleibt es beim zweiten Blick, noch hat mein Erscheinungsbild nicht jenen Grad von Verwilderung erreicht, der zu Sicherheitsmaßnahmen Anlass gibt: Zwei Angestellte stellen sich vor die Kasse und nicht die Frau, sondern der Herr Apotheker bedient mich. Was nichts am Tatbestand ändert, dass die Mullbinden zu teuer sind. Noch immer ist die Aussicht auf einen Kaffee verlockender als zwei sauber verbundene Fußsohlen.

Um 14.01 Uhr im Rathaus, der Bürgermeister sorgt sogar für ein freundliches Personal. Jemand zeigt durch ein Fenster auf das hundert Meter entfernte *Centre Social Communal*, dort solle ich nachfragen. Ich frage dort nach, und eine Frau blickt von ihrem Schreibtisch auf. Wieder freundlich. Ob ich auf der »Durchreise« sei? Das ist ein drolliger Ausdruck. So will ich nichts als die Wahrheit sprechen und antworte mit einem festen *»oui«*. Während die Angestellte ein Formular ausfüllt, das mich in wenigen Minuten zum Besitzer einer außergewöhnlichen Summe machen wird, überkommt mich eine Woge der Sympathie für diesen Menschen. Weil er unglücklich aussieht und trotzdem höflich bleibt. Man kann nur ahnen, wie viel Kraft das kostet. Wie gern würde ich ihr ein Zauberwort schenken, das sie aus diesem trostlosen Büro rettet. Irgendeinen geheimen Code, irgendeine tiefe Einsicht, die alle ihre Kräfte bündelt und sie fortreißt in ein anderes Leben.

Wieder einmal bin ich der Beschenkte. Ich bekomme einen Gutschein, dafür kann ich beim nächstgelegenen »Shopi« für unerhörte zehn Euro einkaufen. Auf dem Papier steht noch, für welchen Typ Mensch dieser Bon ausgestellt wurde, für *des gens de passage* eben, für Durchreisende.

Drei Minuten später bin ich im Supermarkt. Seit zwei Nächten und eineinhalb Tagen bin ich auf Schonkost, eine Unterbrechung der unfreiwilligen Kur mit etwas anderem als Baguette und Zwieback wäre willkommen. Gehe ich bedacht mit dem Schatz um, dann schaffe ich es damit bis zur belgischen Grenze. Auf unerklärliche Weise beruhigt mich der Gedanke an ein neues Land. Ich kaufe die billigsten Sachen, die am schwersten wiegen, Sardinen, Obst, Wurst, Trockenbrot, Schokolade, Jogurt. Mit zwei Kilo Zusatzgewicht trete ich hinaus in die Nachmittagshitze.

In Vouziers habe ich mein Tagespensum geschafft. Jetzt kommt der schwierigste Teil der 24 Stunden: die restliche Zeit aushalten. Ich habe keine Kraft, um nach Aufregungen zu suchen, um Kontakte zu knüpfen, um durch die Stadt zu stiefeln und nach schönen Französinnen Ausschau zu halten. Zudem weiß ich um meine Grenzen. Wer will einen bankrotten Mann mit einem schäbigen Rucksack kennen lernen? Zuletzt: Mein Herz heilt, wenn ich an die Göttin denke. Es will sich konzentrieren, will ganz ausschließlich sein.

Ich habe Glück, der Himmel schickt eine Botschaft, Wolken ziehen auf, ab sofort wartet eine Aufgabe: einen Platz zum Übernachten suchen. Ich habe nochmals Glück, denn der Bürgermeister lässt sogar pures Gold auf den Straßen seiner Stadt herumliegen. Im Rinnstein blinkt ein Euro, hoffentlich von einem elenden Geizkragen verloren. Mit einem euphorischen Siegerlächeln sacke ich ihn ein.

Ich verlasse Vouziers. Nach drei Kilometern komme ich an einem eingezäunten Wald vorbei. Ein großes Tor steht weit offen. Ich muss hinein, auch wenn der Zugang ausdrücklich verboten ist. Ich muss, weil seit der letzten Mahlzeit Turbulenzen meine Bauchgegend heimsuchen. Die Magensäfte toben, sie haben wohl die plötzliche Nahrungsausnahme nicht verkraftet. So stimmt das Timing, denn bei gutem Wetter ist ein Wald ein wunderbarer Ort, um sich still einzurichten und loszulassen. Heute nicht, heute gibt es ein kleines Desaster.

So fängt es an: Ich muss mich wegducken, weil ein Vehikel durch das Tor fährt. Nach Minuten kommt das Fahrzeug zurück, ich höre, wie jemand aussteigt und das Gitter mit einer Kette verschließt. Bis jetzt gibt es kein Problem, es kommt in genau jenem Augenblick, in dem der Fahrer Gas gibt. Das schwüle Wetter bricht, und Wassertonnen, Blitze und Donner stürzen auf die Welt. Bei solchen Bedingungen in einem Wald zu sitzen, ist keine gute Idee. Ich springe hoch, deponiere den Rucksack unter einem Baum mit dichtem Laubwerk und fliehe an den Rand des Waldes, will glauben, hier sei es weniger gefährlich.

Blitze zucken auf die Wiese herab. Das Regencape erweist sich als wertlos, nicht wassertonnendicht, in Sekunden sind Hose und Hemd feucht. Ich renne zurück zum Rucksack, getrieben von der apokalytischen Sorge, dass alles ersäuft, auch Notizbücher und Kamera. Reiße in der Not das Gepäck wieder an mich, verstaue es unter dem Cape und hetze zu dem Weg, der vom Tor in den Wald führt. Ich meine, hinter den Wipfeln die Umrisse eines Hauses gesehen zu haben. Der Weg ist inzwischen zu einer Schlammfurt verkommen, braunes Wasser schwemmt in die Stiefel. Am Ende der hundert Meter steht kein heimeliges Hexenhaus, nein, nur Halden von Abfall türmen sich auf, mitten im Wald. (Eine heimliche Mülldeponie? Deshalb das sorgfältig verschlossene Tor?) Wieder jage ich unter einen Baum, wieder ist das eine Todsünde bei flammenden Blitzen. Aber die Alternative wäre, dass ich auf freiem Gelände stehen bleibe und samt Zubehör bis ins Knochenmark aufweiche. Ich lege mich auf den Boden, lege mich über den Rucksack, zurre den Regenumhang fester, die Schnur reißt, mein Blick fällt auf *Made in China*. Ich weiche auf, nicht aber meine sieben Sachen.

Nach zwanzig Minuten hält das Gewitter inne, alles zieht sich zurück, der Wald wird wieder still. Ich suche nach einem Schlafplatz und finde nichts. Regnet der Himmel nicht, regnen die Bäume. Auch dampft der Boden wie warmer Sumpf. Ich finde ein Metallrohr unter dem Müll und gehe damit zurück zum Tor. Aber die Brechstange rutscht ab, die Kette ist zu dick. Hier muss ein Schatz verborgen sein, so eisenschwer soll verhindert werden, dass jemand reinkommt. Rauskommen scheint nicht einfacher. Irgendwann werfe ich den Rucksack über das 2.50 Meter hohe Gitter, kralle mich am Maschendraht hoch und springe ins Freie.

Wieder auf der D 947, die Wolken gehen nicht weg, ich brauche ein Dach für die Nacht. Nach einer halben Stunde steht links der Straße ein riesiger Bauernhof. Und der Bauer und die Bäuerin stehen vor der riesigen Scheune. Kein Märchen fängt jetzt an, aber fast ein Märchen. Die beiden schauen nicht weg, sehen, wie ich daherkomme, die durchnässten Kleider, die dreckverschmierten Hände und Stiefel. Ich sage nur einen Satz, und der Bauer zeigt den Weg zum trockenen Stroh. Achtzehn Kühe und Ochsen blicken herüber, auch sie scheinen einverstanden. Kurz darauf kommt der stille Mensch mit einer Zwei-Liter-Flasche bauchwarmer Kuhmilch wieder. Vielleicht – er sagt das wunderbar trocken – solle ich meine Sachen zehn Meter weiter weg ausbreiten. Möglich, dass die direkt neben meinem Schlafsack aufgetürmten Strohballen mir nachts auf den Kopf fallen.

Noch sind nicht alle Probleme ausgestanden, wieder ächzt der Magen. Er ist nachtragend, die Blitze kamen ihm dazwischen, er will endlich Frieden. Auf der Suche – jetzt zählen Sekunden – nach einem Ort, an dem man eine der arglosesten Tätigkeiten der Menschheitsgeschichte hinter sich bringen kann, überrenne ich um Haaresbreite einen alten Mann. Wir führen einen kurzen, hastigen Dialog, ich frage gequält »où?« und er antwortet pfiffig: »Dans les bois.« Die dreißig Meter zum Wald schaffen mein Magen und ich noch, dann beginnt – so hat es Klaus Kinski einmal beschrieben – Samadhi, reinste Hingabe an die Gegebenheiten des Lebens.

Das wird ein besonderer Abend. Der Alte hat auf mich gewartet, er ist der Vater des Bauern. Wir setzen uns ins Stroh und reden. Dass ein Deutscher durch sein Land wandert, scheint Monsieur Jacques zu gefallen. Wie überraschend, denn als Junge hat er hier 1944 die deutsche Armee kennen gelernt. Er sagt, dass er sich an Offiziere erinnere, die sich menschlich benommen hätten. Seine Mutter habe ihm von den Zweifeln erzählt, die manche der Besatzer geäußert hätten: dass sie Befehlen gehorchten, aber von keinem persönlichen Hass gegen Frankreich getrieben seien.

Im Laufe unseres Gesprächs wird klar, warum der Alte sich so genau erinnert, warum ihn die Skrupel der Besatzer so beeindruckt haben. Er selbst wurde 1956, gegen seinen Willen, zum Algerien-

krieg eingezogen. Musste gegen Männer antreten, die für die Unabhängigkeit ihres Landes kämpften, die er nicht persönlich kannte und die ihm nie ein Leid zugefügt hatten. Aber der Bauer zog
nach Algerien, zur Befehlsverweigerung fehlte ihm der Mut.
Monsieur Jacques macht eine Pause, sagt irgendwann leise, dass er
im Nahkampf einen Menschen getötet habe. Er könne sich genau
erinnern, die Erinnerung ließe nicht nach.

Das ist ein starker Moment, als der wildfremde Franzose einem
wildfremden Deutschen von seiner Gewissensnot berichtet. Dass
einer sich erinnert, einen anderen getötet zu haben, und dass er
nicht bereit ist, diesen Tag und diese Tat zu vergessen, weil er weiß,
dass er einem anderen das Leben nahm, der wie er das Recht hatte
zu leben, das gibt dem Gespräch mitten in der Scheune, mitten im
Stroh, eine berührende, so gar nicht erwartete Tiefe.

Nach dem Abschied von Monsieur Jacques wechsle ich die nasse
Hose, das nasse Hemd. Mit jedem Handgriff wird das Leben schöner. Irgendwann sitze ich warm im Schlafsack, trinke die Milch,
lege die Sardinen zwischen das Brot, kaue einen Apfel, rauche – mit
schlechtem Gewissen – die letzte Hälfte des letzten Zigarillos.

Später überdenke ich noch einmal die Situation im Wald, das
Gewitter, will wissen, ob ich »bestanden« habe. Ich begreife, dass
es nichts zu bestehen gab. Ich hatte ja keine Wahl. Wohin hätte ich
mich verdrücken können, mutlos ausweichen? Bestehen lässt sich
nur etwas, vor dem man weglaufen kann. Es gab nur: den Wald verlassen und die Ausrüstung riskieren. Oder im Wald bleiben und die
Habseligkeiten beschützen. Und beide Male hoffen, dass kein Blitz
den Kopf spaltet. Mir wird klar, dass ich mich für das Gepäck und
gegen mich entschieden hatte.

Achtzehnter Juni

Unruhiger Schlaf, nachts stöhnten die Ochsen. Weil sie von den Kühen getrennt übernachten müssen? Um 5.20 Uhr packe ich zusammen, ziehe die noch immer feuchte Hose an. Will die andere, die trockene, für schwerste Notzeiten behalten. Ein absolut sauberes Wäscheteil als Reserve verschafft ein Gefühl der Ruhe.

Kurz vor acht Rast in Germont, ich friere, trinke die warme Milch und träume. Schon wieder. Es ist der Lieblingstraum aller Schreiber, die oft nicht zu Hause sind: am Schreibtisch sitzen und schreiben dürfen. Nur einen einzigen Weg am Morgen zurücklegen müssen, nicht länger als acht Meter, jenen vom Futon bis zum Schreibtischstuhl. Träumen vom selig machenden Geräusch einer diskreten Tastatur. Wobei Denken und Tippen nur unterbrochen wird von den neun Schritten, die ich zwischendurch auf mich nehme, um einen Kaffee zu kochen. Ansonsten im Meer der Wörter versinken darf und nichts anderes vollbringen muss, als nach dem passenden Wort zu tauchen. Und nie rebelliert der Magen, nie seufzt der Körper, nie rauscht jemand mit Vollgas auf mich zu. Kein Hund, keine Maschine, kein Mensch bedroht mich.

Außerhalb von Germont kommen drei Dutzend Kühe an den Zaun gelaufen. Mit hinreißend blöden, zärtlichen Augen schauen sie mich an. Sie wissen um die Einsamkeit eines Langstreckengehers. Ein paar hundert Meter lang bin ich weniger einsam. Als ich eine Stunde später auf eine Frau zugehe, die an ihrer Haustür lehnt, gehe ich auf jemanden zu, der noch nicht einmal über die Sensibilität eines Rindviehs verfügt. Ich frage, ob sie mir nicht eine Tasse Kaffee machen könne, Unkosten etwa 25 Cent. »Nein, so was geht nicht.« Ich bin einsam, kaffeedurstig und übel gelaunt und frage ein zweites Mal, jetzt ausführlicher: »Warum, zum Teufel, können Sie mir keine Tasse Kaffee kochen?« Doch auch der scharfe Satz weckt das alte Mädchen nicht auf, wie ein Automat wiederholt sie die Absage.

Ich bin immerhin drei Euro reich, in Buzancy betrete ich das Café gleich neben dem Bahnhof. Eine falsche Entscheidung. Ich bestelle einen *Allongé* und ein Glas Wasser. Nicht ohne vorher sorgfältig die Preistafel studiert zu haben. Als ich zahle, zahle ich für den lieben Bauern und seine Hilfsbereitschaft gleich mit. Nie war das Glück umsonst. Die Patronne, schon wieder ein Weib, das nicht alt ist, aber alt aussieht, fordert drei wahnsinnige Euro. Ihre wahnsinnige Erklärung: Ein *Allongé* – ein mit heißem Wasser gestreckter Kaffee – koste das Doppelte, und das Glas Wasser sei auch nicht umsonst. Die drei Euro sind mein Ruin, ab sofort wäre ich pleite. Die Rechnung des Drachen ist natürlich Schikane. Überall in Frankreich kostet ein »Verlängerter« nicht einen Cent mehr als ein normaler Kaffee. Und natürlich ist ein Glas Wasser eine kostenlose Zugabe.

Für die eigentliche Blamage sorge ich selbst. Ich diskutiere mit dem bösen Weib, das keinen Millimeter von seinen Forderungen abweichen will. Das Unfassbare: Ich Trottel zahle zuletzt, statt ihr den einen (ihr zustehenden) Euro zwischen die beiden Goldzähne zu drücken. Das ist die eigentliche Demütigung. Umso unbegreiflicher, da eine Weigerung meinerseits keine verheerenden Folgen nach sich gezogen hätte. Die Aussicht, von der kleinen Dünnen k.o. gehauen zu werden, war eher gering. Bis 10.03 Uhr an diesem Vormittag hielt ich mich für gerissen. Ich bin es nicht. Ich war nicht schnell genug im Kopf, fiel auf die Frechheiten des Giftzwergs herein. Blamiert ziehe ich davon.

Ich will Rache. Und werde fündig. Am Ortsrand des Nachbardorfes sitzt ein Mann und flickt seinen Gartenzaun. Ich erkenne sofort, dass sich das Opfer in einer ungünstigen Position befindet. Hinter ihm das Haus, vor ihm der Zaun. Und er sitzt. Steht nicht, geht nicht, kann nicht ohne weiteres wegrennen. Ich baue mich vor ihm auf und bitte um einen Euro. Ich höre mir zu und weiß, dass der Bastler jetzt für meine Niederlage büßen und die Wut ausbaden muss. Nun habe ich verstanden. Nicht einfach um etwas bitten, nein, ein Schuss Bedrohung muss in der Stimme liegen, die unausgesprochene Aussicht, dass etwas passieren könnte, sollte ein Euro jetzt nicht den Besitzer wechseln. Somit hat der Zaunflicker keine Chance. Was er noch nicht begriffen hat, denn er führt ein letztes Gefecht:

- Einen Euro, für was denn?
- Um ins Café gehen zu können.
- Aber hier gibt es kein Café!
- Dann eben im nächsten Ort, in Nouart.
- Auch da nicht!
- Macht nichts, ich gehe bis nach Berlin, irgendwann kommt ein Café.

Jetzt knickt er ein, bedrückt greift er nach seinem Geld und legt die Münze auf meine ungeduldige Handfläche. Einem Verstockten Bares abzunehmen, ist eine nicht zu unterschätzende Freude.

Das nächste Café und der nächste Kaffee kommen, irgendwann frage ich nach der Toilette und lasse es dann sein. Der Weg ist mir zu weit. Jeden Handgriff wäge ich ab. Auch die Handgriffe fürs Waschen. Im Moment scheint mir ein ruhender Körper wichtiger als ein gewaschener. *Get your priorities straight*, sagen sie in New York, ich habe nur drei Prioritäten: Energie sparen, Energie sparen, Energie sparen.

Weiter. Wer empfindsam für eine heile Welt ist, der wird – schon wieder – viele Kilometer lang belohnt. Das Wunder Frankreich liegt vor einem, links und rechts des Wegs protzt es mit seinen Schönheiten. Und die Dörfer dazwischen wetteifern, welches am innigsten strahlt. An jeder Ortseinfahrt steht: *Pour le fleurissement de la France*, für das Blühen Frankreichs. Die kläffenden Hunde, die zwischen rot und gelb wuchernden Rosenhecken auf das Gartentor zuhecheln, um den harmlosesten Passanten zu verjagen, sie erinnern lauthals daran, dass die Wörter »heil« und »Welt« nicht lange zusammenpassen.

Théodore Monod, der französische Gelehrte, der die Sahara in allen Himmelsrichtungen durchquert hatte, notierte einmal: »Man langweilt sich furchtbar, ein Tag auf einem Kamel ist tödlich, man kann nicht lesen.« Er schreibt, dass man auf die gemeinste Art sich selbst ausgeliefert ist. Wer allein unterwegs ist, hat immer nur sich. Um das auszuhalten, fluten Gedanken und Erinnerungen durch den Kopf. Jeder Schritt ein Satz. (Bei Gott, nicht immer ein brillanter.) Das hält auf Trab. Sonst hilft nichts. Keine Zeittotschlag-Industrie steht fürs Totschlagen der Zeit zur Verfügung.

Auf den 1100 Kilometern nach Berlin funktioniert es nicht anders. Zum Gefühl endloser Zeit kommt die Einsicht, als masochistisches Würstchen unterwegs zu sein, das noch immer nicht weiß, wie auf elegante Weise an Geld zu kommen. Dazu der Verlust aller üblichen Stabilisatoren. Kein Geld, kein Status, kein Image, kein Name, nichts kann ich auf dieser Reise vorzeigen, um den Verlust des Gleichgewichts abzufedern.

Ein paar Gedanken beschleichen mich nicht. Jene, die abheben und nach Höherem Ausschau halten. Ich bin kein Pilger, kein Gottsucher, keiner, der losrennt, weil ihn nach Erlösung dürstet. Nicht auszuhalten dieses spirituelle Brimborium. Ich lese von

Frauen und Männern, die nach Santiago de Compostela spazieren und als »andere Menschen« nach Hause kommen. Uff. Drei Wochen anders, dann wieder wie vor Compostela. Solche Wallfahrten erinnern an Schlankheitskuren. Dicke werden dünn und gleich wieder dick. Wie diese Seligsprechung des Wanderns nervt. Als ob sich damit die Wunden der Welt heilen ließen. Warum nicht kleinlauter antreten? Und kleinlauter heimkehren? Warum gleich die Angst vorm Tod verlieren wollen?

Ich glaube bestimmt, dass Gehen und Einsamsein und Herausforderungen annehmen jeden reicher machen, der sich darauf einlässt. Außer Frage. Schwerwiegende sinnliche Erfahrungen – mit Hilfe seiner fünf, sechs Sinne erlebt – verändern. Aber ich glaube auch, dass die Ernte solcher Expeditionen viel unspektakulärer ausfällt, als die durch und durch Erschütterten behaupten. Ich vermute, dass der Ertrag solcher Erlebnisse erst nach langer Inkubationszeit sichtbar wird. Von *instant gratification* keine Rede. Konkret: Monate nach der Ankunft in Berlin (sollte ich ankommen) werden mir ein paar Kraftquellen und eine klarere innere Struktur gehören, die ich vorher nicht kannte. Vielleicht. Hoffentlich. Auch möglich, dass ich mit nichts anderem mein Ziel erreiche als mit der Diagnose abgewetzter Gelenke und zu Tode gekränkter Füße.

Am Nachmittag wandere ich an einem *Musée du verre à Bière*, einem Bierglas-Museum vorbei, es steht in Beauclair. Die Frau erzählt, dass ihr Mann – strikter Antialkoholiker – über fünftausend Gläser gesammelt hat. Ich gehe daran vorbei und bekomme Durst. Ein Bier gibt's nicht, aber Wasser.

Um halb sechs in Stenay, eine richtige Stadt. Ich frage einen Mann nach einem Euro, und er sagt: »Undenkbar!« Dass einer nicht einmal an die Übergabe eines Euro denken kann, gibt zu keinem

Optimismus Anlass. Bei der Frau hinter ihm wird es nicht besser. Sie trägt einen Korb voller Gurken, Orangensäfte und Weinflaschen und sagt seelenruhig: »Ich habe schon alles ausgegeben.« Ich will kein Geld mehr, ich will nur noch jemanden treffen, der sich zugibt und schlicht mein Ansinnen mit dem Satz kontert: »Hau ab, ich bin geizig.« Lügen und geizen, das ist ein bisschen viel. Geizen allein wäre schon entschieden menschlicher.

Außerhalb Stenay finde ich hinter einem Stacheldraht eine hübsche Wiese. Saftig und weich, versteckt. Am Himmel ziehen ein paar Wolken, die abendrot schimmern und eine trockene Nacht versprechen. Nach 42 Kilometern kleben meine Sohlen wie glühende Hufe am Rest des Leibes.

Vor Jahren marschierte ein Mann durch Sibirien. Er behauptete glatt, dass nach Tagen die Schmerzen verschwunden waren und die Endorphine den Ton angaben. Vielleicht in Sibirien, hier warte ich noch immer auf das Sprudeln der Glückshormone.

Die Massai sagen: »Ich besitze zwei Kleider, eines, um mich darauf auszubreiten, eines, um mich zu bedecken: die Erde und den Himmel.« Ich bin ein degenerierter Weißer, vorsichtshalber habe ich einen Schlafsack mitgebracht.

Auf der Wiese liegen und irgendwann wegdösen und von einem Mann träumen, der im benachbarten Wald sitzt und auf eine Schreibmachine hackt. Ich träume den Wunsch, diesen Mann aufzusuchen und ihn zu fragen – sogar im Traum weiß ich, dass das eine schwachsinnige Frage ist –, woran er augenblicklich arbeite. Die Vorstellung, einen Schriftsteller zu treffen, macht mich froh. Als ich wieder aufwache, höre ich einen Specht klopfen. Er ist der Dichter.

Neunzehnter Juni

Kurz vor fünf träume ich von einem Menschen, der auf einer Wiese liegt und schlafen will. Und ich wache auf und bin der Mensch, der nicht schlafen kann. Dafür bekam ich nachts Besuch, eine Schnecke klebt auf meiner linken Wange, ihre zwei Fühler zeigen eindeutig Richtung rechtes Nasenloch. Wahrscheinlich hielt sie die Öffnung für ein Schneckenhaus. Wäre ich Rüdiger N., der eisenharte, ich sähe sogleich mein erstes Frühstück vor mir, ein Frühstück im Bett sozusagen. Tau liegt auf dem Schlafsack.

On the road. Nach eineinhalb Stunden hält ein Autofahrer und macht Zeichen, mich mitzunehmen. Meine Füße schreien: »Ja, ja!«, und mein Mund sagt: »Das ist sehr freundlich, aber ich darf nicht.« *The kindness of strangers*, sie ist Teil meiner Lebensfreude.

In Montmédy betrete ich eine Bäckerei. Wie Leuchttürme signalisieren solche Läden den Ort erster Hilfe. Wie sie wärmen, wie sie duften. Die Chefin hat kein altes Brot. Dann eben ein neues, bitte. Warum, fragt die Bäckerin, sollte sie mir ein Baguette schenken? Aber sie fragt eher belustigt, wohl erstaunt über einen, der reinkommt und die Hand aufhält. Ich verspreche ihr, dass sie auf der Himmelsleiter eine Sprosse höher rucken würde. Außerdem wäre die Gabe ein Beitrag zur deutsch-französischen Freundschaft. Jetzt wankt die Zögerliche, die Herausgabe rückt näher. Ich senke die Stimme: Nun, ich will nicht jeden damit belasten, aber ein Gehirntumor wurde bei mir diagnostiziert, noch gutartig, aber wer weiß, wie lange. Deshalb die Wallfahrt nach Berlin. Um Buße zu tun. Irgendeine Strafe muss doch die Krankheit bedeuten.

Bin nicht sicher, ob die Bäckerin mir alles glaubt, aber mit erstaunlicher Geschwindigkeit reicht sie das Brot über den Laden-

tisch. Auch möglich, dass sie Tumore für ansteckend hält. Je
schneller ich den Laden verlasse, umso besser.

Ich bin pleite und will ins Café. Im Rathaus sind sie nur mittwochs
sozial tätig, heute ist Donnerstag. Aber der Bürgermeister hat
immerhin eine Schale mit Bonbons bereitgestellt. Als alle weg-
schauen, packe ich das halbe Pfund ein. Von einer Tasse Kaffee noch
keine Spur. Betteln ist ein Ganztagsjob. Unmengen von Energie
müssen investiert werden, um ein Dritte-Welt-Frühstück zu organisieren. Gegen alle Vorsätze habe ich die Vorräte aus Vouziers längst
verschlungen.

Vor dem Rathaus hängt ein Plakat, es zeigt einen einsam sitzenden
Mann, Text: »Die Gleichgültigkeit: ohne Wohnung, ohne Arbeit,
Analphabet, krank, drogensüchtig, Gefangener!« Mir geht es
gleich besser, ich kann lesen und schreiben und arbeiten, bin gesund und drogenfrei, keiner will mich einsperren. Während ich
diesen frohen Gedanken denke, sehe ich auf der anderen Straßenseite ein altes Ehepaar. Das ist eine gute Konstellation. Dass zwei
nichts haben, ist eher unwahrscheinlich. In Sekunden hole ich sie
ein und fordere freundlich, aber bestimmt einen Euro. Der Alte
wehrt sich noch und fragt, wie so viele vor ihm: »*Quoi?*«, was? Er tut,
als hätte er nicht verstanden. Er denkt wie seine Vorgänger, das
würde mich einschüchtern. Vielleicht will er auch Zeit gewinnen
zum Nachdenken über einen Fluchtweg. Beides misslingt, ich
zeige mit dem Finger auf seine ausgebeulte Hosentasche, er soll
von Anfang an wissen, dass ich weiß, wo das Geld verstaut ist. Der
Mann ist klug, er begreift, dass er verloren hat, ab sofort ist er um
den einen Euro ärmer.

Um ihn darüber zu informieren, dass die Münze gut angelegt
wird, frage ich noch nach einem Café. Auch das wissen die beiden.

Irgendwie scheinen sie sich von dem Verlust erholt zu haben, mit heiteren Mienen zeigen sie nach vorne, rechts vorne.

Ein angenehmes Café, seit Tagen spüre ich wieder warmes Wasser über meine Hände fließen. Dazu gibt es einen *Allongé*, die Zeitung und zwei, drei wohlwollende – so will ich mir einreden – Blicke der Patronne auf den Wanderer. Das alles für nur einen Euro. Soll keiner sagen, das Leben wäre unsagbar schwer.

Ein wunderbar erhebender Augenblick erwartet mich. Im Lokalblatt lese ich die Geschichte eines 33-jährigen Bücherdiebs, der durch eine Geheimtür in eine Klosterbibliothek gelangte und ausräumte. Und in allen tausend Bänden studierte, kein Flohmarkt-Verschleuderer, nein, immer geklaut aus reinster Wissensgier. Das einzig Bedauerliche an der Story ist der erigierte Zeigefinger des Blödmanns, der diesen Artikel schrieb. Moralisch hochgerüstet wie die streng verdammenden Richter, verurteilt er einen Helden. Eine rigorose Strafe wurde ausgesprochen, »ein Exempel sollte statuiert werden«. Was für erbärmliche Kretins! In einer Welt lesefeindlicher Schwachbirnen, die einen einfachen Relativsatz erst nach dreimal Vorsprechen kapieren, wird ein Mensch für seine Liebe zu Gedanken bestraft. Anstatt ihn im Triumphwagen und überschüttet von Dankestelegrammen aller Kulturministerien durch Europa zu chauffieren. Beflügelt von Stanislas G. schultere ich den Rucksack.

Vor kurzem bekam George Steiner den Ludwig-Börne-Preis verliehen. Würde man zehntausend Nicht-Leser mit der Intelligenz dieses wohl letzten Universalgenies statistisch verrechnen, käme noch immer ein hoher Durchschnitts-IQ heraus. Auf die Frage, wo seine Heimat sei, antwortete der Meister: »Da, wo meine Schreibmaschine steht und ein Kaffeehaus in der Nähe.« Wie glücksspendend, dass die Meister und ihre Bewunderer ein, zwei Dinge gemeinsam haben.

Noch eine gute Stunde bis nach Belgien. Wer lange unterwegs ist, meidet den Blick auf die Tafeln mit den Kilometerangaben. Inzwischen weiß ich von einem halben hundert Rechenfehlern. In Stenay stand, dass es noch 82 Kilometer nach Luxemburg sind, jetzt, nach 18 Kilometern, sind es noch immer 74. Wer das über Tage verfolgt, kann zu keinem anderen Schluss kommen, als dass die Beschilderung hierzulande in den Händen der Anonymen Alkolholiker liegt. Der rückfälligen.

Um halb eins erreiche ich Ecouviez, ich gehe ins *Restaurant de la Douane*, der letzten Kneipe vor der Grenze. Ich habe kein Geld, aber in der verrauchten Bude befinden sich genug potentielle Spender, ich will vertrauen. Auf bizarre Weise vermittelt das Leben von der Hand in den Mund ein Gefühl von Freiheit. Nicht immer will ich so frei sein, aber ein paar Wochen lang ist das eine besondere Erfahrung. Hier und jetzt: Ich habe kein Geld, nicht ein einziger Gedanke muss daran verschwendet werden. Wie es behalten? Wie es verstecken? Wie es vermehren? Es gibt nichts zu verlieren und nichts anzuhäufen. Es gibt nur den Augenblick der Freude, eben jenen, als der Wirt die Tasse heißen Kaffee hinstellt. Der Rest wird sich finden.

Er findet sich. In der Person von Monsieur Daniel, einem Belgier. Wir sitzen am selben Tisch. Er spricht mich an und lädt mich ein. Ahnt er, wie knapp ich bei Kasse bin? Im Verlauf des Gesprächs wird klar, dass ich wohl väterliche Gefühle in ihm auslöse. Als müsste ein Vater sich um seinen Sohn kümmern. Ich habe nichts gegen diese Inbesitznahme, ich war schon immer auf der Suche nach einem Vater.

Wir reden. Als Monsieur Daniel erfährt, dass ich zu Fuß nach Berlin unterwegs bin, verstummt er. So ein Schweigen, das eintritt, wenn man jemanden getroffen hat, von dem man nicht mehr weiß, wie umgehen mit ihm. Wie reagieren auf einen, den man für einen heillosen Angeber und Schwätzer hält? Aber der 68-Jährige fängt sich, beugt sich vor und fragt leise: »Bei Ihnen ist alles in Ordnung, ich meine, im Kopf?« Doch kaum ist die Frage formuliert, tut sie Herrn Daniel Leid, er lächelt verlegen. Ich bin keineswegs verstimmt, im Gegenteil, ich lache laut, antworte, dass ich seinen Verdacht bestens verstehe, da ich selbst manchmal im Zweifel sei, ob einer, der sich schwitzend und riechend täglich 40 Kilometer schindet, noch zurechungsfähig ist.

Plötzlich ist der Mann ganz Feuer und Flamme, plötzlich glaubt er mir. Ja, ich müsse unbedingt durchhalten, der Trip sei eine ausgezeichnete Schule des Lebens, ach, wenn er nur die Zeit zurückdrehen könnte, er würde es auch probieren. Der Rentner wird immer enthusiastischer, aber auch stiller, ja flüstert zuletzt, flüstert, dass er auch einmal jung war und trotzdem nichts gewagt habe.

Hier rechnet einer mit sich ab, die kleine Kaffeerunde wird zur Beichtstunde. Meine zufällige Gegenwart scheint etwas auszulösen, was seit langem in ihm schlummert. Irgendwann sagt er: »Ich war 44 Jahre im Gefängnis.« Er sieht in mein ungläubiges Gesicht und erklärt, dass er über vier Jahrzehnte jeden Morgen vor die Stechuhr seines Arbeitgebers getreten sei, um seine Anwesenheit abstempeln zu lassen. Das kalte, harte Geräusch dieser Box empfand er stets wie das Zuschnappen von Handschellen. Heute, weg von allem, fragt er sich, wie er das zulassen konnte. Dass er ein knappes halbes Jahrhundert aushielt, statt schreiend davonzulaufen. Ich müsse unbedingt versprechen, bei meinen Träumen anzukommen, ich dürfe nie enden wie er. Einmal mehr spricht er wie ein Vater, der von seinem Sohn verlangt, was er selbst nicht schaffte. Ich bin ganz ruhig, unterbreche auch nicht, als er die Sünden seiner Mutlosigkeit wiederholt. Das Auspacken der versäumten Sehnsüchte scheint den Schmerz zu lindern. Als wir uns verab-

schieden, bietet Monsieur Daniel mir an, mich ein Stück in seinem
Wagen mitzunehmen. Als ich grinsend ablehne, scheint er erleichtert. Er wollte mich testen, sagt er, er wäre sehr enttäuscht gewesen, wenn ich angenommen hätte.

Mit einem letzten (hungrigen) Blick auf die sorglos mampfende
Runde von Männern und Frauen verlasse ich das Lokal. Gleichzeitig erinnere ich mich an die Geschichte eines berühmten Wiener
Hungerkünstlers, der eingemauert in seinem Kabuff saß und
durch ein großes Fenster auf die Gäste eines feinen Restaurants
blickte, die bei Speis und Trank – ebenfalls durch das Glas – den
Hungerleider beobachteten. Sie alle waren gekommen, um mit-
zuerleben, wann er das Handtuch wirft, wann er blau anläuft, wann
er endlich umfällt. Das war der Gag: Der eine darbt, und die andern – gemütlich beim Heurigen und Wiener Schnitzel – schauen
zu. Am siebzehnten Tag war die Show zu Ende. Der Darber verlor
die Nerven und stürzte durch das Fenster in den Speisesaal, sein
Masochismus streikte, er wollte essen, essen, essen.
    Ich stürze mich nicht auf die Schlemmer, ich habe noch Fett-
reserven. Aber kaum bin ich über der Grenze, beschließe ich, auch
vor Kindern nicht Halt zu machen. Der erste Knirps, der mir auf
dem Radweg entgegenkommt, wird gestoppt und um einen Euro
angebettelt. Aber der Achtjährige hat die Gesten des Geizes schon
verinnerlicht. Er greift in die rechte Hosentasche und bedauert, dass
er die Börse im Fahrradgeschäft (!) liegen ließ. Ein nächster Pump
scheitert ebenso. Warum habe ich mich auf Belgien gefreut?

Wegen der Blumen, an denen ich zweimal vorbeikomme? Sie sollen
an einen tödlichen Unfall erinnern, an irgendeinen Unschuldigen,
der von irgendeinem Geisteskranken zu Tode befördert wurde. Seit
der Radweg zu Ende ist, bin ich wieder auf der Hut, immer bereit,

in den Straßengraben zu springen. Um jemandem auszuweichen, den mein Verschwinden nicht sonderlich irritieren würde.

Belgien scheint eine Spur weniger reich als Frankreich, die Dörfer dunkler, die Fassaden rissiger. Ich muss mich täuschen, das Bruttosozialprodukt pro Einwohner liegt hier höher. Eine gute Nachricht für arme Teufel. Kurz nach 17 Uhr bin ich in Chenois und sitze mit Wasser und den letzten hundert Gramm Brot (das Tumor-Brot) auf einer Bank und schaue einer Frau zu, die das Trottoir kehrt. Die Perspektive scheint viel versprechend. Wer einer solchen Tätigkeit nachgeht, hat die grundlegenden Sorgen des Lebens schon hinter sich. Wer den Bürgersteig fegt, muss unendlich viel Zeit und Geld haben. Sonst würde er sich anders beschäftigen.

Wie man irren kann. Als ich die Hausfrau frage, ob sie eine Kleinigkeit für mich zum Essen habe, lügt sie mindestens fünfzehn Mal. Denn ich deute auf ihr Haus und zähle die verschiedensten Räume und Winkel auf, in denen sich etwas Essbares befinden könnte. Speisekammer, Abstellraum, Kühlschrank, Nachtkästchen, Brotfach, Hohe Kante, selbst Garage, Keller und Speicher erwähne ich, vielleicht was Eingemachtes, ich wäre dankbar für alles. Nein, nichts, nicht einmal unterm Dach. Auch mein letzter Trumpf verpufft: eine Tüte Pommes? Das Lieblingsfutter im Lande. Vergeblich, hier wohnt eine Flagellantin, nichts im Beutel, nichts in der Kammer, nirgends ein Krümel.

Aller schlechten Dinge sind drei. Nachdem mich Belgien dreimal geprüft hat, fängt es ab sofort zu blühen an. Von 17.17 Uhr an wird offenbar, dass meine Vorfreude auf dieses Land berechtigt war. Eine eilige Frau kommt vorbei, sagt, dass sie nichts zum Essen dabei habe, und kramt ihr Kleingeld zusammen, genau 91 Cent. Ein Mädchen lässt sich an meine Bank locken, hört sich meinen Bettelgesang an, verschwindet kurz und übergibt zwei Euro.

Warum der plötzliche Geldsegen? Vielleicht hat er mit der Tatsache zu tun, dass ich die letzten zwei Mal beim Handausstrecken ein Abkratzer-Hüsteln absonderte. Mich gleichzeitig nach vorne krümmte, um die Mühsal des Lebens noch zu unterstreichen. Der ganze Mann ein Jammer, wer kann da ohne Mitgefühl vorübergehen? Ein kleines Problem bleibt dennoch: Nickel-Messing-Legierungen kann man nicht essen, und die Suche nach einem Lebensmittelgeschäft erweist sich als vergeblich. Zudem sieht es nach Regen aus. Ein anstrengender Abend scheint bevorzustehen, alle drei maulen, mein Hirn, mein Magen, meine Füße.

Zwanzig Minuten später bin ich in Latour. Und die Glückssträhne geht weiter. Ich komme an einem Friedhof vorbei, irgendeine Stimme treibt mich hinein. Ein Vordach gibt es. Darunter eine steinerne Rampe, auf der der Pfarrer vermutlich die frische Leiche deponieren lässt, bevor sie in einem der Gräber verschwindet. Eine bessere Schlafstatt als den Sockel finde ich heute nicht. Ich breite die Aluminiumfolie aus, den Schlafsack darüber, auf Hüfthöhe lege ich die Reserveklamotten, in Kopfhöhe den Rucksack, das Kissen. Ich strecke mich aus und will entspannen. Geht nicht, Stimmen kommen näher, sicher der Bürgermeister mit dem Dorfpolizisten. Ich fahre hoch.

Zwei Männer kommen tatsächlich, aber kleine Männer, zwei Jungs, keiner älter als zehn Jahre. Tapfere Männer, denn sie rennen nicht schreiend davon, als sie den Wilden auf dem Leichenpodest sehen. Sie bleiben stehen und schauen gefasst herüber. Ich rufe ihnen zu, dass sie keine Angst zu haben bräuchten, ich sei nur ein Durchreisender, der an diesem Abend zufällig hier übernachtet. Als die beiden tapferen Belgier näher treten, trifft ein dritter Mensch ein, die Großmutter. Auch tapfer. Die resolute Dame sieht sofort den Ernst der Lage und schickt die beiden nach Hause. Mit dem

Auftrag, Verpflegung ranzuschaffen. Und sie kommen mit zwei voluminösen Keksschachteln und einer großen Flasche Wasser zurück. Während Omi das Familiengrab pflegt, reden wir drei. Ich darf dabei essen. Der neunjährige Marc und sein Bruder, der sechsjährige Cécil, haben ein interessantes Leben vor sich. Denn sie fragen, sind eine halbe Stunde versessen neugierig. Ganz offensichtlich stehen sie vor einem Rätsel. Dass einer in den modernsten aller Zeiten so viele Tage zu Fuß marschiert, das geht ihnen nahe. Das scheint unbegreiflich. Warum nicht fliegen? Warum nicht ein Auto nehmen? Ich bin sicher, morgen werden sie in der Schule von einem komischen Onkel erzählen, der gelegentlich bei Toten nächtigt.

Kurz vor 21 Uhr, erste Nachtschatten fallen bereits auf den Friedhof, höre ich nochmals Schritte. Erneut hochjagen. Diesmal biegt ein betagtes Ehepaar ums Eck. Ein unerschrockenes Völkchen sind die Belgier, denn wieder stiebt keiner davon, um die Polizei zu verständigen. Wir tun das, was unter zivilisierten Fremden am besten taugt, um Ängste einzudämmen, wir reden. Monsieur Henri erzählt, dass er seit zwanzig Jahren jede Woche hierher kommt, um das Grab seiner ersten Frau zu besuchen. Und seine zweite Frau kommt mit, sie möchte das. Ich heule fast. Beweise von Treue und Loyalität, das sind unwiderruflich klare Zeichen der Liebe.

Nachdem die beiden das Grab besucht haben, verlassen sie, noch einmal winkend, den Friedhof. Ich höre den Motor anspringen, höre sie abfahren, höre die Bremsen, sehe den Mann zurückkommen und mir zwei Sprite-Dosen aushändigen.

Einen Grund weiß ich, warum die fünf so zutraulich waren. Wann immer ich aufschreckte, schlug ich gleichzeitig das mitgebrachte Buch auf. Der Anblick eines Bücherwurms beruhigt. Wir alle gehen davon aus, dass Unholde und Kinderschänder nicht lesen.

Mit einem Kilo Biskuits und 1,66 Liter Flüssigkeit im Bauch will ich einschlafen. Es nieselt, ich bin wasserdicht untergebracht, meine erkleckliche Barschaft von 2,91 Euro liegt neben meinem linken Ohr, die Nacht ist da, und totenstill leuchten die Gräber.

Das absolute Glück könnte jetzt anfangen. Wäre nicht mein Magen, dieser Saumagen, dieser Primadonnenmagen, der irgendwann zu lärmen beginnt und grimmig die Bettruhe verweigert. Herr im Himmel, wohin jetzt mit den tausend Gramm Keksen?

Zwanzigster Juni

Um 5.35 Uhr auf der Straße, mit offenen Augen Richtung Osten, rapide nimmt der Verkehr zu. Ich wette, dass es wenig lächerlichere Tode gibt, als von einem viereckigen Kasten überrollt zu werden. Willkommen ist der Anblick eines Briefträgers, der mit einem quietschenden Fahrrad die Post ausfährt.

Trotz meines Vermögens will ich betteln, eine Rücklage kann nicht schaden. An einer Bushaltestelle sehe ich einen Teenie stehen, mit Schultasche und Zöpfen. Ein Euro für einen Durstigen? Die Kleine reagiert beklommen, dreht sich abrupt zur Seite. Ich weiß plötzlich, dass in Belgien kein reifer Herr auf kleine Mädchen zugehen sollte. Selbst das unschuldigste Schnorren könnte seit der Dutroux-Affäre missverstanden werden. Eiligen Schritts suche ich das Weite.

Kurz vor acht bin in Halanzy, gleich am Ortsrand treffe ich den Vertreter eines Menschenschlags, der von Rechts wegen erleichtert werden muss. Ein Yuppie belädt den Kofferraum seines BMWs. Feine Seidenkrawatte, feines Hemd, feine Lederschuhe, selbst die sorgfältig gearbeiteten Nähte der Leinenhose bestechen. Bevor ein

Wort fällt, mag ich den Typen, er verbreitet Eleganz, er tritt gepflegt vor die Welt, er verschönert sie. Wir kommen sofort gut miteinander aus. Ich frage nach etwas zu essen, und er antwortet: »kein Problem«, geht ins Haus und kommt mit drei flämischen »Chocolade-Kokosnoot«-Riegeln zurück. Elegant auch die Geste, als er sich zum Haus abwandte und einen kurzen Augenblick mit sich kämpfte, ob er den Kofferraumdeckel schließen sollte oder nicht. Und ihn offen ließ, mich nicht brüskierte mit dem Verdacht, ein Dieb zu sein.

In der Stadtmitte frage ich eine Frau, ob sie ein Café wüsste, ja, wüsste sie, sie gehe geradewegs darauf zu, sie sei die Chefin. Ich folge Sabrina, sie öffnet das *Café de la Place*, Männer und Frauen kommen, jeder begrüßt jeden, auch jeden Fremden. Ich darf mich waschen und ausruhen. Bald kommt die Schwester der Bossin. Die ist noch hübscher. Für Momente werde ich schwach und könnte nicht nein sagen, wenn sie mich ins Hinterzimmer bäte.

Auch wenn keine mich bei der Hand nimmt und mit mir allein sein will, die Belgierinnen tun nur Gutes an mir. Auf dem Weitermarsch sehe ich drei von ihnen beieinander stehen. Eine zwiespältige Ausgangsposition. Trefflich, wenn die Erste sich erweichen lässt und die anderen dazu bringt, ebenfalls ins Portemonnaie zu greifen. Schlecht, wenn sie zu bocken anfängt und die anderen gleich mitbocken. Ich schließe die Augen und denke: »Jetzt setze ich zum Kill an.« Das schärft. Und Camilla – gleich werde ich wissen, dass sie so heißt – fragt mich aus, sie will sichergehen, dass ein ehrlicher Wandersmann vor ihr steht. So ehrlich, dass er nie heimlich in ein Vehikel steigt. Ich bestehe die Prüfung und werde mit einem nagelneuen Fünf-Euro-Schein belohnt. Ich habe keine Ahnung, ob »ehrlich am längsten währt«, aber augenblicklich wird es belohnt.

Ankunft in Athus, ansehnliches Städtchen, überall Cafés mit Terrasse, überall schöne Frauen, die wissen, dass sie schön sind. Sie flanieren, ich fühle mich wie eine Vogelscheuche zwischen all den adrett Geputzten. Dafür habe ich Geld, als Neureicher betrete ich ein Internetcafé. Früher gab es Liebesbriefe, dann Liebesfaxe, heute eben Liebesmails. Ich bin dreckig, ich schwitze, ich will Liebe. Für nur einen Euro ist genug Zeit, um eine Liebesmail zu lesen und eine Liebesmail zu schreiben.

Keine achtzehn Stunden war ich in Belgien und kann nur Erfreuliches berichten. Noch vor Mittag erreiche ich Luxemburg, das dritte europäische Land auf der Reise. Souveränes Gefühl: Nicht ein einziges Mal musste ich meinen Pass herzeigen. Ich bin gern Europäer. Das Vertrauen, das wir in uns haben, ehrt uns. Wir belauern uns nicht mehr, einer darf zum andern.

An vierspurigen Schnellstraßen entlang, eine Stunde später bin ich in Bascharage. Hier erwischt es mich, der Wanderblues streckt mich nieder. Eine gemeine Schwäche franst an meinen Kräften. Ich erreiche noch das Café Milenio und schlucke zwei Aspirin. Als Placebo gegen den defekten Körper und seine Wundstellen, die Füße, den Halswirbel, die betonsockelgescheuerten Hüften. Ich sitze am großen Fenster und starre hinaus. Stoßstange an Stoßstange zieht der Reichtum des Großherzogtums vorbei. Jeder Einwohner verdient fast doppelt so viel wie ein Deutscher. Keiner ist reicher als sie. Bei über hundertachtzig Banken auf einem Gelände, das flächenmäßig den 167. Platz in der Weltrangliste einnimmt, soll sich niemand wundern. Sicher kommen auf jeden halben Luxemburger zwei Autos. Immerhin schaffe ich noch einen hysterischen Lacher. Ein Pick-up mit einem steil montierten Plakat kriecht im Schritttempo vorbei. Man sieht darauf ein brandneues Auto flitzen, der Text darunter könnte von Ionesco verfasst sein, zum Schreien absurd: »Ja, es gibt ein Leben ohne Fernseher!« Und das andere Leben, jenseits der Glotze? Eben das: in einer Karre flitzen. Gipfel der Absurdität: Poster und Auto stehen. Bis sie zwei Meter weiterdürfen und wieder bremsen müssen. Doch über allem Irrsinn schwebt ein Hauch von Zen, von beschwingter Erleuchtung: Der Fahrer pfeift ein Lied, ich höre es durch die offene Cafétür. Er hat es geschafft. Hätte ich die Kraft, ich würde hinausgehen und ihn beglückwünschen.

Ich bin nicht erleuchtet, ich kann nur delirieren, um dem Blues zu entkommen. Was gibt es Phantastischeres, als zu phantasieren, als im Kopf wegzurennen von einem Ort der Niederlage? Ich bin schlicht zu schwach, um es an diesem Freitagnachmittag mit dem Leben aufzunehmen. Diesmal rette ich mich in einen Hubschrauber und werde aus Bascharage ausgeflogen. Richtung Schönheitsfarm. Gleichzeitig besteigen drei der weltbesten Hautspezialisten ein Flugzeug, um ebenfalls dort einzutreffen. Sie sollen sich ausschließlich mit meinen achteinhalb Blasen beschäftigen. Ich bin so wild auf eine andere Wirklichkeit, dass ich mir alles erlaube, auch Jennifer, die Chef-Masseurin der Beautyranch. Ich beame sie in das Cockpit und spüre augenblicklich meinen Nacken zwischen ihren magischen Händen. Bevor ich wegschlummere, vernehme ich noch von fern ein Schluchzen. Das ist mein Körper, er schluchzt vor Glück.

Aber mit dem Träumen ist es wie mit den Drogen. Die Landung auf der Erde, der ganz irdischen Realität, ist umso härter. Eine Überdosis Illusionen hat noch jedem geschadet. Ein Krampf in meiner linken Wade holt mich zurück. Meine Hände zucken nach unten, nicht Jennifer massiert jetzt, nur ich selbst. Ich bin wieder in Luxemburg angekommen, wo in einem Auto sitzen aufregender ist als vor der Glotze.

Ein alter Mann nimmt am Nebentisch Platz. Er erinnert mich daran, dass nun einer auftauchen muss, um mich mit Geld zu versorgen. Ein Riesenloch entstand durch den Erwerb von zehn Zigarillos. Die zerstörte Visage des Alten lädt zu einem Gespräch ein. Wie ein Gitter, wie ein zerfurchtes Raster sieht es aus. Ich frage Monsieur Robert nach dem Leben in Bascharage, was hier abgehe an Aufregungen. Seine knappe, keineswegs betrübt klingende Antwort: »Ville morte«, eine tote Stadt, dann: »Ein luxuriöser Schlafsaal für Leute, die in der Hauptstadt arbeiten.«

Wieder schließe ich die Augen und visualisiere ein Zwei-Euro-Stück. Ohne das will ich hier nicht aufbrechen. Aber ich will nicht betteln, will es mir sauber erarbeiten, will mir ein Beispiel nehmen an dem griechischen Schlitzohr Äsop, der nichts besaß als Sprache und Charme, um davonzukommen. Immer wieder.

Armer Robert, ich strecke ihm die notdürftig verbundenen Fußsohlen hin, ziehe den schweißnassen Kragen nach hinten und deute auf den Skorpion, mache den Oberkörper frei und lege die Rechte auf meine Haut, auf meine Knochen. Lasse die Hose an, aber dramatisiere die Beulen und Flecken um meinen Unterleib, dramatisiere die Einsamkeit meiner Nächte, dramatisiere die Jagd der Autofahrer nach einem einsamen Mann mit seinem Rucksack.

Ging es bei Scheherezade um ihren Kopf, geht es bei mir um den Magen. Ich bin seit zehn Tagen nicht satt geworden. Satt sein ist ein Menschenrecht. Irgendwann habe ich den Eindruck, die vielen Worte und Gesten sind bei Robert, dem Luxus-Rentner, der vermutlich in einer toten Stadt sterben wird, angekommen. Dramatisch erschöpft wende ich den Blick von ihm ab und sehe wieder hinaus durch das große Fenster. Und schiele zurück. Ja, angekommen, der Zerfurchte kramt umständlich seine Brieftasche hervor und entnimmt eine Münze. Während er aufsteht, legt er die zwei

Euro auf meinen Tisch. Wir lächeln uns zu, er verlässt das Lokal. Das hat Stil: geben und weggehen. Das erleichtert dem Empfänger die Annahme.

Das Verhalten von Monsieur Robert bestätigt eindringlich, dass jeder eine wunde Stelle hat, irgendeine Saite, irgendeine Herzkammer, ein Geheimfach, eine Erinnerung, die man als Bittsteller nur berühren muss. Ich kann auf dieser Reise alles brauchen, was ich als Reporter jahrelang trainiert habe, vor allem: den anderen in einen Zustand der Nachlässigkeit zu manövrieren, in dem er Informationen preisgibt, die er noch kurz zuvor nicht herausrücken wollte. Jetzt soll einer hergeben, woran er fünf Minuten vorher nicht einmal dachte: Cash. Fällt nebenbei noch eine Geschichte ab, umso besser.

Um achtzehn Uhr werde ich vertrieben, das Café schließt. Ich gehöre zu den cleveren Zeitgenossen und trete immer dann vor Lebensmittelläden, wenn der Besitzer schon nach Hause gegangen ist. Mein Bauch schimpft mich einen Idioten. Ich kann nicht widersprechen. Ungetröstet verlassen wir die Stadt und schleppen uns in den nächsten Wald. Hungrig über die eigene Blödheit nachzudenken, ist ein undankbares Geschäft. Wieder fällt mir Robinson Nehberg ein. Sicher hat er den Volkshochschulkurs »Wie finde ich Essbares in europäischen Wäldern?« besucht. Deutlich sehe ich ihn neben mir seine Champignonsuppe köcheln.

Einundzwanzigster Juni

Morning glory. Neben einer aufgehenden Sonne loswandern. Zwei Stunden später lese ich die ersten deutschen Worte während dieser Reise, auf einem Firmenschild steht: »Fressnapf – Alles für Ihr

Tier«. Mein Magen liest mit. Und schweigt, Whiskas will er noch immer nicht kauen.

Bald leuchtet die erste Bäckerei, ich bekomme einen schweren Laib Weißbrot, frisches Wasser findet sich, ich bin mitten in der Hauptstadt. Mit einem Schlag kommt das Glück zurück, vorbei an Jugendstil-Fassaden, an Parks, an allem, was die Lebenslust steigert. Zum Place d'Armes. Der Waffenplatz ist unsäglich friedlich, Kellner decken auf, jeder Stuhl bekommt ein Pölsterchen, dicke Bäume duften, die Flohmarkt-Trödler legen ihr Gerümpel aus, Kaffeewolken ziehen vorbei. Es gibt Bilder, die heilen den ganzen Menschen.

In der Bibliothèque Nationale darf man kostenlos ins Internet. Die so freundlichen Luxemburger. Ich schreibe einem Freund, um die Telefonnummer einer gemeinsamen Freundin in Trier zu erfahren. Er antwortet umgehend. Die Nummer ist ein Glückspfand. Sie bedeutet nichts anderes als den hindernisfreien Zugang zu einer Badewanne. In Trier werde ich anrufen und mich in warmes, schaumgekröntes Wasser legen. Das ist ein Gedanke, mit dem ich sparsam umgehen muss. Ich merke, dass er mich stark benebelt, so verheißend klingt er.

Bergauf hinaus aus der Stadt. Bevor ich mir die Steigung zumute, komme ich an der Hintertür eines italienischen Restaurants vorbei. Der Chef tritt auf und schickt mich mit einem Schinkenbrot weiter. Nach dem Aufstieg folge ich dem Geruch knuspriger Hähnchen und ende vor einem »Grill-Palast«. Kein vernünftiger Habenichts zöge hier unverrichteter Dinge vorbei. Und Béatrice, die Grill-Palast-Frau, hat alles, ein apartes Aussehen, ein Herz, ein Lächeln. Und ein großes Messer, um ein ganzes halbes Huhn abzuschneiden und in Silberfolie zu verpacken.

In Sandweiler, wo sie vor der Wildschweinpest warnen, erlebe ich den Höhepunkt des Tages. Ein schmucker Baum findet sich, Nachbarn spendieren Zünder und eiskaltes Wasser. Mit dem zarten Fleisch in der Rechten und den Zigarillos in der Linken lasse ich mich nieder. Nicht eine Zutat fehlt für ein Traumleben. Ich esse, ich trinke, ich rauche, ich mache Notizen, ich ahne das Lebensgefühl Jean-Jacques Rousseaus, der beharrlich behauptete, dass er nur im Gehen kreativ sein könne: »Ich habe niemals so klar gedacht, so sehr gelebt und war nie so ich selbst, als während der langen Reisen, die ich allein und zu Fuß unternahm.« (Verbürgt ist, dass der Philosoph bisweilen innehielt und das Gedachte – sitzend – niederschrieb.) Leicht schaukeln die Schatten der Äste über das Papier des Schreibblocks.

Hundert Meter weiter lande ich auf dem Bauch, ein gemeines Weib scheucht mich aus ihrem Café, ab sofort sei der Laden geschlossen. »Und ein Glas Wasser, bitte?« Von wegen.

Großzügigkeit ist an keiner Ideologie festzumachen, an keiner Rasse, an keinem sozialen Status, an keiner Religion. Linke geben nicht, Linke geben, Rechte geben nicht, Rechte geben, Arme und Reiche geben nicht, Arme und Reiche geben, Junge geben nicht, Junge geben, Alte geben nicht, Alte geben. Moslems geben nicht, Moslems geben. Christen geben nicht, Christen geben, Schwarze geben nicht, Schwarze geben. Generosität ist eine geheimnisvolle Eigenschaft, sie folgt keiner Regel, kein äußeres Anzeichen eines Menschen lässt auf sie schließen, kein Vorurteil hat mir je recht gegeben. Auch unter Hippies und Punks tummeln sich Geizkrägen, auch unter feinen Pinkeln und Lackaffen verkehren Gemüter, die mit Leichtigkeit loslassen.

Mit vollem Ranzen weiter. Ein paar Kilometer außerhalb von Sandweiler steht ein *Centre Pénitencier*, wie Kraken umstellen die Lichttürme den grauen, riesigen Block. Welche Überraschung, auch in Luxemburg steht ein Zuchthaus. Ich dachte allen Ernstes, in einem so schönen, so reichen, so braven Land gibt es keine Bösen. (Von den Heimlichtuern einmal abgesehen, die ihr Schwarzgeld hier verstecken. Aber die sitzen hier nicht ein.)

In Canach kehre ich »Beim Manni« ein, Wasser tanken und den nassen Körper ruhig stellen. Manni und drei Barflies sitzen im Dunklen vor dem Fernseher und zappen. Tour de Suisse, Wimbledon-Classics, eine Soap, Pokalspiele, Werbung für Fiat Punto, eine Soap, wieder Pokalspiele, wieder Wimbledon-Classics, eine dritte Soap, noch mal Tour de Suisse. Immer wieder leuchten die vier grün flimmernden Buchstaben »LIVE« auf. Die drei wechseln sich beim Zappen ab, sie scheinen betrunken, jeder muss sich anstrengen, den Knopf zu finden. Ganz still und tot ist es in diesem Wirtshaus, nur vorne blinkt aus einem schwarzen Kasten »LIVE«. Das ist umwerfend komisch und unheimlich trostlos. »DEAD« sollte blinken, das wäre auch trostlos, aber immer unheimlich wahr.

Liebes Luxemburg. Kein Wachhund will gegen mich antreten, in den Vorgärten sitzen liebe Muttis und reichen dreihundert Gramm »Zitronen-Creme-Waffeln« oder Äpfel oder einen Apfelstrudel, wenn ich mich verneige und bitte. Am späten Nachmittag erreiche ich die Terrasse des Hotels Simmer in Ehnen. Für den Spezialpreis von einem (letzten) Euro darf ich einen Kaffee trinken und eine tadellose Welt bewundern. Die Mosel fließt vorbei, Wiesen und Bäume säumen sie, Radfahrer fahren Rad, Volleyballspieler spielen Volleyball, jenseits des Flusses, jenseits der Grenze, gleitet ein Zug vorbei, ein Opa raucht Pfeife, jemand streichelt eine Katze, Kinder spielen Blindekuh, ein Mann und eine Frau schmusen im Gras. Nur Handlungen, nur Laute, die zum Weltfrieden beitragen.

Eine Stunde später kann ich mich losreißen, um 19 Uhr schlägt der Kirchturm von Wormeldange. Ich gehe über die Brücke, ein Zug fährt unten durch, auch der wird mir Glück bringen. Am andern Ende liegt Deutschland, auf dem rechten Schild steht: »Rheinland-Pfalz / Herzlich willkommen«. Ich gehe die *Via Caliga* entlang, Teil einer Römerstraße, die von Metz nach Trier führte. Heute (teilweise) ein Radweg. Eine Tafel weist darauf hin, dass die Legionäre damals täglich 30 bis 40 Kilometer zurücklegten, »wenn die caligae, die Riemensandalen, stimmten«. Sie stimmten nie, auch zweitausend Jahre später wird kein Körperteil so gequält wie ein Fuß in einem Schuh.

Nach 41 Kilometern schaffe ich noch hundert Schritte, dann links ab in die Weinreben, direkt neben der Mosel. Schön romantisch, Grillen zirpen, die Abendsonne glitzert auf dem Wasser. Ich lege mich hin und träume von äthiopischen Marathonläufern und ihren hornhautverschweißten, feuerfesten und glasscherben-resistenten Füßen. Die einzigen Füße in der Weltgeschichte ohne Blasen. Als ich aufwache, kommt im Radio die Meldung, dass der Verleger von Joanne K. Rowling die *New York Daily* auf hundert Millionen Dollar Schadenersatz verklagt hat. Weil ein Journalist einen Tag vor dem offiziellen Verkaufsstart ein Resümee von *Harry Potter and the Order of Phoenix* in der Zeitung veröffentlichte. Uff, welch Donner. Es geht um ein flott geschriebenes Kinderbuch, und sie führen sich auf, als hätte Rowling das Hirn von Stephen B. Hawking aufgebrochen und ihm die Weltformel gestohlen.

Mit dem Gedanken, dass ich scheinheilig bin, schlafe ich ein. Natürlich wäre ich gern Missis R., natürlich würde ich gern entzückt aus der Presse erfahren, dass mein Verleger wieder großkalibrig einschreiten musste, um Raubdrucke und nicht autorisierte Übersetzungen meines neuen Werks zu verhindern. Die hundert Millionen kämen zur rechten Zeit. Augenblicklich bin ich bargeldloser als die letzte Niete hinterm Trafalgar Square. Rowling, so hört man, besitzt mehr Geldsäcke als die Queen. Warum, zum Teufel, lebe ich nie auf der Höhe meiner Träume?

Zweiundzwanzigster Juni

Seit ich achtzehn bin, jagt mich die senile Bettflucht. Heute wieder Flucht aus einem grausigen Bett. Wenig und unruhig geschlafen. Mückenbataillone. Drei Schnecken kleben an meinem Schlafsack. Sie schlafen gut auf Schlaflosen. Die feuchtnassen Utensilien einpacken, die vierte Schnecke aus dem linken Stiefel holen.

Elfendunst liegt über der Mosel, vorbei an Tiefschläfern, die vor ihren Zelten auf Pritschen liegen und so selig aussehen wie nur Zeitgenossen aussehen, die jede Nacht acht Stunden Tiefschlaf schaffen.

An ersten Anglern vorbei, sie wollen angeln und von Bettlern nichts wissen. Einer zeigt auf seine sechs (schlafenden) Kinder, er müsse haushalten. Seine Ausrede will ich glauben. Um neun Uhr bin ich in Oberbillig, hier erwische ich zwei Frauen, die drei Äpfel hergeben.

Die Moral schwindet, ich ahne einen herausfordernden Tag. Der renitente Körper, kein Cent im Beutel, nur noch Reste vom Weißbrotlaib, schon um neun zieht eine brachiale Hitze über das Land. Um mich von der Trostlosigkeit abzulenken, höre ich Radio. Nur Musik. Die lullt das Denken abschüssiger Gedanken ein. Robbie Williams singt *Something beautiful*, es ist das erste Mal, dass ich das Lied höre. Der Text passt, besonders der Refrain: ... *you might be*

lost, hurt, tired and lonely, something beautiful will come your way.
Nicht unwahr, ich wäre verloren bei dem Gedanken, dass noch über Wochen Schmerzen, Müdigkeit und Einsamkeit auf mich warten. Ich bin gespannt, was an Schönem jetzt des Wegs kommt.

Und es kommt, keine halbe Stunde später. Ich raste auf einer Bank, und bald setzt sich ein sehr alter Mensch neben mich. Herr Thieme hat ein heiteres, 90-jähriges Gesicht. Ich frage nach einem glücklichen Tag in seinem Leben, und T. meint, davon gebe es eine ganze Reihe, aber am glücklichsten war er, als es ihm mehrfach gelang, die Urlaubsscheine während des Zweiten Weltkriegs zu fälschen. Um länger bei seiner Frau bleiben zu können und somit zwei oder drei Tage später zum Schießen und Erschossenwerden an die Front zurückzumüssen. Deserteur werden, sagt er, traute er sich nicht. Aber Tricks und Finten schon. Ich könne mir den Unterschied nicht vorstellen zwischen der beschützenden Wärme eines Frauenkörpers und der Todesangst in einem Schützengraben. Als die Amerikaner endlich kamen, überredete ihn seine Schwester, sich zu stellen. Um ihn in Sicherheit zu wissen, um sicherzugehen, dass die Nazis ihn nicht noch am vorletzten Tag hinrichteten.

Und ein trauriger Tag aus seinem Leben? Den weiß er genau. Es war jener, an dem er begriff, dass sein Sohn nichts mehr von ihm wissen wollte. Weil er, der Vater, nach dem Tod seiner ersten, im Bombenhagel umgekommenen Frau ein zweites Mal heiratete. Jeden Versuch der Annäherung hat der Sohn bis heute verschmäht. Ja, das sei eine Wunde, die nicht heilen will. Aber er nimmt sie hin, sie höhlt nicht seine Freude am Leben.

Beim Abschied meint der Uralte noch, dass ihm die Bank stets wie gerufen komme. Achthundert Meter liegt sie von seiner Wohnung entfernt, und hier könne er den erschöpften Körper hinsetzen und ruhen lassen.

Ich wäre jetzt auch gern 90, dann wüßte ich eine Ausrede, um mir die restlichen 800 Kilometer zu sparen. Ohne um Geld zu bitten, breche ich auf. Wieder die Scheu in mir, einer könne denken, ich würde die intimen Dinge, die ich nun von ihm weiß, als Sprungbrett für einen Pump missbrauchen. Klar, oft missbrauche ich, aber nicht bei dem 90-Jährigen. Er scheint mir so beschützenswert.

Radwege an einem deutschen Sonntag sind eine Zumutung, jetzt sehne ich mich wieder nach den Rasern. Heerscharenweise zieht Familienleben vorbei, radeln Daddys mit freiem Oberkörper und freizügig sprühendem Bauchschweiß aufeinander zu. Immerhin treffe ich eine Frau, die versucht, heimlich eine komplette Tafel Schokolade aufzuessen. Ich rede ihr ein schlechtes Gewissen ein und verweise auf die vielen Kalorien eines Suchard-Riegels und das wenige Fleisch auf meinen Rippen. Das wirkt, vor Schreck bricht sie die Hälfte ab und teilt sie mit mir.

Um halb zwei in Trier. Ich habe schon bravouröser eine Etappe hinter mich gebracht. Jemand zeigt auf das St.-Elisabeth-Altenheim, ich tipple hinein. Wer flüchtig hinsieht, könnte mich für einen greisen Tatterich halten.

Hier wirtschaften Franziskanerinnen. So werde ich wie selbstverständlich bewirtet. Obwohl das Mittagessen schon vorbei ist, wird ein Koch mobilisiert, der mir nach fünf Minuten vier dick belegte Brote überreicht. Ich sitze in der Kühle der Eingangshalle, esse langsam, will nie wieder hinaus.

Durchs sengende Trier. An der Porta Nigra steht eine kleine Eisenbahn, Touristen steigen ein, eine Stadtrundfahrt beginnt in wenigen Minuten. Über Lautsprecher wird darauf hingewiesen, dass

»wegen Verletzungsgefahr das Hinauslehnen aus den Fenstern verboten ist«. Hinauslehnen bei zwanzig Kilometern pro Stunde, man darf sich gar nicht vorstellen, welche Schrecknisse eine solch Tollkühnheit auslösen könnte. Näher an die Welt herankommen ist verboten, Nähe könnte verletzen. Doch, irgendwo stimmt die Warnung.

In der Auslage einer Apotheke – halb bewusst suche ich immer nach kostenlosen Mullbinden – wird ein »Hausallergie-Spray« angeboten. Wenn wir so weitermachen, leben wir eines Tages alle im großen Intensivzelt. Weil jede Fliege unser Immunsystem bedroht. Hüpfen wir irgendwann mit einer Windel am Hintern durch die Gegend. Als Zeichen letzter Infantilisierung.

Das wird kein herausfordernder Tag, das wird ein grausiger. Auf Knien, so kommt es mir vor, betrete ich den Bahnhof. Dort erreicht mich eine Erfolgsmeldung nach der anderen. Die Bahnhofsmission ist geschlossen. Die Bekannte, nach deren Badewanne ich seit 48 Stunden hungere, ist nicht zu Hause. Das Bahnhofsrestaurant wurde vor Wochen zugenagelt, auch diese Einnahmequelle (Pump) fällt aus.

Mein Weißbrot-Äpfel-Schokolade-Magen meldet sich, ich finde eine Toilette, da steht: »Maximale Verweildauer zehn Minuten«. Undenkbar, meine Schließmuskeln müssen viel länger verweilen, um sich aufzuschließen. Zudem wären 40 Cent zu entrichten. So ist er, der Neoliberalismus, selbst eines der menschlichsten Grundbedürfnisse muss rationalisiert werden. Wer da mitmacht, kann nicht anders, als ein verklemmtes Arschloch zu werden.

Zur Sicherheit lese ich die neue Hausordnung der Bundesbahn. Wer nur noch 600 Sekunden für den Stuhlgang genehmigt, hat vielleicht noch andere Ernüchterungen in petto. Ich sehe Hausordnungspunkte, die unsereins betreffen: »Herumlungern« ist verboten, ebenso »Sitzen und Liegen auf dem Boden«, auch wichtig: »Metallbeschichtete Luftballons dürfen nicht mitgeführt werden.«

Tonnenschwere 34 Grad drücken auf den hässlichen Vorplatz. Wie ein Hund verdrücke ich mich in ein schattiges Eck, sehe die Schlange der Taxis, habe für fünf Minuten Erbarmen mit den Taxifahrern, die ein Leben lang diesen hässlichen Vorplatz ansteuern müssen, schwenke den Blick auf zwei dicke Teenager, die auf ihre Handys starren und in Zeitlupe eine SMS eingeben. Was werden sie schreiben? Dass es kein trostloseres Schicksal gibt, als an einem flirrenden Sonntagnachmittag am Bahnhof von Trier zu stranden?

Alte ruckeln vorbei, sie sehen älter aus, als sie je werden. Ein hübscher Halbstarker zieht an seiner Zigarette, er hat ein Gesicht, wie wir es alle einmal hatten: ohne Erinnerung. Der Hübsche sieht klug aus. Ob er klug genug ist, mit beiden Geschenken fantasievoll umzugehen? Oder wird er seine Talente verkümmern lassen und als AOK-Sachbearbeiter sein Leben hinter sich bringen?

Juliette Gréco und ihr Lied *Je hais les dimanches*, ich hasse Sonntage, fällt mir ein. Die Französin saß sicher nie bei solchen Temperaturen in einem Bahnhofseck, sie hätte noch viel mehr Resignation in das Chanson gelegt. Unglaublich, wie solche Tage anwidern können. Ich überlege, wie ich diskret per Autostopp losfahren und was für Ausflüchte ich erfinden könnte, wenn nach der Veröffentlichung des Buches ein Autofahrer bei der Bildzeitung anriefe und die eidesstattliche Erklärung abgäbe, mich von Trier nach Bad Hersfeld gefahren zu haben.

Mir fällt nichts ein, mein Hirn schwitzt zu stark, um klar denken zu können. Ich kann nur im Eck kauern und meinen Körper spüren, der daliegt, als hätte jemand Blei auf ihn gegossen. Wie hatte ich mich auf Trier gefreut, als Meilenstein, als Ziel nach drei Ländern. Die Freude hat keine Kraft. Vor Jahren las ich George

Orwells *Down and out in Paris and London,* wie Goethe wusste er, dass der Mensch ruiniert werden muss. Damit er unten aufschlägt und erfährt, wie er damit umgeht. Als Aufgeber oder als Weitermacher.

Wieder habe ich Glück, irgendwann fällt mein dösiger Blick auf einen *Burger King,* schräg gegenüber dem Bahnhof. Ich reiße mich zusammen und krieche hinüber. Und werde ab diesem 22. Juni die Fastfood-Kette bis ans Ende meiner Tage lieben und lobpreisen. Eine Klimaanlage belebt den Leib, man darf herumlungern, man darf ein liegen gelassenes Tablett vor sich hinstellen und jeden denken lassen, man sei Kunde, man darf 600 oder 6000 Sekunden lang hinter einer verriegelten Tür sitzen.

Um 17 Uhr mache ich mich auf den weiten Weg hinaus zur Römerbrücke, dort steht das Benedikt-Labre-Haus. Ein Bahnbeamter hatte mich bereitwillig über das Obdachlosenheim informiert. Sicher mit dem Hintergedanken, mich aus dem Eck zu vertreiben.

Ein stattlicher Bau, geradezu geschmackvoll. Die Caritas leitet das Unternehmen, sie leitet es streng und effizient. Ich muss mich ausfragen lassen und ab sofort ein Dutzend Mal lügen: dass ich keine Unterkunft habe, wie hoch mein letzter Lohn war, welchen Beruf ich vormals ausgeübt habe, wo ich zuletzt gemeldet war, wann ich meine Wohnung abmeldete, ob ich Arbeitslosengeld oder Arbeitslosenhilfe erhalte, ob ledig, ob Kinder, ob geschieden? Ein mächtiges Formular muss voll werden, zuletzt soll ich unterschreiben, dass ich mit der Speicherung der Daten einverstanden bin. Ich unterschreibe umso lieber, als alle Fakten erstunken und erlogen sind. Lügen und stinken fällt mir im Augenblick besonders leicht. Weil ich damit mein Gegenüber bestrafe. Für die Anmaßung, mit der er mich richtet, für seinen moralischen Hochmut, für seinen Mangel an Sympathie.

Das Ungute hört nicht auf. Ich werde darüber informiert, dass ich mich morgen ab 8.30 Uhr für ein Gespräch mit dem Leiter bereitzuhalten habe. Dann verlangt der junge Mann hinter der Glasscheibe meinen Pass und kopiert die ersten vier Seiten. Sein Phlegma erspart mir weitere Notlügen, er checkt das Dokument nicht, blättert nicht nach hinten, sieht die Stempel und Visa nicht. Ein Obdachloser als Weltreisender? Da stimmt was nicht. Aber alles stimmt, ungerührt reicht er den Ausweis zurück.

Zuletzt eine Szene, die den Satz von Bert Brecht, dass »das Schicksal des Menschen der Mensch ist« auf schlagende Weise demonstriert. Ich habe einen barbarischen Hunger und frage, ob es noch etwas Essbares gebe. Nein, ich sei zu spät gekommen, »die Küche ist bereits weggesperrt«. (Das Deutsch!) Eine ähnliche Situation hatte ich heute schon einmal. Aber die Franziskanerinnen haben die Küche wieder aufgesperrt. So muss ich jetzt schmachten, weil ein Schnösel ein vernageltes Hirn mit sich herumträgt, statt behände ein paar Scheiben Brot und ein paar Scheiben Wurst aus der Speisekammer zu holen. Ich erfahre noch, dass Alkohol, Drogen und Waffen verboten sind. Und dass ich – jetzt wird aus dem Schnösel ein Sadist – jederzeit das Gebäude verlassen könne, um mir etwas zu kaufen. Aber vor morgen Abend nicht mehr reinkäme.

Ich schaue mir zu und lasse mich nicht provozieren, rufe den Wichtigtuer nicht zur Ordnung, bitte um keinen weniger arroganten Ton. Ich bin demütig, nehme es hin, spüre mein Ego nicht nach vorn schnellen. Vielleicht aus schierer Schwäche.

Ich bekomme ein Handtuch, ein Leintuch, zwei Bezüge für Kopfkissen und Decke. In dem mir zugewiesenen Zimmer liegen schon zwei Männer, die Fenster stehen weit offen, und trotzdem schlägt mir ein heftiger Turnhallenduft entgegen. Einer sitzt und stellt sich als Hellmut vor, der andere hat sich bereits unter seinem Plumeau verkrochen. Im selben Augenblick erinnere ich mich an ein Gefängnis in Amerika, wo ich an einem Weihnachtsvorabend mit einem zum Tode Verurteilten ein langes Gespräch in seiner Zelle führte. Und Michael P. sprach davon, dass eine der wichtigsten Handlungen bei Ankunft in einem Gefängnis darin bestehe, sich einen Freund zuzulegen. Um »im Dschungel zu überleben«.

Ein Caritas-Heim ist kein amerikanisches Zuchthaus, auch kein Dschungel, eher ordentlich und artig. Aber jemanden zu treffen, mit dem man sich gut versteht, stachelt die Lebensgeister an. Auch hier. Der 50-jährige Ex-Maler Hellmut und ich verstehen uns. Er landete hier, weil er von seiner Arbeitsstelle flog, als er mit einem Magengeschwür und der Einsicht, den Geruch der Farben nicht mehr zu vertragen, im Krankenhaus lag. Sagt er. Während der Dicke redet, kratzt er sich am ganzen Körper. Er vertrage das Leitungswasser nicht, auch dagegen sei er allergisch. Jeden Morgen werden ihm 6,20 Euro Sozialhilfe ausgezahlt, der Rest wird einbehalten für die Miete. Er ist Dauergast hier. So lange zumindest, bis er wieder eine Wohnung zugeteilt bekommt.

Hellmut ist nicht wehleidig, sucht nach keinem Sündenbock. Er hatte zwischendurch Wohnungen, flog aber immer wieder auf die Straße, immer besoffen, immer in Begleitung besoffener Freunde, die seine Wohnung zum Bierzelt umfunktionierten. Deshalb muss er jeden Morgen aufs neue Geld abholen, nie erhält er den ganzen Monatssatz auf einmal. Damit er nicht am fünften Tag als Bierleiche endet. Nebenbei arbeitet er für die Stadt. Für einen Euro die Stunde zupft er Unkraut, räumt auf, schaufelt Dreck, mäht die Parkwiesen. Lagerverwalter würde er gern sein, »aber mit fünfzig bist du erledigt«.

Hellmut ist Vater, trifft er zufällig seine erwachsene Tochter in der Stadt, so wimmelt er jedes ihrer Besuchsangebote ab. »Ich sage dann, dass ich gerade bei einer neuen Freundin wohne, da könne sie schlecht vorbeikommen.« Dass er im Obdachlosenheim haust, soll die Tochter nicht wissen. Ein Satz von Johann Nestroy passt auf Hellmut: »Weinen könnt' ich, wenn ich dran denk', was aus mir hätt' werden können.« Ob aus Hellmut noch was wird? Ich frage ihn, was er mit sehr viel Geld anfangen würde. »Mir eine Insel in der Südsee kaufen und mit dem Hubschrauber immer frisches Bier abwerfen lassen. Aber vorher noch einen Schlenker nach Kuba.« Diese Sehnsucht muss ein Plakat inspiriert haben, das zurzeit in Trier aushängt. Man sieht einen Bierbauchdicken am Strand sitzen, Text darunter: »Heimweh.« Heimweh nach einem Pils. Während wir reden, es ist noch nicht 20 Uhr, schläft der dritte Mann bereits, schläft noch immer. Wie Ausrufezeichen begleiten seine Fürze die Sätze Hellmuts.

Ich beziehe mein Bett. Enzensberger meinte, dass wir auf das Sein des Seienden notfalls verzichten könnten, doch gebenedeit sei der Mensch, der das Bett erfand. Hypnotisiert starre ich auf das weiße Kopfkissen, eine der großen Errungenschaften der Zivilisation. Stecke wie ein Fetischist die Nase in die duftende Baumwolle und sniffe. Ein High fährt in meinen Kopf. Frisch gewaschene Baumwolle verwirrt die Sinne.

Eine letzte Schnecke im Rucksack finden. Ihn ausräumen und säubern und optimal wieder einschichten. Dann ab in die Dusche, mit dem Gepäck. Die erste Regel – Lasse nie etwas unbeaufsichtigt! – gilt auch hier. Das warme Wasser auf den Körper sprühen und wieder die Segnungen des modernen Lebens zu preisen wissen. Schnell und wieder heimlich Wäsche waschen. Dabei permanent auf den Druckknopf hauen, da nach Sekunden der Wasserstrahl versiegt. Hier sparen sie an allem.

Zurück zum Zimmer, vorbei am Fernseher, vor dem laut sprechende Männer sitzen und eine Quizsendung sehen, die jedem Gewinner gewaltige Geldhaufen verspricht. Was denken die lauten Männer? Wollen sie auch eine einsame Insel und täglich Bierflaschen von oben? Mit dreiundzwanzig Männern ohne Obdach ist das Heim heute Abend belegt, überbelegt.

Ins Himmelbett steigen und das Radio einschalten. Himmlisch. Noch immer himmlisch, auch wenn Hellmut und der Langschläfer jetzt zweistimmig furzen. Und zweistimmig schnarchen. Auf geheimnisvolle Weise scheint Alkohol den Geräuschpegel des Körpers anzuheben. Noch immer himmlisch, auch wenn der Nachrichtensprecher für morgen 35 Grad und Sturm ankündigt. Und selbst dann noch himmlisch, als von einem Autofahrer berichtet wird, der in Düsseldorf in zwei Cafés schleuderte und ein paar Unbewaffnete in den Tod riss. All das wäre für einen Wanderer Anlass für fünf Nächte Albträume. Aber nein, wohl gefedert höre ich mir das alles an und schlafe ein.

Dreiundzwanzigster Juni

Das wird ein Rekordfrühstück. Es gibt Wurst, Käse, Marmelade, Kaffee und Brot. So frühstücken Könige. Ich putze zwölf Scheiben und sechs Tassen weg. Hellmut sitzt links von mir, rechts Egon, die beiden sind Freunde. Egons Handy liegt neben ihm. Ein lustiges Frühstück wird es auch. Ich frage den Telefonbesitzer, wie er zu dem schönen Teil kam, und Egon erzählt vom Bauern Hans, bei dem er einmal gearbeitet habe und der eines Tages meinte: »Hättst ein Handy, könnst mich anrufen, wenn der Traktor kaputt ist.« Ein schlauer Bauer, denn somit war das Vehikel schneller repariert und Egon schneller wieder beim Malochen. Der 36-Jährige kombiniert eher langsam, sonst hätte er inzwischen begriffen, dass das von seinem Einkommen bezahlte Gerät ihm nicht das Leben erleichtert, sondern erschwert. Noch immer. Denn nun rufen Arbeitgeber an und bestellen ihn ein. Um ihm (viel) Arbeit und (fast) kein Gehalt anzubieten. So geht seit Jahren ein hoher Prozentsatz seines

Niedriglohns für die Bezahlung der Gespräche weg. Den Gedankensprung vom Handy zu den Mehrkosten, sprich null Gewinn, sprich Miesen, hat Egon nicht geschafft. Im Gegenteil, gerade heute ist er frohen Mutes, ein Halsabschneider rief bereits an, Egon muss fort.

Alle müssen fort, tagsüber steht das Übernachtungsheim leer, die Stadtstreicher müssen acht Stunden durch die Stadt streichen, dürfen vor 17 Uhr nicht zurück in die Betten.

Schon um acht Uhr werde ich zum Leiter einbestellt. Ein freundlicher Mensch. Ich nehme Platz, und er fragt, wie ich meinen Lebensunterhalt verdiene. Als ich »mit Betteln« antworte, wird das säuberlich eingetragen. Ob ich heute weiterzöge? Mein Ja erspart ihm Arbeit, er muss mich nicht ans Sozialamt überweisen. Warum ich denn auf der Straße geendet sei, will er noch wissen. Es scheint ihn privat zu interessieren, die Frage steht nicht im Protokoll. Ich mag sie, sie gibt mir Gelegenheit, von Dorothea zu erzählen, die mich mit meinem Chef betrogen hat. Ich sei Ausfahrer gewesen, Wäscheausfahrer, und eines Tages – ein Kunde hatte abgesagt – kam ich früher als geplant ins Büro zurück. Nicht, dass ich die beiden in flagranti erwischt hätte. Aber dass Dorothea überhaupt im Büro war, ließ keinen Zweifel mehr an dem Verdacht, der schon seit einiger Zeit in mir nagte.

Während ich berichte, beobachte ich mein Gegenüber genau. Kein leisester Verdacht zuckt in seinem Gesicht, voller Anteilnahme hört er die traurige Mär bis zum traurigen Schluss: wie die Entdeckung der Treulosigkeit mich aus der Bahn warf, wie ich die Frau, die Wohnung, den Job verließ und ein neues, lausigeres Leben anfing. Schon verblüffend, wie Worte beeindrucken können, wie man sich jeden Tag ein anderes Leben zurechtzimmern kann.

Die Tantiemen für diese Story gehen an Azah in Paris, einen Herumtreiber im elften Arrondissement. Er hat sie mir gebeichtet. Ich habe lediglich aus Dorothée eine Dorothea gemacht. Ich muss lügen, ohne die Maske wäre ich hier nicht hereingekommen.

Neben dem Ausgang hängt ein Porträt von Benedikt Labre, der 1748 geboren wurde und nach dem die Institution benannt ist. Man sieht ein zerzaustes Männchen. Labre wollte kein Priester werden, wollte Mönch sein und wurde von keinem Kloster akzeptiert. Streunte als Ohnealles durch Europa. Zeitgenossen berichten, er sei ein herzensguter Mensch gewesen, der Heiterkeit und Wohlbehagen verbreitete, immer bereit, das Wenige zu teilen. Auf einer seiner Reisen erkannte er seine Berufung, fing an, gegen jede Art von Besitz zu reden, wollte selbst nur haben, was er unbedingt brauchte. Mit fünfunddreißig Jahren starb er in Rom, verwahrlost, ausgehungert und »mit dem Gesicht eines Kindes«.

Ich werde nicht mit dem Gesicht eines Kindes sterben, eher mit der Visage eines Mitleidlosen. Denn eisern stand ich neben Hellmut, als er die Sozialhilfe kassierte und ich im Namen unserer Freundschaft auf meinem Anteil bestand. Der Dicke hat die Probe bestanden, ohne Aufhebens überließ er mir einen Euro.

Raus aus Trier. Alles trifft ein, der Wetterbericht als reinste Wahrheit. Es wird der bis heute heißeste Tag des Jahres. Zwischendurch platzt der Himmel, ich gebe mehrmals das lächerliche Bild eines Mannes ab, der humpelnd und mit Rucksack auf einen Wald zurennt. Am frühen Nachmittag treffe ich in Föhren ein, die Energie der zwölf Scheiben ist längst verbrannt, frische Kalorienzufuhr ist überfällig. Ich gehe auf das nächste Haus zu und läute. Eine junge Frau öffnet, ich frage, ob ich was zum Essen haben könne, und sie sagt den komischen Satz: »An der Haustür gebe ich nichts, denn mein Töchterchen ist da.« Schon möglich, dass mein Aufzug an einen Päderasten erinnert, somit antworte ich gefasst: »Ich will nicht Ihr Töchterchen, ich will was zum Essen.« Gleichzeitig deute ich nach oben. Über der Haustür der Komischen sind mit Kreide die Namen von Kaspar, Melchior und Balthasar geschrieben. Das dumme Weib versteht meinen Hinweis nicht. Es waren doch genau jene drei Heiligen, die dem bedürftigen Gottessohn Geschenke brachten. O.k., ich bin weder Kinderverderber noch Gottessohn, aber ein Apfel oder ein Euro oder ein Kuchenstück müssten doch zu schaffen sein? Nein, nicht zu schaffen.

Noch zwei Pumps scheitern. Auch diese beiden Angsthasen glauben an die Heiligen drei Könige und lassen sich zu nichts inspirieren. Doch beim vierten Klingeln öffnet weit das Tor die großartige Frau H. und sagt am Ende meiner Bettelsure sofort: »Kommen Sie rein, ich mache Ihnen eine Bohnensuppe.« Und ich darf in die gute Stube mit den vielen blutenden Herzen des Herrn Jesu. Auf Bildchen an den Wänden. Und in Windeseile stellt die Gute eine dicke Suppe auf den Tisch, bringt den vollen Brotkorb, schenkt kühlen Sprudel ein und beginnt – meine letzte Bitte – zu erzählen: dass Jesus Christus den Katholizismus gegründet hat und dass Luther eine Nonne heiratete und vorher seinen Bruder mordete. Mir ist augenblicklich alles recht, ein mordender Luther, der Katholizismus, eine unkeusche Nonne. Wenn alle auf mysteriöse Weise dazu beigetragen haben, dass jetzt um 13.51 Uhr ein Mittagessen vor mir steht, so hat die Menschheitsgeschichte einen Sinn.

Die liebe 76-jährige H. wundert sich dann doch über ihren Mut, mich eingelassen zu haben. Sie fragt, ob ich wisse, was »heutzutage alles in der Zeitung steht«. Wahrscheinlich spielt sie auf die Großmütter-Meuchler und kolumbianischen Drogendealer an, die gewiss alle hundert Jahre einmal durch das maustote Föhren ziehen. Aber sie vertraue eben auf das blutende Jesuherz.

Blindes Vertrauen. Nicht nur die Furcht nimmt ihr der Glaube, auch eine überirdische Kraft lässt er ihr zukommen. H. hat kein Leben, sondern ein Schicksal hinter sich. Jahrelang pflegte sie ihren bettlägrigen Mann, hat selbst fünf Krebsoperationen überstanden und berichtet von einem Enkel, der an Progerie, an Frühvergreisung, leidet. Aber gerade ihn, den senilen Fünfjährigen, habe sie am innigsten lieb. Immer habe sie durchgehalten, weil sie immer glaubte. »Ohne das wäre ich verrückt geworden.« Jeden Tag beginnt sie mit der Bitte: »Lieber Schutzengel, bitte pass auf mich auf.« Und damit geht sie in den Tag.

Ob sie Angst vor dem Sterben hätte? Nein, natürlich nicht, sie weiß doch, »dass sie oben ankommen wird«. Und wie wird es da oben sein? Frau H. hält das für eine überflüssige Frage: »Ja, wie schon? Schön halt.« Und schön, was ist das? »Das ist die Freude.«

Mit herzlichen Worten begleitet sie mich hinaus. Ich bin der lieben Alten nicht nur für Speis und Trank dankbar, auch dafür, dass sie den Schwarzrednern widerspricht. H. ist ein weiterer Beweis dafür, dass zwischen den Boshaften und Engherzigen die Großmütigen und Verschwender leben. Ihnen allein ist es zu verdanken, dass ich vom Fleck komme. Sie sind das Salz der Erde, das Licht an beiden Enden des Tunnels.

Dass auf den nächsten zwanzig Kilometern drei weitere Feen warten und Kaffee und Kuchen und Kekse und Erdbeeren verschenken, es soll der Vollständigkeit halber und der Dankbarkeit wegen erwähnt werden.

Am späten Nachmittag wieder Hunger, sofort fahre ich die Antennen aus, die auf das Ausfindigmachen von Nahrungsmitteln spezialisiert sind. Oder von Mitteln zum Kauf von Nahrung. Ich sehe einen auf der Landstraße geparkten Lastwagen, der Fahrer wechselt den Reifen, zwei Polizisten regeln den Verkehr an der jetzt engen Stelle. So scheint nichts natürlicher, als auf einen Freund und Helfer zuzugehen und ein Geldstück zu erbitten. Keine glorreiche Idee, denn ich muss mir den biederen Satz anhören: »Damit fangen wir gar nicht an!« Ich solle im Hotel weiter vorne nachfragen. Nicht nach einem Euro, sondern nach Arbeit. Ich verbiete mir den Spruch »Polizei-Depp dabei« und mache es wie der Dalai-Lama, der vorschlug, das Böse zu segnen. Ich segne den Bösen und ziehe weiter.

Ein gewisser William Cubitt erfand 1818 in England die »Tretmühle«, um »vagrants«, unstete Wandergesellen ohne offensichtliche Einnahmequellen, zur Räson zu bringen. Ich bin sicher, der Beamte mit der unwiderruflichen Einnahmequelle bis hin zum Totenbett hätte mich gern auf eine der Sprossen beordert und lostreten lassen. Damit die Flausen aufhören und der therapeutisch verordnete Stumpfsinn einen ehrenhaften Mitbürger aus mir macht.

Auch für den Polizisten bin ich dankbar, doch. Sein Auftreten bringt mein Weltbild wieder in Ordnung. Ich verdächtige das Glück immer als etwas, das Gegenleistungen einfordert. Eine Art Eintrittsgeld. In Form von Unglück, Einsamkeit und der permanenten Angst, nie wieder Glück zu haben. Jedes Glück drohte, das letzte zu sein. Seltsamerweise bin ich bis auf den heutigen Tag mit diesen Konditionen einverstanden. Sie vermitteln etwas wie Sicherheit, die Sicherheit eben, mir das Glück »verdient zu haben«. Unverdientes Glück wäre ja nicht geheuer. Als hätte ich es gestohlen. Und würde dafür später doppelt bestraft. Für das Glück und das Stehlen. Wie alle Feiglinge lebe ich vorsichtig, will bei den Göttern nicht anschreiben lassen, ertrage den Gedanken nicht, dass mir etwas ohne die Aussicht auf eine Niederlage geschenkt wird.

Eine Stunde hinter Wittlich schaue ich mich um. Vom Himmel droht Regen, ich brauche ein Dach. Ich sehe von der Straße aus einen Pferdestall, gehe auf das dahinter gelegene Haus zu und frage, ob ich dort vorne übernachten könne. Absolut kein Problem, ich solle jedoch auf den geladenen Zaun achten und nachts nicht herumrennen, die Hunde würden sonst anschlagen.

Mir geht es gut, heute bin ich wieder von jenem Stern bestrahlt, von dem Hermann Hesse immer sprach. Jenem behütenden Gestirn, ohne das keiner durchs Leben kommt. Ich krieche unter dem Strom durch, breite die Plastikdecke über das Stroh und den Kot, richte mich ein.

Ab 20 Uhr ist ein Wunder fällig, ein vierteiliges Wunder. Die Großgrundbesitzerin kommt und bringt ein Tablett mit einem Bitburger Premium Pils, drei Käsebroten, zwei hart gekochten Eiern und einem großen Becher Kaffee. Eine halbe Stunde nach der Mutter kommen Tochter Jenny und Freundin Michaela vorbei. Hübsche Jugend. Als Begleitschutz haben die beiden 19-Jährigen Mike, einen blassen Jungen und Freund des Hauses, mitgebracht. Sie schleppen ein weiteres Tablett, auf ihm liegen Heilsalbe, zwei Wundkompressen, zwei Stück Verband und – herzbewegend – ein Paar weiße Socken. Sicher wollen die drei den wilden Mann begutachten. Auch sie sind zu jung, um recht verstehen zu können, was ein erwachsener Mensch zu Fuß auf der Straße verloren hat.

Die drei verabschieden sich mit allen Gutenachtwünschen. Ich bin wieder allein. Bis Michaela, noch immer ist es sommerhell, ein zweites Mal auftaucht. Mit einer Flasche Wasser zum Waschen. Alles an mir scheint einen gewissen Handlungsbedarf zu provozieren. Verhungert, verdurstet, verletzt, verdreckt, ich sähe schlecht aus ohne die Hilfe der anderen. Das kluge Mädchen ist ein scheues Mädchen. Umso erstaunlicher, dass sie allein zurückgekommen ist.

Doch, doch, sie hätte mich schon verstanden, gehen und überwinden und riskieren, das leuchtet ihr ein. Die Sehnsüchte der Masse seien nicht ihre Sehnsüchte, sie will nicht konsumieren, sie will fühlen, Gedichte lesen, über andere Ziele nachdenken. Dass die Menschheit verloren sei, das wisse doch jeder, oder? Zurzeit macht sie eine Ausbildung als Ambulanzfahrerin beim Roten Kreuz. Sie wünscht ein zweites Mal alles Gute und verschwindet.

Nacht, ich döse bereits, als ich Schritte höre und sofort wach bin. Reflexartig blicke ich auf die Uhr: 23.24 Uhr, jetzt beginnt der vierte Teil des Wunders. Michaela steht vor mir, und ich denke, was alle einfältigen Männerhirne in einer solchen Situation denken. Die Scheue fragt, ob ich nicht mitkommen wolle, sie habe eine eigene Wohnung und – als ahnte sie, was mich auch heute als Tagtraum verfolgt hat – »eine eigene Badewanne«. Die Lage scheint eindeutig, sodass ich mit schlichten, unmissverständlichen Worten frage: »Hast du ein großes Bett?« Auch das sei vorhanden, antwortet sie leise. Ein großes Bett muss sein, lieber zwischen Pferdeäpfeln nächtigen als jetzt in eine schmale Studentenkoje umziehen. Ich packe im Stockdunklen, bin überaus achtsam, will nichts liegen lassen. Jeder Verlust wäre unwiderbringlich.

Sobald der Rucksack geschnürt ist, schleichen wir davon, die Hunde dürfen nichts hören, nichts riechen. Finstere Welt, in ein paar Nächten herrscht Neumond. Wieder unterm Zaun durchkriechen, vorsichtig schleichen wir den Feldweg zur Hauptstraße hinunter. Dort steht ein BMW, sicher ein teurer, die schweren Türen schließen geräuscharm. »Der Wagen gehört den Eltern«, sagt die Scheue, so als wolle sie einen gewissen Widerspruch klären. Sie fährt zügig, man merkt den Profi. Um 23.59 Uhr halten wir im drei Kilometer entfernten Bausendorf vor einem stattlichen Haus. Ich bleibe einen Moment länger als notwendig sitzen, will das Glück genießen: Eine Frau, eine Wanne, ein Bett warten auf mich. Ich träume. Das kann nicht real sein. Wahrscheinlich hat das viele Gehen und Hungern zu einem gewissen Verlust an Wirklichkeitswahrnehmung geführt. Wie dem auch sei, das Ende des Traums will ich nun wissen. Schlag Mitternacht verlassen wir das Auto.

Vierundzwanzigster Juni

Michaela wohnt im Erdgeschoss, die Eltern oben. Die Wohnung sieht aus wie die Wohnung vieler 19-Jähriger. Kleiderhaufen und Berge elektronischen Geräts liegen herum. Dazwischen tatsächlich Bücher. Die Scheue ist praktisch, zeigt mir die Wanne, reicht ein Duschgel und zwei frotteedicke Handtücher. Das Badezimmer ist kuschelig warm, ich friere, Zeichen von erheblichem Schlafmangel.

Was immer nun geschehen wird, zuerst muss ich mich säubern, mich befreien vom Geruch nach Pferd und Mist. Ich streife die frisch angelegten Verbände herunter und spüre ein leichtes Zittern. Ist das mein frierender Leib oder Zeichen schieren Glücks? Wie oft habe ich nach einem solchen Zustand gelechzt? Ich dachte, vor Berlin werde ich ihn nicht erleben. Natürlich ist das Glück, in eine Badewanne zu steigen, die siebenhundertfünfzig Kilometer vom Ende aller Mühseligkeiten entfernt liegt, ein anderes, ein kleineres, als in eine Hauptstadt-Wanne zu tauchen, ganz am Ziel. Gewiss, aber die Wonne, hier und jetzt, irgendwo in einem stockdusteren Kuhdorf, ist enorm.

Als ich wieder auftauche, hat Michaela bereits das Bett frisch bezogen, ein Lieblingsbett, breit und mit harter Matratze. Ich lege den dankbaren, blitzblanken Körper hinein, das Mädchen setzt sich daneben. Wir reden, das soll entspannen. Ich will noch immer wissen, warum sie das für mich tut. Weil zügellos lüstern auf mich? Ich zweifle. Weil ich ihr, der Pferdenärrin, von der Schönheit und den Pferden Islands erzählt habe? Weil ich sie anspornte, nach Sprache zu suchen und weiter ihr Tagebuch zu führen? Weil sie neugierig ist? Neugierig auf alles?

Während wir uns unterhalten und die junge Frau – noch immer scheu – nichts Genaues zu antworten weiß, bricht der ganz normale Irrsinn los. Vierzig Minuten nach Mitternacht klettert plötzlich ein junger Mann – David, Michaelas Freund, wie ich noch schnell erfahre – durch das Schlafzimmerfenster. Ich denke, der Jüngling wird jetzt die Lattenroste herausreißen und mir damit den Schädel abschlagen. Mitten in Bausendorf, mitten auf meiner Tour. Wie irrig, die Bausendorfer sind anders. David grüßt mit einem smarten »Hi« und reicht mir die Hand. Das ist wahnsinnig komisch, und keiner lacht. Ich liege mit den geliehenen Boxershorts seiner Freundin im gemeinsamen Bett, die Freundin fläzt daneben, und der Freund klettert in dunkler Nacht herein und streckt lässig die Hand aus.

Nicht eine peinliche Sekunde entsteht, wir wünschen einander eine angenehme Nachtruhe, ich bleibe, die beiden legen sich im Wohnzimmer auf die Couch. Meine brennenden Füße sind Zeuge, dass ich nicht träume, sondern mich mitten in der Wirklichkeit befinde.

Der Morgen verläuft nach demselben Muster. Kurz vor sechs schleicht David an mir vorbei, wispert noch »Guten Morgen und alles Gute« und wischt wieder durchs Fenster, diesmal hinaus ins schon helle Bausendorf. Ich darf ein zweites Mal ins Bad, lege die Verbände frisch an, Michaela kocht Kaffee. Dann steigen wir in den BMW, die scheue Sphinx übergibt mir noch eine Flasche Mineralwasser und lädt mich dort wieder ab, wo sie mich gestern abgeholt hat. Mit einem Lächeln gehen wir auseinander.

Zwei Stunden später durch die Ortschaft Höllenthal, schöne Hölle, kurvig, ein Bach fließt, Häuser, die nicht protzen, sondern zur

Natur passen. Kurz darauf in Alf, ein Weindorf, noch schöner als die Hölle. Wer hier durchwandert, wandert durch ein Gemälde. Ein Stehcafé gibt es, ich darf mich mit der Tasse – Hellmuts Euro kommt endlich zum Einsatz – nach draußen setzen.

Weiter entlang der Mosel, unter einer Brücke hat jemand drei wichtige Nachrichten gesprayt: »André, ich liebe dich« und »Weinbonzenkomplott = Winzerbankrott« und »Fuck Raser«. Ich habe keine Ahnung von der Weinbonzenmafia, aber der Rest leuchtet mir ein.

Um halb elf ist höchste Zeit für ein Frühstück. Ich gehe auf eine rollende Imbissstube zu und stimme mein Wolfsgeheul an. Sofort legt der Mann eine Bockwurst zwischen eine Semmel. Allerdings will er vorher noch wissen, warum ich pleite und zu Fuß unterwegs bin. Ich mag sein Interesse, umgehend beschließe ich, für ihn eine neue Story zu erfinden. Irgendwie käme ich mir billig vor, wenn ich mich nicht anstrengen würde für den Freizügigen. Er gibt, ich gebe. Also schenke ich ihm die Geschichte von meinem Onkel in Berlin, der mich für eine Pfeife hält und mir deshalb fünftausend Euro versprochen hat, sollte ich die Strecke von Paris bis zu seiner Haustür schaffen.

Solche Märchen sind auch ein Test, ich war schon immer von Heiratsschwindlern fasziniert, konnte nie fassen, wie andere – die beschwindelten Frauen – all die geschwindelten Geschichten glaubten. Heute habe ich den Beweis. Heute wieder. Was ich auch erzähle, ich finde gläubige Zuhörer. Männer wie Frauen. Das Gerede vom Outfit, das einer tragen, von den Utensilien, mit denen einer angeben, von den Referenzen, die einer vorlegen muss, bevor er zu lügen anfangen darf – alles Nonsens. Was zählt, ist die Chuzpe, der ungenierte Tonfall, die souverän daherkommenden Wörter. Ob ich von der überstandenen Herzoperation plappere, vom gutartigen Gehirntumor, vom demütigen Wallfahrer, vom hintergangenen Wäscheausfahrer, vom niederträchtigen Onkel, alles wird ergriffen zur Kenntnis genommen.

Schwerer Tag, leichter Tag. Ich nehme zwei Abkürzungen und muss dafür zweimal über infame Hügel. Einer infamer als der andere. Wobei ganz oben die Marter nicht aufhört. Jeder, der mit kaputten Füßen unterwegs ist, weiß, dass sie bergab noch lauter jaulen als bergauf. Aber irgendwo mag ich das, das Keuchen, das Inschweißbaden, das Wahrnehmen des Körpers. Jeder Schritt ein Fluch, ein Wutschrei, eine Hoffnung, eine Hoffnungslosigkeit. Aber immer ein Beweis von Leben. Wie die Freizügigkeit der anderen. Weil hier zwei Äpfel, dort eine Flasche Mineralwasser, zuletzt ein Pfund Birnen abfallen. Habe ich genug Moral im Bauch, dann klopfe ich so lange an Türen, gehe so oft auf jemanden zu, bis einer nachgibt und etwas mit mir teilt. Betteln funktioniert wohl wie Lotto, wie Roulette, wie Black Jack. Irgendwann kommt ein Treffer. Ein System ist nicht auszumachen. Zu den Verlierern gehören nur jene, die während der Nullrunden die Nerven verlieren und aussteigen.

Um halb vier in Cochem, ich suche mir eine teure Fassade aus und läute. Niemand öffnet, ich rufe in den Garten, und ein älterer Herr und ein Junge kommen zum Vorschein. Sie sind von der ersten Sekunde an wohlwollend, das Kind fragt wunderbar weise: »Willst du was essen?« Ich darf in die Küche, der achtjährige Christian führt das große Wort, er spricht von seinem neuen Pferd, dem neuen Traktor (sic!), dem neuen Zimmer, das in diesen Tagen für ihn eingerichtet wird. Der Patenonkel schmiert inzwischen die Käsebrote, holt den Flanpudding, rückt den Obstteller näher, stellt das Glas Apfelschorle hin. Die abwesenden Eltern scheinen steinreich zu sein, aber der Sohnemann blieb völlig normal. Immer wieder treibt er den Onkel an, noch mehr aufzufahren. Wie unnötig, denn Herr L. ist unablässig damit beschäftigt, den Küchentisch vollzustellen. Christian fragt, ob er mit mir Euromünzen tauschen könne, er will sie aus jedem Euroland. Leider nein, doch den einen Glückscent würde ich ihm gern abtreten. So greift der Drittklässler in die Schachtel und übergibt mir ein Zwei-Euro-Stück aus Portugal, das er doppelt hat. Wäre ich Vater, ich würde mir einen Sohn wie ihn wünschen. Einen, der fragt, der an der Welt teilnimmt und nicht still stehen kann vor Wissbegier.

Nach einem Umweg über ein nahes Café ziehe ich davon. Und steuere sogleich den Parkplatz eines Supermarkts an. Ich muss hamstern, mein voller Bauch ist in zwei Stunden wieder leer. Ich erspähe eine gut gekleidete Dame, die ihre gekauften Naturalien in den Kofferraum ihres Volvos räumt. Das ist eine tödliche Stellung, offener kann die Flanke nicht sein. Jede Ausflucht wäre absurd. Ich frage höflich, ob ich zwei Bananen haben könne. Ja, aber dafür müsse ich den Einkaufswagen halten, er will davonrollen. Ich mache das sofort, reiche ihr die Koteletts, die Obstberge, die Katzenzungen, die Weinflaschen, die Bierflaschen, die Schinken, den Ananassaft, den Tomatensaft, die Leberpastete, das Bauernbrot. Vorne im Wagen sitzt ein Kind, das Radio läuft, ein Politiker redet über Deutschland, ich halte gerade feinen französischen Käse in der Hand und höre den Hanswurst sagen: »Deutschland treibt dem Abgrund zu!« Dem Abgrund wirtschaftlichen Ruins. Da ist sie wieder, die Stimme des fetten, in alle Himmelsrichtungen platzenden Kapitalismus. Der am vielen Fressen erstickt und noch immer nach mehr schreit.

Schöne Welt, links das hübsche Cochem, rechts die Mosel, was für ein schönes Land Deutschland ist. Ich pumpe weiter, zwei Schwarze sitzen auf einer Bank. Einer trinkt Bier und sagt frech, er würde mich nicht verstehen, er sei aus Nigeria. Also schenke ich ihm den Satz eines indischen Bettlers, der mich einst sehr erheiterte: »Please, put some joy in my hand«. Der Nigerianer erheitert mich nicht, ohne Freude muss ich weiter.

Sie kommt trotzdem, wenn auch auf komplizierte Weise. Ich trotte an einem Spezialbus vorbei, in den Rollstuhlfahrer per hydraulischer Rampe auf ihre Plätze gehievt werden. Diskret betrachte ich die Szene. Die fünfundzwanzig Minuten werden zur Therapie, zur Dankbarkeitsübung. Sie erinnert mich an depressive Tage in Paris, wo ich zum nächsten Taxistand schleiche und die Gesichter der Fahrer betrachte. Und die Depression schon nachlässt. Weil ich auch einmal Taxifahrer war und es heute nicht mehr bin. Die Seligkeit, dass ich entkam. Dass ich kein Gesicht mit mir herumtragen muss, das nie in die Nähe seiner Träume gelangte. Ähnlich jetzt. In Hochstimmung entferne ich mich von den Krüppeln. Ich verdiene mein Glück nicht, ich weiß. Und genieße es trotzdem.

Noch ein paar Kilometer. Nur ein weißer Farbstreifen trennt den Fahrradweg von der Rennstrecke Richtung Koblenz. Eine Sekunde »menschliches Versagen«, und ich lege den Rest meines Lebens selbst im Rollstuhl zurück. Ankunft in Klotten. Über der Tür eines Restaurants leuchtet »TANZ«, wie romantisch. Ich würde gern wissen, ob ich mit meinen zehn Zehen – zwei Nägel haben sich inzwischen verabschiedet – je wieder tanzen kann. Der Ort lädt zum Übernachten ein, zwischen Mosel und Weinbergen finden sich zwei passende Quadratmeter. Der Bürgermeister hat Schilder aufstellen lassen, auf denen er vor dem Füttern von Tieren warnt, da eine Rattenplage umgeht. Mich füttert auch keiner, mit grantigem Magen krieche ich in den Schlafsack.

Irgendwann überkommt mich ein sentimentales Liebesgefühl für meinen Körper, ein Gefühl von Freundschaft. Weil mir wieder einfällt, welche Dreckslöcher, wie viel verlauste Betten und schlaflose Nächte ich ihm schon zugemutet habe. Wie oft ich ihn gepeitscht und getrieben, ihn durch Krankheiten und Entbehrungen gehetzt habe. Und er nie murrte, nie mich verriet, immer aushielt, immer zu mir hielt.

Fünfundzwanzigster Juni

Um halb sechs wieder auf der Straße. Um halb acht in Müden, der erste Pump scheitert. Jemand öffnet sein Café und schickt mich weiter zum nächsten Laden. Das kennt man, die Großzügigkeit delegieren, um andere antreten zu lassen. Um neun tipple ich durch Hatzenport, beim Winzerhof Gietzen (*Bed & Bike*) steht die Tür offen, und der unglaubliche Satz *Welcome Friends* leuchtet am Eingang. In dem Wort Freund steckt ja freundlich, und so sind sie hier. Eine Küchenangestellte kommt und kommt wieder mit zwei üppig belegten Doppelschnitten und einer Flasche Wasser.

Viele Kilometer lang bin ich in Sicherheit, da neben der Weinstraße ein Radweg verläuft. Blick über den Fluss auf paradiesisch gelegene Campingplätze, die breiten Caravans, die breiten Vorzelte, die breiten Autos, die breiten Yachten und Boote. Ich habe wohl zu lange in der Dritten Welt verbracht, um mich je an den Reichtum in meinem Land zu gewöhnen. Er überwältigt mich jedes Mal neu. Und nervt. Schon aus ästhetischen Gründen, vor allem. Zudem produziert er ein so unfrohes Lebensgefühl. Weil er dumpf macht und raffsüchtig. Und er nervt, weil er feiste Männer dazu verführt, »vom wirtschaftlichen Untergang« zu schwadronieren. Winseln als Erkennungsmelodie. Oscar Wilde schrieb einmal: »Unmoralische Frauen bringen uns um den Schlaf. Moralische bringen uns zum Einschlafen. Das ist der einzige Unterschied zwischen ihnen.« Nicht anders beim unaufhörlich «guten Leben«, es schläfert ein. Weil immer Sattsein kein romantisches Lebensgefühl provoziert. Kein Wunder, dass die Verdummungsmafia uns einreden will, dass jeder nasse Furz im Wind nach Aufregung und Atemlosigkeit riecht.

Ich schalte das Radio ein und höre zwei Stunden lang keinen Satz, der meinen Geist nährt. (Den klugen Deutschlandfunk bekomme ich nicht rein.) Zwischen den letzten Hits ist Platz für das Geblödel hohlköpfiger Moderatoren. Man fragt sich, wie es die menschliche Rasse je zum Homo habilis geschafft hat. Wächst die Redaktion über sich hinaus, veranstaltet sie *phone-ins*, Kostprobe: Ingeborg ruft an und beschwert sich, dass ihr »Herbert immer Schatzi zu mir sagt, aber Schatzi ist doch eine Mischung aus Schaf und Ziege, oder?« Einer singt »bitte, sei gut zu mir«, welch irrwitziges Ansinnen, wie gut sein zu jemanden, der die Welt mit solchen Zeilen heimsucht. Einen Millimeter daneben spricht Arnold Schwarzenegger englisch, er spricht es wie einer, der mit dem Kopf voraus in einem Misthaufen steckt. Irgendwann redet er deutsch, es klingt nicht besser. Auf dem nächsten Millimeter kommt Britney Spears zu Wort, sie meldet, dass sie nun doch keine Jungfrau mehr sei. Herr im Himmel, womit habe ich das verdient? Auf AFN spricht der Herr Militärpfarrer über Ehrlichkeit, er zitiert einen Vietnamveteranen, einen Piloten, der noch heute darunter leidet, dass er bei der Anzahl der Vietcong, die er abgeknallt hat, immer übertrieb. Die ergreifende Botschaft des Gottesmannes: Morde und bleibe ehrlich.

Ich muss kämpfen, nichts zündet mich heute an. Auch Wandern kann stumpfsinnig sein. Müsste ich mich zu einer Rechtfertigung meines Tuns aufschwingen, ich wüsste nicht, wie. Über Hitchcocks

Dreharbeiten gibt es eine Anekdote, die von einem Hauptdarsteller berichtet, der mitten in einem Kuss innehielt und dem Regisseur zurief: »Sag an, Meister, was ist die Motivation dieser Szene?« Und Hitchcock zum Megaphon griff und kaltblütig antwortete: *»Your salary«*, Ihre Gage. Genau wie jetzt. Nur noch der Gedanke an den Vertrag und das bereits kassierte Geld motivieren.

Ich sammle Frustbeule um Frustbeule. Ich sehe ein anmutiges Paar auf einem *Chopper* vorbeifahren, einem erfinderisch umgebauten Motorrad. Sie sitzt hinten und schlingt ihre nackten Arme um ihn. Ich wäre jetzt auch gern der Mann mit dem Helm und spürte den Fahrtwind um mein verliebtes Herz brausen.

In Winningen gehe ich an einem öffentlichen Schwimmbad vorbei und höre die fröhlichen Schreie der Kinder. Ich höre sie unter Tränen, da mir die Hitze augenblicklich das Salz in die Augen treibt. Ich würde jetzt auch lieber vor Fröhlichkeit schreien. Aber ich fluche. Denn das Geld fehlt, die Badehose, selbst das Handtuch.

Einen Kilometer später klingle ich an einer Haustür und bitte über die Sprechanlage um etwas zu trinken. Und eine Sexbombe, brasilienbraun und im Bikini, reicht ein Glas Eistee. Karin L. steht vor mir. Während ich das Glas hinunterschütte und versuche, meinen Blick zu disziplinieren, öffnet jemand im ersten Stock ein Fenster. Das muss Olaf L. sein, sein Name steht auch auf der Klingel. Sicher will er wissen, wo die Schöne bleibt.

Ein Scheißtag. Ich möchte auch gern Motorradfahren und schwimmen und diese Frau in meiner Nähe wissen. Aber ich spüre keinen Fahrtwind, schwitze wie eine Muttersau vor ihrem Fangschuss und muss mitansehen, wie Karin eiligen Schritts zu Olaf zurückkehrt. Als ich von der Schönen weghinke, wird mir einmal mehr klar, dass Armsein ein gräulicher Zustand ist. Da er ununterbrochen dazu zwingt, sich ums nackte Überleben zu kümmern. Keine Zeit bleibt für Weltwachheit, für Sinnenfreude, für Eros. Ich, der Armselige, muss permanent dahinter her sein, dass ein Mindestmaß an Kalorien eintrifft und ein Mindestmaß an Kilometern zurückgelegt wird. Bin ich abends am Ziel, bin ich tot. Kein Gramm Energie und kein Gramm Geld bleiben für ein zweites Leben. Wie baden, wie lesen, wie schmusen, wie tanzen, wie ein Abendessen mit Freunden.

Um halb fünf in Koblenz. Am Bahnhof betrete ich eine Rolltreppe. Das ist gegen die Abmachung mit dem Verleger, denn jeden Meter soll ich zu Fuß gehen. Aber ich bin zu schwach, um mir das Wunderwerk entgehen zu lassen. Anders als *Crocodile Dundee* habe ich vor dem Leben im Wald die Zivilisation kennen gelernt. Lässig stelle ich mich drauf. Um ein Haar hätte ich geheult.

In der Bahnhofsmission gibt es einen Kaffee und den Schlüssel zum Klo. Ich erfahre, dass gelegentlich der Bundesgrenzschutz vorbeischaut, um die Grenzen Deutschlands vor den Pennern zu schützen. Ab 17 Uhr werden drei Tramps bewirtet, mit belegten Broten und Leitungswasser. Mehr haben sie hier nicht. Ich erfahre noch einen Nachteil der Armut: die häufige Abwesenheit von Geist. Geld kann unter Umständen dafür sorgen, dass die Wörter *denken* und *leben* aufeinander treffen. Via Reisen, via Bücher, via Lernen. Ohne Geld nicht. Meine zwei Kollegen haben sich schon vor längerer Zeit von jeder geistigen Anstrengung verabschiedet. Einer trägt eine wollene Pudelmütze, »weil es zu heiß ist«, der andere lässt wissen, dass er nicht zulassen wird, »dass der Kopf über dem Magen sitzt«. Wo er den Kopf gerne sitzen hätte, könne er heute nicht sagen.

Ich darf im Obdachlosenheim anrufen, leider voll. Ich mache mich auf den Weg in die Stadt, einen Schlafplatz suchen. Ich finde nichts. Dafür finde ich Jan. Auch ein Penner, er sattelt gerade sein Fahrrad mit sechsundzwanzig Tüten und Taschen. Ein delikates

Unterfangen. Wie das Fahrrad und das viele Gerümpel zueinander bringen? Wieder umschichten, das Fundament neu legen, mehr Gepäck nach vorne auf die Lenkstange verlagern, niemals eine Tüte im Stich lassen. Jan ist lieb und zynisch, er spricht hochdeutsch, sagt, dass er zurzeit genau das Quantum von Wärme bekomme, das er brauche. Er redet von der Sonne, nicht von seinen Zeitgenossen. Mehrmals ist der 62-Jährige angegriffen worden, verbal und tätlich. Warum? »Ach, weißt du, ein paar halten so viel Freiheit nicht aus.« Er meint seine Freiheit, sie würde manch rastlosen Unfreien irritieren.

Ob Jan als Vorbild taugt? Inzwischen habe ich begriffen, dass sich auch Penner ihr Leben zurechtlügen. Jan, der Philosoph, hat irgendwo Recht. Im Schweiße seines Angesichts arbeiten, um anschließend den Lohn des Schweißes in Plunder anzulegen, das ist ein sonderbarer Umgang mit der Zeit, die uns auf Erden gegeben ist. Freilich, als der Mahner Richtung Supermarkt, Richtung Alkohol aufbricht, will er nicht einsehen, dass fünf Liter Bier saufen pro Tag auch nicht Ausdruck eines grandiosen Lebensentwurfs ist.

Ich will nicht saufen, ich muss essen. Um 18.59 Uhr überkommt mich eine brauchbare Idee. Ich betrete eine Bäckerei, in sechzig Sekunden wird der Laden geschlossen, sprich, morgen ist ein neuer Tag, morgen muss alles frisch sein. Also übergibt mir die Bäckerin sechs Ladenhüter. Mit einer Tüte Backwaren stehe ich um 19 Uhr wieder in der Fußgängerzone. Zusammen mit einem (wieder einmal) letzten Euro bin ich ein gemachter Mann. Ich suche den billigsten Kaffee in der Umgebung und lasse mich nieder. Meine Moral erholt sich, ich darf mich nicht beschweren.

Zweiter Versuch, einen Platz für die Nacht zu finden. Ich streife durch die (spärlichen) Grünanlagen im Zentrum, bleibe immer nur kurz vor einer denkbaren Unterkunft stehen, will keine Aufmerksamkeit erregen. Denn auch Kurzsichtige ahnen, warum ein abgerissener Typ mit einem solchen Blick unterwegs ist. Der Ort darf nicht zu feucht, zu dreckig, zu laut und, vor allem anderem, nicht einsehbar sein. Landstreicherei ist verboten. Zudem braucht niemand zu wissen, wo man seine Habseligkeiten abstellt. Es ist verdammt wenig, aber das Wenige ist verdammt wichtig.

Nach über zwei Stunden finde ich was. Ich muss mehrmals zum Sprung ansetzen, denn durch die leere Casinostraße kommen plötzlich wieder Leute. Irgendwann bin ich allein, ich werfe den Rucksack auf die andere Seite und schwinge mich über den Zaun. In einen verwilderten Garten, schräg gegenüber den »Bundeskegelbahnen« und einem Geschäft mit »Wohlfühl-Matratzen«. Ich fühle mich neben einer Fichte wohl. Nur einmal muss ich mich klein machen, jemand sperrt das Tor auf, stellt sein Auto ab und verschwindet wieder. Ich luge zum Gartenzaun, Männer und Frauen gehen vorüber, vier von ihnen umschlingen und küssen sich. Ich beobachte sie wie ein Flüchtling, beneide ihre Freiheit.

Sechsundzwanzigster Juni

Die Fichte war der Hüter meines Schlafes, kurz nach halb sechs springe ich auf die Straße zurück, raus aus Koblenz, bald die stille Lahn entlang. Durch die Fenster der Caravans blicke ich auf gedeckte Tische mit großen Kaffeekannen. Irgendwann sehe ich ein Männerpärchen, sie sitzen am Eingang eines Campingplatzes beim Frühstück. Zwei verliebte Schwule, richtige Turteltauben. Da bekannt ist, dass Homosexuelle besser ausgebildet sind, folglich besser verdienen, gehe ich unbekümmerten Herzens auf sie zu und frage, ob sie mir etwas von ihrem Frühstück abtreten könnten. Und der Ältere fragt den Jüngeren: »Kannst du dich lossagen von dem letzten Brötchen?« Und Jost sägt sich los, streicht Butter drauf, legt noch drei Scheiben Salami dazwischen.

Am frühen Vormittag in Bad Ems, ich frage einen Mann nach dem Weg, und er sagt, dass er zu seinem Auto gehe und mich ins Zentrum mitnehmen könne. Natürlich lehne ich ab, gleichzeitig fällt mir auf, dass mir die Deutschen immer sympathischer werden. Die haben glatt Wärme. Viele brauchen Zeit, um sie zuzulassen. Aber sie ist da. Nicht als mediterranes Übersprudeln, eher verhalten und zag. Immerhin.

Im Zentrum finde ich das Café Kessler mit Stühlen und Tischen auf dem Bürgersteig. Da ich im Augenblick nur Gutes von meinen Landsleuten denke, sind sie gut zu mir. Die Chefin lässt einen Obstkuchen und einen Amerikaner servieren. Ach, wenn wir so miteinander umgehen könnten in der Welt. Einer hungert, und der andere, der nicht hungert, tritt ihm was ab. Und irgendwann andersherum, dann gibt der, der einmal beschenkt wurde. Ohne Gehabe, ohne Pose, einfach geben und nehmen.

Dem Café gegenüber steht die »Praxis-Fußcreme«, den unscheinbaren Laden müssen meine Füße entdeckt haben. Eine »Aroma-Therapie« wird angeboten. Wie alles versprechend das klingt. Eine Reflexzonenmassage gäbe es auch. So hinreißend sie sein mag, augenblicklich wäre sie nicht auszuhalten. Auch baden in »Himalaya-Salz« kann der Kunde. Lieber nicht, meine Fußsohlen würden vor Qual ins Koma rutschen.

Drei Kilometer hinter der Stadt zieht ein Mann auf seinem Fahrrad an mir vorbei. Zwanzig Meter weiter treibt ein Bauer seine Kühe über die Straße, wir müssen beide warten. Gedeihliche Wartezeit, wir kommen ins Gespräch. Und setzen es beide zu Fuß fort. Das höchst befriedigende Gefühl in mir, dass ein fremder Wanderer in einem fremden Radfahrer das Bedürfnis zum Reden und Beichten auslöst. Martin erzählt eine ähnliche Geschichte wie Gernot, den ich vor Reims traf. Die Geschichte einer abgestürzten Ehe, die sich irgendwann nur noch von Misstrauen nährte. Martin ließ zuletzt einen Vaterschaftstest durchführen. Um zur Kenntnis nehmen zu müssen, dass ein anderer Mann der Urheber des Sohnes und des lange schwärenden Argwohns war. Beim Abschied verspricht Martin, nie wieder zu heiraten. Selbstverständlich wird er das Versprechen nicht halten. Aber eines Tages wird er an unser Geplauder denken und bereuen, dass er sein Wort gebrochen hat.

Ich nehme solche Geschichten eher verstört zur Kenntnis. Ich ahne wohl den Schmerz, den Martin hinter sich hat. (Wenn er ihn hinter sich hat.) Andererseits tun solche Storys gut. Weil sie von der Antiquiertheit einer Institution berichten, die jede Sehnsucht ruiniert. Gottfried Benn hat erbarmungslos notiert, dass im »warmen, pausenlosen Familienleben subventionierter, durch Steuergesetze vergünstigter Geschlechtsverkehr stattfindet«. Da irrte der Dichter, bei vielen findet überhaupt nichts mehr statt. Das Schlafzimmer als Totenkammer. Dass zwei Liebende so oft versuchen, die Liebe mit einem Regelwerk zu züchtigen, ich habe es bis heute nicht verstanden.

Der Tag wird immer erfreulicher. Nach einer guten Stunde fällt mir ein Mann auf, der zweihundert Meter vor mir geht und immer wieder zu mir zurückblickt. Und sekundenlang wie angewurzelt stehen bleibt. Hat er Angst? Verwechselt er mich? Als wir auf gleicher Höhe sind, fragt der vielleicht 35-Jährige mit kindlicher Stimme: »Wohin gehst du?« Und bedenkenlos antworte ich: »Ich gehe nach Nassau zum Kaffeetrinken.« Und der Kindliche: »Ah, da gehe ich mit.« Werner ist geisteskrank und wunderbar sanft. Er trägt eine Einkaufstüte, auf deren Boden sich ein Portemonnaie befindet. Ich wiege den prallen Beutel in meiner Hand und finde ihn um fünf Euro zu schwer. Ich setze Werner von meiner Einschätzung ins Bild, er wiegt sie ebenfalls und stimmt unverzüglich meinem Befund zu. Mit einem federleichten Lächeln – ich betrachte aufmerksam sein Gesicht – übergibt er mir die fünf Münzen. An der Brücke, die links in die Stadt führt, trennen wir uns. Werner muss zum Supermarkt, ich zeige auf die Dönerbude, nur ein paar Schritte entfernt. Dort will ich auf ihn warten, dort gibt es auch einen Kaffee. Rührig fragt Werner noch, was er mir zum Trinken mitbringen soll. »Eine Flasche Schweppes wäre großartig.« Mit zartem Gesichtsausdruck wendet er sich ab.

Eine Türkin mit großen melancholischen Augen bringt den Kaffee und kostenlos ein stattliches Gebäck. Ich denke an Werner, ich bin mir nicht sicher, ob mein Benehmen gemäß Bürgerlichem Gesetzbuch einwandfrei war. Einem geistig Behinderten Geld abknöpfen, auch mit dessen Zustimmung, ist das sauber? Vor Gericht würde ich »indisch« argumentieren: Ich habe Werner die Gelegenheit geboten, sich als feiner Mensch zu erweisen. Somit seine Chancen auf eine bessere Wiedergeburt drastisch erhöht. Und Werner hat die Gelegenheit meisterlich genutzt.

Ich warte eine Stunde, aber mein neuer Freund kommt nicht zurück. Möglicherweise hat ihm ein Schweinehund die ganze Tüte, die volle Schweppesflasche und die schwere Börse abgenommen.

Weiter der Lahn folgen. Am frühen Nachmittag hole ich eine kleine Frau ein, die mit Wanderstock und einem altmodischen Rucksack unterwegs ist. Wir wandern gemeinsam. Als ich das Alter von Ursula erfahre (danach fragen ist nicht taktvoll, aber etwas irritierte mich, ich wollte wissen, was), wird die Irritation bestätigt. Ursulas Gesicht sieht älter aus, als ihre vierundvierzig Jahre vermuten las-

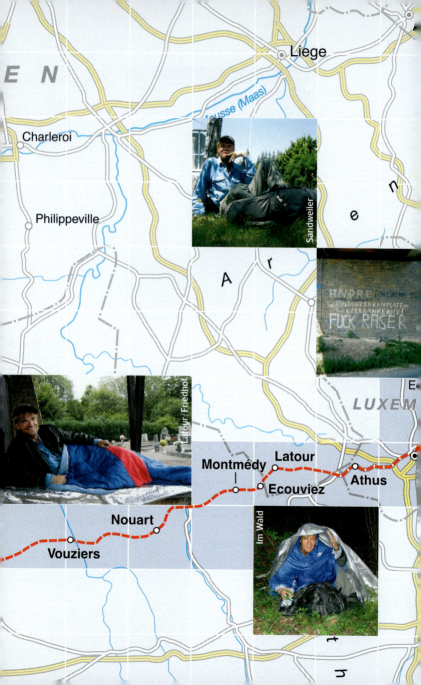

sen. Alles andere, die Stimme, das Gehen, die Bewegungen, vermitteln etwas Jugendliches.

Sie führt ein seltenes Leben, arbeitet halbtags als Heilpädagogin mit behinderten Kindern, marschiert anschließend täglich (!) dreißig Kilometer und kehrt jeden Abend zurück nach Hause. Ohne Bedenken sagt sie, warum. Sie leidet an Osteoporose, das Gehen soll sie stärken, soll das Zerbröseln ihres Skeletts hinauszögern. Als sie davon erzählt, bleibt ihre Stimme wie zuvor, ohne Heldenton, ohne Ergriffenheit. Vor kurzem erst wurde die Diagnose gestellt, und die Aussicht auf Heilung ist gleich null, eventuell etwas über null.

Ich weiß im voraus, was für eine schöne Stunde wir miteinander verbringen werden, als wir den menschenleeren, von dicken Bäumen beschatteten Weg entlanggehen. Wie Dankbarkeit aus mir strömt, wenn mich ein anderer an seinem Leben teilhaben lässt, wenn er kein dummes, eitles Wort aussprechen muss, um von sich zu erzählen. Wenn ich bewundern darf, weil ein anderer mit ganz andcren Lasten umgehen muss. Ursula redet, als wäre die Krankheit ein Segen, als hätte sie jetzt erst das Recht, einen Teil ihres Lebens außerhalb der Städte zu verbringen. Was noch auffällt: Wer neben ihr geht, spürt sogleich, dass er mit einer Spurenleserin unterwegs ist. Sie kennt die Chiffren, Namen, die Zeichen und Töne der Natur.

Abends lese sie. Unvermittelt frage ich, ob sie Wolfgang Büschers *Berlin-Moskau. Eine Reise zu Fuß* kenne. Natürlich, ein großartiges Buch. Klar, eine solche Strecke könne sie nie zurücklegen. Umso mehr habe sie die Lektüre genossen.

Sie redet wie jemand, der allein lebt. Allein sein und das aushalten, wie geht das? Ich mutmaße, dass ein Glauben sie behütet. »Und Gott? Kommt er vor in Ihrem Leben?« Und Ursula: »Gott ist die Liebe.« Das ist normalerweise eine Antwort, um Gottlose zu erschlagen, so aufgeblasen und leer klingt sie. Aber die Wanderin sagt den Satz ruhig, ohne Pfaffenschwulst, wie nebenbei. Und wo wäre dann die Liebe Gottes in ihrer Krankheit? Und Ursula antwortet, wie nur die Stärksten (oder die Schwächlinge) antworten: »Sie wird wohl zu etwas gut sein.« Sie lässt sich nicht provozieren, sie will nichts beweisen, sie bäumt sich nicht auf. Und unternimmt gleichzeitig etwas, um das Verschwinden ihres Körpers hinauszuzögern. An einer Gabelung verabschieden wir uns.

Ich habe keine Ahnung, ob Gott die Liebe ist. Und noch weniger Ahnung, ob der Ruin eines Körpers zu etwas gut sein kann, aber ich war gerade mit einer Frau unterwegs, die eine immense Kraft ausstrahlte. Irgendwas muss sie wissen, an das ich nicht rankomme.

Das wird ein schierer Glückstag. Kurz darauf finde ich ein Handtuch am Weg liegen. Ich konfisziere es umgehend, mein eigenes habe ich längst in Streifen geschnitten, um die Füße zu verbinden. In Obernhof warten weitere Geschenke auf mich. Obst schenkt die erste Frau, und die zweite, die Metzgerin, steckt drei Stück Geräuchertes in eine Tüte, wobei sie den geheimnisvollen Satz spricht: »Nur weil Sie es sind.« (Als wäre ich der berühmte AA, dessen Bücher sie gerade zum dritten Mal ausgelesen hat.)

Vor der Tür wird klar, dass Speck ohne Brot nicht denkbar ist, und so stehe ich vor der Bäckerin, der dritten Frau, die keine Sekunde zögert und einen Brotlaib und zwei Rosinenschnitten einpackt. Ich bin schon beim Abdrehen, als Hilde B. noch wissen will, welches Handwerk ich ausübe. Ich habe ihr nur erzählt, dass ich auf Wanderschaft sei. Ihre Frage erinnert daran, dass früher Handwerksburschen durch die Lande zogen und ihre Dienste anboten. Ich schaffe es nicht, die Wahrheit zu sprechen, nur die tumbsten Grobiane glauben, sie müsse immer ans Licht. So stelle ich mich als jenen Handwerker vor, dessen Loblied ich am lautesten singe. Weil er das Zweitschönste – nach den Büchern – fertigt: Bücherregale. Stolz sage ich: »Ich bin Schreinergeselle.«

Nach dem Satz verlasse ich zügig die Backstube, nicht, dass die Gute noch auf die Idee kommt, um einen Handgriff zu bitten. Schon das Aushändigen eines Hobels an mich könnte zu gewaltigen Mehrkosten führen. Wer mich schätzt, entwaffnet mich. Hilde soll das Märchen glauben, deshalb mit festen Schritt hinfort. Einem unehrenhaften Handwerksburschen riss man einst den Ohrring, das Symbol seiner Ehre, aus dem Ohrläppchen. So wurde aus ihm ein »Schlitzohr«. Das muss nicht sein.

Als wohlhabender Mann nehme ich im Lahn-Café Platz. Fünf knallharte Euro liegen in meiner Hosentasche, der Proviantkorb ist voll. Ich will mir einbilden, dass ich das alles verdiene. Zahle ich doch mit einem geschundenen Leib. Aber jetzt ist jetzt, das heißt: auf einer Terrasse sitzen, Fleisch und Brot essen, eine Tasse Kaffee und zwei Liter Wasser trinken und auf das schöne Deutschland schauen.

Eineinhalb Stunden später beginnt der Bußgang. Der Kaffeehaus-Besitzer meinte noch: »Gehen Sie einfach über den Buckel«, und ich schwanke eine gnadenlose Steigung unter nackter Sonne hoch. Dazu die Wut, weil Wege in verschiedene Richtungen verlaufen und kein Schild und kein Mensch herumstehen, um die Richtung zu weisen. Endlich in einem Waldstück, irgendwann an zwei Arbeitern vorbei, die neben einem Bulldozer und einer Kiste Weinflaschen liegen. Ein Klischee ist ein Klischee ist ein Klischee. Und – schon wieder – sagenhaft wahr. Zwei blaue Russen liegen da.

Es kommt der Zeitpunkt, an dem sich keine zehn Quadratzentimeter trockener Hemdstoff an mir befinden und ich einem gesetzten Ehepaar begegne. Als ich den beiden die Landkarte hinhalte, tropft Schweiß von meinem Kinn auf das Papier. Ich will den

Weg wissen, und der Mann fragt: »Sind Sie motorisiert?« Ich stapfe weiter, auch im Zustand der Auflösung treiben mich die Manifestationen der Begriffsstutzigkeit in den Irrsinn. Hätte er gefragt, wo ich meine Dornenkrone verloren habe, wir hätten Freunde werden können.

Hinter Holzappel der nächste Wutschrei. Weil ich mich wieder über einen Landweg durch den Wald schicken lasse. Schuld haben wir beide, ich selbst und der Schönste aus Holzappel, der mir vor seinem Kosmetiksalon erklärte, ich müsse nur immer »geradeaus gehen«, ich könne nichts verfehlen. Mein Lateinlehrer behauptete, dass sich die Intelligenz eines Menschen schon daran erkennen ließe, wie präzise oder wie schwachsinnig er den Streckenabschnitt von A nach B erkläre. Seit Holzappel glaube ich das. Natürlich geht der Pfad nicht immer geradeaus, er gabelt sich, nach leicht halblinks und leicht halbrechts, geht eigentlich nie gerade. Ich brülle den Wald an, aktiviere meinen Instinkt, gehe zurück, wechsle die Spur, komme tatsächlich ans Ziel. In leicht fiebernder Trance erreiche ich Diez.

Ich rufe die hiesige »Justizvollzugsanstalt« an und will wissen, wann ich einen Bekannten, der dort einsitzt, besuchen kann. Nicht morgen, aber übermorgen wäre es möglich.

Suche nach einem Schlafplatz, alle Klingeln der katholischen Pfarrgemeinde »Herz Jesu« holen niemand an die Tür. Ich warte auf die Dunkelheit, esse bedächtig auf einer öffentlichen Bank meine Vorräte auf. Kurz nach 23 Uhr finde ich an der Rückseite eines großen Kaufhauses den Lieferanteneingang, versteckt, überdacht. Daneben liegt ein Stapel Paletten, ich lege zwei Lattenroste aneinander, mein Bett. Bis Mitternacht kommen drei Autos vorbei. Die Fahrer parken und gehen nur Meter an mir vorbei und sehen mich nicht. Weil sie nicht damit rechnen, dass jemand im dunklen Eck den Atem anhält. Irgendwann kommt eine Ratte. Sie ist das einzige

Wesen, das heute Nacht weiß, wo ich schlafe. Desinteressiert dreht sie um und verschwindet. Vorläufig.

Siebenundzwanzigster Juni

Unruhiger Schlaf, das holzharte Bett, immer wieder das Rascheln der Ratte. Mit verschwitztem Hemd und vergessenen Träumen wache ich auf und blicke auf eine schwarze Katze. Wahrscheinlich habe ich ihr Revier besetzt, die Ratte gehört ihr.

Auf dem Weg ins nahe Limburg komme ich an einem Plakat vorbei, auf dem für »Giorgio«, ein Eau de Toilette für Männer, geworben wird. Automatisch schnuppere ich an meinem Hemdsärmel. Er riecht, aber nicht nach Armani. Gut duften, auch das ist ein Zeichen von Zivilisation.

In Limburg beschließe ich zu übernachten, heute nicht weiter zu marschieren. Das ist gegen den stillschweigenden Vertrag in meinem Kopf. Eben jeden Tag über ein halbes Hunderttausend Schritte abzuspulen. Aber ich will den Zuchthäusler besuchen. Das scheint mir wichtiger, auch für ihn, als versessen auf einem Prinzip zu reiten.

Auf der Suche nach dem Obdachlosenheim betrete ich ein Hotel, um nach dem Weg zu fragen. Eine riskante Entscheidung, denn ich komme am Frühstücksbüfett vorbei, wo Schwaden von Kaffee, von Spiegeleiern, von warmem Schinken und Röstkartoffeln meine Nasenlöcher überfallen. Für den Bruchteil einer Sekunde setzt mein Bewußtsein aus. Ich lerne, dass auch Wohlgeruch schachmatt setzen kann. Mit eisernem Willen verlasse ich das Haus.

Ein paar Ecken weiter finde ich die »Oase der Begegnung«, die drei Wörter stimmen. Für ein paar Cent gibt es kein Büfett, aber

Tee, einen Bienenstich, Mineralwasser. Auf dem schwarzen Brett wird auf verschiedene Veranstaltungen hingewiesen, darunter jeden Dienstag der »Morgenimpuls«. Eine Art *Pep Talk,* um die Antriebsschwachen mit Freude und Hoffnung aufzupeppen.

Gleich daneben steht das Walter-Adlhoch-Haus, das von der Caritas geführte Asyl. Hier demonstrieren sie mehr *caritas,* mehr (wörtlich übersetzt) »hohe Preisung und Verehrung einer Person«. Keiner droht, mich aufs Amt zu schicken, um einen »Berechtigungsschein« einzuholen, keiner stellt lästige Fragen, das Haus ist ganztägig geöffnet. Ich wohne im Zimmer für »Durchwanderer«, oben liegen die Räume der »Festbewohner«. Ein Teil von ihnen hat Arbeit. Lisa, die Hauswirtschafterin, erzählt, dass manche ein paar Monate brauchen, um wieder mit der Welt zurechtzukommen, für andere reicht ein Leben nicht.

Ordnung muss sein, auch hier. Wie in Reims hängt eine Liste mit den Namen der widerborstigsten Randalierer aus, auch sie haben Lokalverbot. Erstaunlich für katholische Zustände: Frauen dürfen Männer besuchen, jedoch nicht übernachten. Der Hauptgrund für die Randale: Viele »Freundinnen« bleiben, heimlich. Da sie ebenfalls gern blau werden, wird die Nachtruhe im Haus eher unruhig. Deshalb die lange Liste mit schwarzen Schafen und schwarzen Böcken.

Mich duschen und in Hochstimmung und ohne Rucksack ins Zentrum. Vor einem kostenlosen Internetzugang der Stadt warte ich zusammen mit Thomas, einem jungen Rollstuhlfahrer, auf den Mann mit dem Schlüssel. Der nicht auftaucht. Dafür erzählt der Siebzehnjährige, dass er mit seiner Behinderung, einer spinalen Lähmung, gut zurechtkomme. Der Ex-Ossi hat »ein viel größeres Problem«, sagt trocken: »Limburg ist uncool.«

Hier zu leben, muss anstrengend sein. Ich sitze friedlich in der Fußgängerzone, fest entschlossen, den Leib zu schonen, als ein gut gekleideter Mann, vielleicht 25, auf mich zukommt und mir den einfachen Satz ins Ohr flüstert: »Weißt du was? Die ganze Stadt ist voller Ausländer.« Ich frage supercool zurück: »Was können wir dagegen tun?« Und Thorsten, mit einem Anflug von Glück im Gesicht, scheint er doch den Richtigen gewählt zu haben, wispert: »Die ganze Stadt mit Koks überschwemmen.«

Nichts einfacher als das. Thorsten holt aus: »Wenn wir Deutschen den Drogenhandel in Limburg an uns reißen, werden die Ausländer wieder verschwinden. Sie versauen das Geschäft, deshalb müssen sie weg.« Da mein neuer Freund sich vor einer halben Stunde eine Linie genehmigt hat, hat er vor einer halben Stunde die Realität verlassen, hält folglich mich, einen Wildfremden, Fußkranken und Unterernährten, für den idealen Geschäftspartner, um gemeinsam das Kokain-Import-Business in Limburg neu zu organisieren. Er würde den Stoff in Frankfurt besorgen, ich solle das Verteilernetz neu aufbauen. Bevor ich allerdings einsteigen könne – Thorstens Blick wird trübe –, müsse ich beweisen, dass ich nicht *undercover* für die hiesige Polizei arbeite.

Dass der Kerl tatsächlich Drogen dealt, wird klar, als unser absurder Dialog mehrmals von anderen jungen Kerlen unterbrochen wird, die mit der einen Hand einen Geldschein hinstrecken und mit der anderen ein winziges Tütchen entgegennehmen. Schnell und diskret, Deutsche und Ausländer. Ich flüstere jetzt auch und lasse den Boss wissen, dass ich mir die Offerte überlegen werde. Morgen zur selben Zeit am selben Platz sei ich wieder erreichbar. Das gefällt Thorsten, er sagt, er wisse genau, was in mir vorginge: Ich sei ein gefragter Typ und bräuchte die vierundzwanzig Stunden, um noch andere Angebote zu sondieren. Ich nicke verschwörerisch, schon entwaffnend seine Menschenkenntnis.

Ich verstecke mich in einer Buchhandlung, will mich erholen. Vom Junkie, von der Hässlichkeit der Stadt, von der Aussicht auf die nächsten zwei Wochen. Bin getrieben von der Sehnsucht nach einer anderen Welt, nach Schönheit, nach Papier, nach der Sinnlichkeit des Denkens und Schweifens. »Wer reist, ist selbst schuld«, steht auf dem Werbeplakat des Diogenes-Verlags. Ich reise und bin tot, und im Laden sehe ich einen Mann, der entspannt und mit elegantem Strohhut auf dem Kopf in einem Fauteuil sitzt und *Geschichten auf Schienen* liest, unendlich fern von Limburg in der Welt unterwegs ist und mit Kopfgeschwindigkeit, rasender als jedes Licht, von Kontinent zu Kontinent beamt. Irgendwann wird er das Buch zuschlagen, versöhnt mit allem, auch mit dem viereckigen Limburg, wird aufstehen und – auf wohligste Weise mitgenommen von der Lektüre – den Nachhauseweg antreten.

Bevor ich am späten Nachmittag zurückkehre, lege ich einen Pump an. Damit ich den Biss nicht verliere. Ein sangloser Pump wird das. Ich stehe vor einer Frau und ihrer Wurstbude. Und gehe mit nichts von dannen. Im selben Augenblick weiß ich, warum. Mein Kostüm fehlt, meine Requisiten, der Rucksack, das schweißgetränkte Büßerhemd, das dampfende Gesicht, die vertrocknete Zunge, ich kann mit absolut nichts imponieren, um das Herz eines anderen zu rühren. Dank der fünf Euro vom zarten Werner erlaube ich mir ein Paar Laugenbrezeln und einen Liter Milch.

Im Obdachlosenheim geht es mir gut, alles proper, im Klo hängt ein Hinweis, der die »Stehen-Pinkler« auffordert, den Ort wie vorgefunden zu verlassen. In meinem Zimmer ist inzwischen ein zweiter Durchwanderer eingetroffen, Willi. Nicht Liebe auf den ersten Blick, aber starkes Wohlwollen wird spürbar. Hier haben sich die zwei Richtigen gefunden. Der eine will unbedingt was loswerden, der andere unbedingt was einsammeln. Wir ziehen in die Küche um, wir sind allein, die Kaffeemaschine läuft, Willi spendiert ein paar selbst gedrehte Zigaretten und eine Story. Manche tragen eine Vergangenheit mit sich herum, die ihnen jede Gegenwart, jede Zukunft raubt.

Willi erwähnt sein Alter, 48. Hätte er 68 gesagt, es hätte mich nicht verwundert. Seit 1991 »macht er Platte«, reist per Zug von Stadt zu Stadt. Er hat den »Flattermann«, die Hände zittern. Asthma jagt ihn auch, er stellt die Spraydose auf den Tisch. Die Atemnot komme vom Schlafen im Freien. Ich frage ihn, ob er glücklich ist. (Ich frage das oft, auch die offensichtlich Unglücklichen. Nicht selten sind die Antworten frappierend.) Willi: »Bin ich nicht. Nicht, seit ich meinen Hund nicht mehr habe.« Dann, nach einer kurzen Pause, als redete er zu sich selbst: »Gute Frage, ich muss jetzt endlich glücklich werden.«

Vorher allerdings wird Willi lernen müssen, ein paar Heimsuchungen zu vergessen. Er war ordentlich verdienender Lastwagenfahrer, das Haus war abbezahlt, die zwei Kinder gingen bereits in die Schule. Er verdiente ordentlich bis zu jenem Tag, an dem er von einem Nachbarn erfuhr, dass sich seine Frau während seiner vielen Abwesenheiten mit anderen Lastwagenfahrern die Zeit vertrieb. An diesem Tag brach für Willi die Welt auseinander. Er ging davon, weg vom Ort des Unglücks, ging immer weiter und begann zu trinken. Inzwischen hält er niemanden mehr aus, kommt nur noch als »Allein-Mensch« über die Runden.

Vor etwa zwei Jahren verbrachte er wieder einmal eine regnerische Nacht in einer einsamen Bushaltestelle. Aufgewacht ist er nach drei Monaten Koma in einem Krankenhaus. Mit einem blinden Auge und einem taub geschlagenen Kiefer. Willi zieht aus seinem Bündel Papiere die Visitenkarte eines »Facharztes für Gesichtschirurgie«, Dr. Viktor B. habe ihm mit Hilfe mehrerer Operationen wieder den

Kopf geflickt. Der Menschenscheue macht den Mund auf und zählt die neun Zähne nach, die ihm geblieben sind.

Barbaren haben ihn im Schlaf halb totgeschlagen, um an sein bisschen Habe zu kommen. Der wertvollste Teil war der Hund. Warum legt er sich nicht einen anderen zu? »Einfach zu gefährlich, wenn man draußen schläft.« Willi hat von anderen Überfällen gehört, bei denen ein Hund geklaut wurde. Zu den Tätern führte nie eine Spur.

In dem Einsamen brennen mehrere Wundherde. Willi sagt, er habe das »Seh-Recht« verloren, er darf seine Kinder nicht mehr treffen. (Er meint das Besuchsrecht.) Die Tätowierung auf seinem linken Unterarm zeigt eine Spinne. Das ist die Schwiegermutter, sie habe seine Frau angestiftet, sie sei die wahre Zerstörerin seines Lebens. Willi lässt mich sein »Bückebuch« (so sagt er) mit Gedichten und Sprüchen durchblättern. Da teilt er aus, da notiert er seine Tagträume, die gewalttätigen, die lüsternen: »Ich hatte einen Traum / ein Bulle hing an einem Baum / Ich hatte viele Träume / Aber leider keine Bäume.« Oder: »Wenn ich deine Nähe spür' / Wenn ich deinen Hals berühr' / Wenn ich deinen Mund zu meinem führ' / Dann erwacht in mir die Gier.«

Die meisten Zeilen schrieb er vor langer Zeit. Heute hat er nicht mehr genug Hass, um Polizisten aufzuhängen, und die Gier hat er inzwischen ebenfalls vergessen. Sie ersoff in Hektolitern von Bier. Zuletzt zeigt Willi eine Art Logbuch, eine Loseblattsammlung. Hier vermerkt er die besten Adressen, die fiesesten Herbergsväter, das reichlichste Essen, die meisten Besoffenen. Willi kennt sich aus, er könnte einen Reiseführer für Tippelbrüder verfassen. Die letzten Blätter sind voll mit Ausdrücken der Straße. »Eine Lampe offen haben« heißt: Die Bullen suchen dich. »Sitzung machen« bedeutet: sitzen und betteln. Und auf den »Kirchenstrich« geht einer, der sich auf Kirchentreppen herumtreibt und die Hand ausstreckt.

Willi und ich gehen früh zu Bett. Natürlich schnarcht Willi. Aber zurückhaltend. Wie alles an ihm. Den hat alle Kraft verlassen, den renoviert keiner mehr.

Achtundzwanzigster Juni

Nach Mitternacht krachen Türen, einer läutet Sturm an der Haustür, jemand rennt in unser Zimmer und fragt atemlos: »Hast du Albert gesehen?« Um 5.40 Uhr Abschied von Willi, der die Nachrichten im Radio hört. »Man will doch nicht ganz verblöden.«

Die vier Kilometer zurück nach Diez und zu früh vor der Justizvollzugsanstalt ankommen. Siebzig Meter davor stehen Schließfächer. So weit weg, damit keiner zu nahe am Gebäude eine Bombe verstaut und das Tor wegsprengt. Hier muss jeder Besucher seinen mitgebrachten Besitz deponieren. Nur zehn Euro sind erlaubt, als »Verzehrgeld«, um mit dem Gefangenen im Besuchsraum Getränke und Snacks zu konsumieren. Alles andere ist untersagt, kein Stück Papier, kein Bleistift, nichts. Könnte ja sein, »dass jemand eine Telefonnummer einschmuggelt, die nicht genehmigt ist«.

Um 9.38 Uhr Einlass, Metalldetektor und strenge Leibesvisitation, dann weitergehen in ein Zimmer mit acht Tischen, einer verglasten Kabine und Legobausteinen für Kinder. Um 9.53 Uhr ist jeder Tisch besetzt, wir warten. Um 10.03 Uhr werden die Gefangenen hereingeführt, Hubertus B. kommt auf mich zu, er kennt mich von Fotos, ich selbst habe ihn nie zuvor gesehen. Das ist ein *Blinddate*, unsere kleine Freundschaft fing über eines meiner Bücher an, das er zufällig in die Hände bekam. Seitdem schreiben wir uns. Erst gestern erfuhr er von meiner Bitte, ihn zu sehen. Ich hatte bewußt meinen Besuch nicht brieflich angekündigt. Um ihm eine Enttäuschung zu ersparen, für den Fall, dass ich es nicht schaffe.

Hubertus ist zweiundfünfzig Jahre alt, gut genährt und Inhaber eines außergewöhnlichen Lebens. Er sitzt zum zweiten Mal. Die ersten fünfzehn Jahre trat er 1982 in Straubing an, wegen Drogenhandels. Er war für schuldig befunden worden, hundertkiloweise libanesisches Haschisch in Deutschland verhökert zu haben. Neben einschlägig begabten Spezis war damals auch Christina von Opel beteiligt, die »Opel-Affäre« machte Schlagzeilen.

Juli 1992 wurde H. B. wegen guter Führung vorzeitig entlassen. Um seinen nächsten Irrtum vorzubereiten. Wieder unter Anteilnahme der Presse. Ab Sommer 1995 arbeitete er als Hehler. Er gehört sicher zu den wenigen Zeitgenossen, die einundzwanzig Millionen Mark auf einem Küchentisch liegen sahen. Brisante Millionen, sie waren das Eigentum des Backpulverkönigs Richard Oetker, dessen Entführer und tatsächlichen Besitzer der Millionen er im Straubinger Knast kennen gelernt hatte: Dieter Zlof.

Einen Besseren als H. B., den viele Jahre rastlos die Welt bereisenden Drogenspediteur, konnte D. Z. nicht finden. Zudem galt Hubertus als der Mann mit den tausend Kontakten. Jetzt sollte er das Geld »verkaufen«. So wurden die vierzig Kilo Papiergeld aus einem Waldloch gebuddelt und – da teilweise angefault und angewurmt – auf besagtem Küchentisch gesäubert. Oder im Kamin verbrannt. Frisch gereinigt blieben 15000 Tausendmarkscheine übrig, sie konnten nun »gewaschen« werden. Erste Zusagen trafen ein, bald lag die erste saubere halbe Million vor. Dunkelmänner in London, eine Bank auf den Cayman-Inseln, die russische Mafia, alle waren behilflich.

Dass das schnelle Leben wie so oft durch die stets gleichen Fehler – Protzen, Gier, Plappern – ein schnelles Ende finden und im nicht ganz so schnellen Gefängnistrott weitergehen würde, war abzusehen. (H. B. war stets verschwiegener Profi, seine Komplizen jedoch, die Amateure, prahlten.) Anfang 1996 wurde Hubertus wieder verhaftet und zu fünf Jahren und zehn Monaten wegen »gewerbsmäßiger Bandenhehlerei« verurteilt. Plus die fünf Jahre, die bei seiner ersten Entlassung als Bewährung ausgesetzt worden waren. Verlässt H. B. im November 2006 seine Zelle, dann hat er knapp einundzwanzig Jahre gesessen. Für einen (dann) 55 – Jährigen ist das eine bemerkenswerte Zahl.

Unser Briefwechsel war bisweilen turbulent. Denn Brieffreund B. langweilte mit der typischen Jeremiade des Unschuldigen, der zu Unrecht sitzt. Nicht, dass er die Taten leugnete, nein, aber er sah sich als Opfer einer rachsüchtigen Welt, die kleine Fische wie ihn einbuchtete, während die Monster unbehelligt ihren monströsen Geschäften nachgingen. Dass das mitunter den Tatsachen entspricht und dass er trotzdem schuldfähig und schuldig ist, das wollte er lange Zeit nicht begreifen.

Offensichtlich lag ihm an einem gedanklichen Austausch mit mir, obwohl ich völlig taub reagierte, wenn er – einmal mehr – von der Bosheit der Gesellschaft zu greinen begann. Er konnte ihr wohl nicht verzeihen, dass sie ihn am Verteilen seiner Rauschgift-päckchen – nicht immer voll mit harmlosem Shit – zu hindern versuchte. Als Reporter, der ein halbes Dutzend Mal über Drogen und Drogenhandel recherchierte, habe ich leibhaftig erlebt, wie andere an dem Gift zugrunde gingen. Da immer eilfertig bedient von Handelsreisenden, die kalt und überlegt nach neuen Märkten Ausschau hielten. Trotzdem, ich wäre zimperlicher gewesen in meiner Wortwahl, hätte nicht eine Freundin ihr einziges Kind in diesem Milieu verloren. Totgewürgt im Drogenwahn.

Will einer Gangster sein, nur zu. Wie so vielen ist mir eine gewisse Bewunderung für Kriminelle nicht fremd. Sie erinnern uns unter anderem daran, dass noch hitzigere Lebensträume existieren, als bei Wüstenrot zu unterschreiben und in einem Wüstenrot-Häuschen die Restzeit abzusitzen. Aber Gangster sein wollen und hinterher – hinter Gittern – den Weinerling aufführen, den das böse Vaterland zur Gangsterei verführt hat, das ist ein starkes Stück.

Irgendwann registrierte ich eine stupende Wandlung. Die Weinerlichkeiten verebbten. Ich könnte nicht sagen, was oder wer dafür verantwortlich war. Vielleicht begriff der jahrelange Rechthaber, dass sich wandeln aufregender ist als stehen bleiben. Auf jeden Fall, H. B.s Suche nach Sündenböcken verlangsamte sich, seine letzten Briefe klangen sehr viel weiser. Er schien nun souverän genug, die (alleinige) Verantwortung für sein Tun und Nichttun auf sich zu nehmen. Er ist eben ein Spätentwickler, will erst als gesetzter Herr erwachsen werden.

Der runde Hubertus, der Knastbruder, sieht gut aus. Kein Zuchthauswrack, kein Erledigter, keiner mit brennenden Rachegedanken. Kommt er raus, dann will er gewappnet sein gegen die Sirenenrufe der Unbelehrbaren, die ihn gern wieder anheuern würden für ihre Raubzüge. Beim nächsten Rendezvous mit der Freiheit will er sie mit Hilfe kreativer Arbeit ertragen lernen. B. schreibt, hat bereits Geschichten und ein Drehbuch verkauft, schreibt gut, der Mann hat bei Gott was zu erzählen. Mit Disziplin will er sich für den dritten Weg entscheiden: nicht für die Gewalt eines stumpfsinnig festgelegten Lebens, nicht für die Gewalt der Gewalttäter, sondern für Sprache, den schöpferischen Umgang mit der Wirklichkeit.

Enttäuschendes Ende um 11.04 Uhr. Ich erfahre, dass von Inhaftierten nichts angenommen werden darf. Völlig ungerührt hätte ich bei Häftling H. B. meinen ersten Pump für heute ausprobiert. Aber der Ex-Reiche hat nichts, die Taschen der Trainingshose sind zugenäht. Aus Sicherheitsgründen. Grinsend nehmen wir Abschied.

Losmarschieren, ein weiter Weg wartet. Ich halte nur an, um Nahrung einzutreiben. Einmal frage ich einen Mann, der vor seinem Haus steht. Knapp 20 Nahrungsmittel zähle ich auf, die ich jetzt gerne essen würde. Knapp 20-mal sagt er nein. Bei der Nachbarin darf ich den Mund halten und bekomme drei Äpfel.

Ab Runkel neben der Lahn wandern. Ein Schild warnt: »Gehen auf eigene Gefahr«. Schwer glaublich, wie man bei so viel harmloser Umgebung an Gefahr denken kann. Kein Windhauch, absolut flach, links eine Wiese, rechts eine Hecke, die jeden Abenteurer davor schützt, im trägen Wasser zu versinken. Vielleicht werden deshalb manche kriminell, weil sie ein nicht zu stillendes Bedürfnis nach sinnlich erlebbarer Gefahr umtreibt. Weil sie den vollkaskomüden Alltag nicht mehr ertragen. Schon witzig: Fast alle Radfahrer, die vorbeikommen, tragen Sturzhelm und Knieschützer. Wie sie sich alle insgeheim eine Herausforderung wünschen und schon vorsorglich die Ausrüstung mitgebracht haben. Um es mit der Herausforderung aufzunehmen. Vergeblich, nichts fordert heraus. Nur das Equipment ist abenteuerlich, die Welt nicht. Wie beim gestern beobachteten Limburger Geck, der seinen Landrover mit Rhinozeros-Bügel über die Hauptstraße steuerte und nie ein Rhinozeros sichtete, nur immer rote Ampeln und Zebrastreifen. Wie radikal wir in der virtuellen Welt angekommen sind, wo uns alle hundert Meter Schilder vor dem Leben warnen. Immerhin hat der »Verschönerungsverein Vilmar« links vom Weg eine Tafel anbringen lassen: »Wanderer, hemme den Schritt und werde das Echo am Felsen …« Ob derlei Worte die Welt verschönern?

Ich muss kämpfen, wieder lande ich im Wald, wieder ist es eine Stunde Umweg, die ich am Ende der Bäume hinter mir habe. Jetzt schwöre ich mir, dass ich den Rest der Strecke strikt entlang der Straße zurücklege. Auch auf die Gefahr hin, dass mich ein Rhinozeros-Bügel umreißt. Das scheint noch immer sinnlicher als ein letztes Ausatmen zwischen totenstillen Tannenzapfen. Auch wenn heftiger Regen vom Himmel fällt. Wie jetzt. Aquaplaning überzieht den Belag. Meine Chancen, unter einem Vierradantrieb zu verschwinden, steigen. Ich komme an einem kleinen Kreuz mit Blumen vorbei. Erinnerung an jemand, der zum falschen Zeitpunkt die Straße betrat. Ich mache ein Kreuzzeichen. Für uns beide.

Doch, die Lebenden sind gut zu mir. Über einen Gartenzaun nehme ich Semmel und Leberkäse in Empfang, einer wirft von seinem Balkon drei Riegel Kinderschokolade, in Weilburg gibt es zwei Nussschnitten, einen Euro und beim Türken einen Kebab-Bomber mit sieben Zutaten. Im vornehmen Restaurant Luzia bekomme ich nichts. Obwohl die Gäste mit staunenden Blicken den hinkenden Wandersmann zum Eingang der Küche begleiten und ihn fragen hören, ob ein paar Reste übrig seien. Das könne keiner sagen, »das weiß nur der Chef«. Der nicht da ist. Ich versuche noch, der Belegschaft Mut zu machen und sie dazu zu überreden, tollkühn und eigenständig zu entscheiden, ob ein Stück Brot, zwei Wurstscheiben oder eine Ecke Käse irgendwo für einen Hungernden herumlägen. Nein, leider nein, leider kein Tollkühner unter dem Personal.

An einer grimmigen Steigung hinaus aus der Stadt ist Zeit, über eine Art Phänomenologie der Freigebigen und der Nichtsofreigebigen nachzudenken. Erstens: der Leichtsinnige. Er schenkt mit Freude und freut sich selbst. Zweitens: der Überzeugungstäter. Er sieht Not und greift ein. Drittens: der Schuldige. Ein schlechtes Gewissen lässt ihn zur Börse greifen. Viertens: der Geizige. Geben würde ein Gefühl von Verlust in ihm auslösen. Fünftens: der Moralische. Er gibt mit Freude nichts, nichts geben heißt, wenigstens eine Ahnung von Recht und Ordnung geltend zu machen. Sechstens: der Religiöse. Geben ist gottgefällig. Siebtens: der Praktische. Er gibt erst, nachdem er Informationen erhalten hat, die Geben rechtfertigen.

Achtens: der Möchtegern-Böse. Er sagt zuerst verbissen nein und strauchelt anschließend. Die Menschenfreundlichkeit holt ihn ein, und der verhinderte Bösewicht rennt dem Bittsteller hinterher, um die guten Gaben abzuliefern.

Der Letzte ist mir der Liebste. Weil er noch mit sich ringt. Er will unverwundbar sein und lässt sich dann doch verwunden. Fazit: Der eine sieht mit dem Herzen, der andere mit dem Hirn. Wenn sie nur sehen, will ich mich nicht beklagen.

Ein paar Kilometer vor Braunfels ist Endstation, schon spät, schon 22 Uhr. Als ich zehn Minuten später leblos im Wald liege, höre ich ein seltsames Bellen. Und das Wetzen von Schritten durch das Laub. Da ich von Tieren auch nichts verstehe, kann ich nur raten, was an mir vorbeiwetzt. Wiesel? Hamster? Schuppentiere? Gar Elfen? Für alle Fälle deponiere ich einen Holzprügel neben dem Schlafsack. Und denke an Michael Holzach, der mit seinem Hund Feldmann unterwegs war. Jetzt wünschte ich mir ebenfalls einen Beschützer. Feldmann konnte alles. Treu rüberblicken, treu zuhören, treu sitzen, treu den Schlaf bewachen, treu neben einem aufwachen.

Neunundzwanzigster Juni

Eine miserable Nacht, das Bellen, die Geräusche, der Körper, der zu müde war, um schlafen zu können. Kurz vor sechs Uhr hinaus in die Nebelschwaden. Später beleuchten die ersten Sonnenstrahlen eine Burg in lichter Höhe. Das sieht gut aus, ich bin den Anblick lang ein Ritter auf dem Weg zum Ritterfräulein.

Um 8.40 Uhr in Wetzlar. Morgens in eine Stadt kommen, ist schlecht, frühmorgens an einem Sonntag ankommen, ist eine Katastrophe. Niemand verlässt das Haus, putzt das Fenster, deckt den Frühstückstisch auf dem Balkon. Alle liegen, wohl behütet hinter dicken Mauern, in ihren Betten. Ich stelle mich einer einsamen Frau in den Weg und will einen Euro. Geht nicht, sie habe nichts dabei. Aber sie gehe doch – das Gebetbuch in ihrer Rechten ist unübersehbar – in die Kirche, da spende sie doch was? »Nee, nur am Anfang des Monats, wenn ich die Rente bekomme.« Das hat sie gut gemacht, die Fromme, richtig schlagfertig. Sie darf weiter.

Ich lungere in der Altstadt und versuche, ahnungslose Passanten abzufangen. Unter einem »Nieder mit Goethe«-Transparent (der Dichter und Charlotte Buff müssen hier in der Gegend einst heimlich Händchen gehalten haben) nehme ich einem Pärchen eineinhalb Semmeln ab. In einer Bäckerei macht eine vorlaute Hausfrau den Fehler, den heutigen Geburtstag ihres Mannes zu erwähnen. Ich lade mich umgehend ein und frage, ob nicht zwei »Ferienlandbrötchen« ein angemessenes Geschenk für mich wären, um so gestärkt den Gatten dreimal hochleben zu lassen. Aber ja, durchaus angemessen. Irgendwann wacht ein Café auf, ich kann den Kaffee bezahlen, als Zugabe landet ein Käsekuchen auf meinem Teller.

Eine Katze schleicht herum und schmiegt sich an meine linke Wade, lässt sich streicheln. Eine hübsche Frau nimmt zwei Tische weiter Platz, ihr Parfum weht herüber. Warum kann ich nicht einfach rübergehen und sie streicheln? Aus verschiedenen Gründen nicht, der offensichtlichste: Ein Mann setzt sich zu ihr, und man weiß sofort, dass er der zuständige Streichler ist.

Fünf gemeine Stunden liegen noch vor mir. Nur unterbrochen von Momenten, in denen ich die Bettelleier schlage. Nicht sehr begabt. Ein Brötchen fällt einmal ab, und bei der »Landsmannschaft Dazmastatia«, die um volle Schüsseln sitzt, fällt gar nichts ab, nur der aufmunternde Satz: »Von Ihrer Sorte gibt es schon genug.«

Noch vor fünfzehn Uhr erreiche ich den Bahnhof von Gießen. Ich leihe mir ein Telefonbuch aus, um eine karitative Organisation zu finden. Ich notiere alle: die »Anonymen Esssüchtigen« (ich bin absolut versessen nach Essbarem), »Frauen und Kinder in Not« (»Männer in Not« gibt es nicht), das »Rosa Telefon« (wenn man schwul sein muss, um an ein Bett zu kommen, dann bin ich heute schwul), die »Stotterer-Hilfsgruppe« (würde jemand am Telefon antworten, ich würde stotternd um Hilfe bitten), Malteser Hilfswerk, Diakonisches Werk, die Arbeiterwohlfahrt. Kein Büro ist besetzt, nur Klingeln oder blecherne Anrufbeantworter, nicht eine menschliche Stimme redet mit mir. Sonntage sind grausam. Doch, bei der Caritas ist jemand am Leben. Der Mensch muss allerdings dem nächsten Irrenhaus entlaufen sein, denn als ich frage, wo ich heute Nacht schlafen könne, antwortet er: »Bitte rufen Sie diesbezüglich morgen früh wieder an.« Ich bin zu ramponiert, um schreiend einmal um den Bahnhof rennen zu können.

Ich hadere mit mir. Soll ich die Hälfte meines Budgets opfern und einen Euro für ein Schließfach zahlen? Dann wäre ich zwar meinen tausend Kilo plumpen Rucksack los, zugleich aber auch den stärksten Beweis meines Lebens als Wandersmann und Bettler. Wieder verliert die Seite in mir, die ein leichtes Leben befürwortet, als Lasttier trabe ich die Bahnhofsstraße hinunter. Sicher die hässlichste Mitteleuropas.

Aber sie bietet einiges. Auf einem Plakat wird der neue Film der Wachowski-Brüder angekündigt: *Matrix – Reloaded*. Besser klänge: Altmann – reloaded, ich wackle nur noch. Witzigerweise wackelt ein anderer auf mich zu. Sekunden später werde ich wissen, dass Hans-Friedrich vor mir steht. Eher verschämt fragt er: »Haste nicht ein bisschen Kleingeld?« Noch witziger, denn zum ersten Mal werde ich selbst angepumpt. Dass einer auf die Idee kommt, bei mir Geld zu vermuten, lässt den Rückschluss zu, dass der Fragesteller nicht mehr gänzlich auf der Höhe seiner fünf Sinne ist. Wie wahr. Hans-Friedrich drückt Koks, trägt ein paar der bedenklicheren Hautkrankheiten mit sich herum, kann schon mit tiefsten Spuren der Verwüstung aufwarten. Er besitzt das, was sie in Amerika den »Aids touch« nennen. Selbst wenn er die Krankheit nicht hat, hat er die Oberfläche eines Aidskranken. Der 47-Jährige zeigt ein Papier, das bestätigt, dass er zu »hundert Prozent behindert, suchtkrank und Psychotiker« ist. Er gilt offiziell, er sagt das ganz unaufgeregt, als »hoffnungsloser Fall«. Ihn rettet nichts mehr in ein anderes Leben. Vom Sozialamt bekommt er monatlich 270 Euro, eine Bude in einer Pension wird auch bezahlt. So tyrannisiert ihn nur eine Sorge: 30 Euro für das halbe Gramm Kokain und 50 Cent für eine saubere Spritze aufzutreiben, um mit zwei Schüssen über den Tag zu kommen.

Warum ist er abgestürzt? Ach, die siebziger Jahre, Hendrix, Morrison, Joplin, irgendwie wollte er sein wie sie. Irgendwie ist er heute, wie sie waren. Nur das Talent, das hat er noch immer nicht. Unser Gespräch strengt ihn an, fünfzig Prozent meines Vermögens hat der Rauschsüchtige bereits im Brustbeutel verstaut. Jetzt muss er weiter, noch fehlt ein Drittel der notwendigen Summe.

Über die Gießener Bahnhofsstraße kann ich nur Gutes berichten. Sogar Jesus sucht nach mir. Ich spreche einen Daddy mit eierlikörgelber Sonntagsjacke an. Bei ihm will ich den abgetretenen Euro wieder reinholen. Und Herr T. reagiert sensationell, er fragt tatsächlich: »Glauben Sie an Jesus?« An seinem Tonfall lässt sich erkennen, dass ein Jesusgläubiger augenblicklich die besseren Karten hat. Unbeirrbar sage ich: »Ja, ich glaube.«

So sei es. Herr T. bittet mich, ihm laut nachzubeten. Und Herrn T.s Wille geschehe. Auf der Bahnhofsstraße von Gießen, schweißgebadet, zweistimmig und mit geschlossenen Augen loben wir den

Herrn: »Jesus, der für uns Blut geschwitzt hat, Jesus, der für uns gegeißelt worden ist, Jesus, der für uns das Kreuz getragen hat, Jesus, der für uns gekreuzigt worden ist, Jesus, der für uns von den Toten auferstanden ist.« Ich blinzle und sehe, dass T. ebenfalls blinzelt. Sicher, um mich zu kontrollieren. Ich bestehe, denn am Ende der fünf Zeilen tut sich himmlischer Lohn auf. Mein Vorbeter greift in die eierlikörgelbe Sakkotasche und steckt mir zwei messingblitzende Münzen zu. Ergriffen falte ich ein letztes Mal die Hände.

Zurück zum Bahnhof, wieder anrufen, jetzt meldet sich jemand bei der Arbeiterwohlfahrt. Ja, das Haus ist offen, kommen Sie! Ich komme langsam, die armen Schlucker leben weit draußen. Doch der Weg lohnt sich. Eine saubere Anlage steht da, mit einem freundlichen Pförtner, der mich als »ofw«, ohne festen Wohnsitz, einträgt und mir, obwohl zu spät, eine Tüte mit Brot, Butter, Schinken, Käse und Gurken aushändigt. Dazu einen Liter Apfelsaft.

Die Statuten sind klar und erfreulich. Wer länger als vier Tage bleibt, muss sich auf Tuberkulose untersuchen lassen. Um »Respekt und einen höflichen Umgangston« wird gebeten. Auch ist das Mitbringen von Waffen und Tieren untersagt. Von Frauen auch. Alkoholgenuss ist erlaubt, aber »im Übermaß« verboten.

Ordentlicher Schlafsaal mit fünf Betten, vier bereits besetzt. Daneben für jeden ein Spind. Aber nicht heute, denn Detlef hat zwei belegt. Er lässt nicht mit sich reden. Er kennt sich aus mit der Wirklichkeit, er sagt: »Wer zuerst kommt, mahlt zuerst.« Da der Mund des 60-Jährigen gewaltig nach Feuerwasser riecht, verzichte ich auf eine Diskussion und ziehe mit meinem Rucksack von der Toilette über das Waschbecken zur Dusche.

Einen Unfall dürfte ich mir – hygienisch betrachtet – nicht leisten. Wer hat als Kind nicht den Terror der Erwachsenen mitanhören müssen, wenn man das Haus verließ: »Hast du frische Wäsche an, hast du geduscht?« Für den Fall, man käme unter die Räder und würde anschließend im Krankenhaus wieder aufwachen. Nicht auszudenken die Familienschande, wenn nicht alles blitzsauber wäre. Ich sehe an mir hinunter, und nicht alles blitzt. Am beunruhigsten die Verfärbung der Füße. Noch nach dem Schrubben schimmern sie bläulich. Fände man sie im Himalaja, dächte man sofort, sie wären erfroren. Ganz falsch. Heute, am 29. Juni, einem Sommertag in Europa, sind sie nur knapp dem Hitzetod entgangen.

Als ich an mein Bett zurückkehre, schwingt Detlef gerade eine Rede über die Gemeinheit der Frauen. Wie so viele Zukurzgekommene weiß er seit Jahrzehnten, dass immer ein anderer die Verantwortung für sein schief gegangenes Leben trägt. Detlef, der Ex-Monteur, flog vor kurzem aus der Wohnung seiner »Verlobten«. Ich kenne die Frau nicht, aber ich nehme an, sie hatte Gründe.

Im TV-Zimmer wird geschossen. Drei Meter vom Schusswechsel entfernt sitzt ein Dutzend Männer. Wie Palisaden um eine Wagenburg, so stehen die Bierdosen vor jedem auf dem Tisch. Wer kommt oder wegschlurft, immer trägt er eine Dose mit sich herum. Sie scheint ihn zu behüten. Wie der Tropf einen Kranken. Einmal geht am Fenster ein Mädchen vorbei, und einer der Maulhelden schnorchelt: »Da spaziert mein Abendessen.« Sie wiehern vor Vergnügen.

Ich lege mich ins Bett. Neben mir liegt Jerry, ein Schwarzer, Amerikaner, sechsunddreißig, vormals Soldat bei den Marines. Vor drei Monaten lief sein Vertrag aus, wegen »too much stress« hat er nicht mehr verlängert. Jetzt will er zurück in die Staaten. Der Rückflug verzögert sich, weil er das Kind mitnehmen will, das er mit einer deutschen Frau gezeugt hat. Leider ist die Mutter samt Sohn verschwunden. Sagt Jerry. Jetzt befassen sich Detektive und Gerichte mit dem Fall. Er muss warten und sich gedulden.

Mit wirrem Kopf versuche ich einzuschlafen. Er ist voller Untergangsgeschichten. Normale Gespräche über das normale Leben finden hier nicht statt. Schlaflos in Gießen. Zudem riecht es, wie es in allen Obdachlosenasylen riecht: nach zweimal jährlich gewaschenen Unterhosen. Und die vier Männer schnarchen, nur die Lautstärke unterscheidet sie. Das allein wäre ein Grund, sie aus der Wohnung zu befördern. Schnarcher sind Triebtäter, noch immer weiß die Menschheit kein Mittel, um diese barbarische Folter abzustellen.

Dreißigster Juni

Das Schnalzen sich öffnender Bierdosen weckt mich. Ich schaue auf die Uhr, 5.15 Uhr, offensichtlich der rechte Zeitpunkt für die Morgenmedizin.

Ein vorzügliches Frühstück gibt es, in der Küche hantiert eine gute Seele, fix verteilt sie Semmeln, Käse, Wurst, Butter, Eier und Kaffee. Und die Schnapsdrosseln mit ihren roten Nasen und roten Händen stellen sich brav an. Keine Riege *Chippendales*-Götter fasst hier Essen, dafür sechzehn Männer, die den Höhepunkt ihres Lebens schon längere Zeit hinter sich haben. Das Radio läuft, die Nachrichten berichten von einem motorisierten Trunksüchtigen, der zwei Fußgänger umgenietet hat. Dazu die Wetteraussichten, heiß, schwül, gewittrig. Aus Wut esse ich drei Frühstücke.

Raus aus Gießen, wieder auf die B 49. Nach knapp zwei Stunden ist es so weit. Ein Lieferwagen kommt beim Überholen mit seinem Seitenspiegel so nahe an mich heran, dass noch Millimeter fehlen, um mir die rechte Schädelhälfte vom Rumpf zu reißen. Da er von hinten kam, hatte ich nicht die geringste Chance zu reagieren. Ich gehe runter von der Straße, gehe entlang eines Weizenfeldes.

Schwieriger Tritt, die nachgiebige, noch taufeuchte Erde. Braust der Verkehr heute noch irrer? Oder bin ich inzwischen nur feinnerviger, verwundbarer geworden? Woody Allen fragte einmal: »Wenn sich das Universum unaufhörlich ausdehnt, warum bekomme ich dann nie einen Parkplatz?« So traue ich mich auch zu fragen: Warum ist nicht genug Platz für einen Mann, ganz dünn, ganz links auf einer Bundesstraße?

Ich gestehe, ich habe noch immer nicht aufgehört, darüber nachzudenken, worin das Sinnliche, das »Geile« eines Raserlebens liegen könnte. Wenn es mich schon erwischt, will ich zumindest etwas vom Psychogramm meines Henkers verstanden haben. Oder ist alles ganz anders? Eben nicht geil? Ist Autofahren so megadämlich, dass der Raser diese Tätigkeit – wie jede schwachsinnige Beschäftigung – mit Höchstgeschwindigkeit hinter sich zu bringen versucht? Oder warten haarsträubende Abenteuer am Ziel auf ihn? Oder nicht? Wartet am Ende der Fahrt nur wieder das gleiche fade Leben, das er schon vor dem Einsteigen aushalten musste?

Als ich zum Asphalt zurückkehre, weil das Gestrüpp zu undurchdringlich wird, kommt es zum Eklat. Wieder prescht eine kranke Seele so dicht auf mich zu, dass ich von der grausigen Angst erfasst werde, die Stoßstange könnte mir beide Kniescheiben zerschmettern. Wäre ich einen fingerbreit weiter rechts gegangen, ich läge jetzt als knieloser Torso im nahen Kartoffelacker. Natürlich kapiert mein Kopf sofort, dass kein Knie fehlt, aber die Angst jagt weiter durch meinen Bauch. Wie Dutzende Male zuvor schaue ich mit mordsüchtiger Wut dem Raser hinterher.

Aber jetzt ist alles anders. In hundertfünfzig Meter Entfernung steht eine provisorische Ampel, Arbeiter teeren die eine Hälfte der Straße. Die Ampel springt auf Rot, der Raser muss stoppen. Ich starte, kein Schmerz in meinen Füßen, kein Gewicht auf meinem Rücken, wie von Zornesflügeln getragen, sprinte ich los und schreie schon auf den letzten Metern: »Sag mal, Vollgasbimbo, wie kommst du dazu, mein Leben zu riskieren?« Als wir uns durch das offene Fenster in die Augen schauen, weiß ich, dass er weiß, dass ich inzwischen in Drachenblut gebadet habe und dass mich die überstandene Lebensgefahr in eine Trance versetzt hat, die sich von nichts mehr belehren lässt. Der Mann, unscheinbar, um die vierzig, Allerweltsgesicht, erkennt mich natürlich, ich bin der Einzige weit und breit, der hier mit einem Rucksack unterwegs ist. Der Mann tut das Richtige, er antwortet nicht. Es gibt keine Antwort, um sein Tun zu rechtfertigen. Auch würde ich jede Ausrede als Beleidigung empfinden. Was seinen Totschlagversuch noch abstruser erscheinen lässt, ist ja die Tatsache, dass er hier warten muss, er nichts, absolut nichts an Zeit gewonnen hat. Er tut ein zweites Mal das Richtige, er verriegelt Tür und Fenster. Doch, eine Antwort hätte es gegeben: eine aufrichtige Entschuldigung. Aber sie kommt nicht. Mein Terminator-Gen liegt folglich noch immer blank. Ich schaue auf die Ampel, weiter auf Rot, ich mache einen Schritt zum Kotflügel, stelle mich davor und trete mit voller Wucht in das Blech. Ich bin viel zu besoffen von der Lust auf Vergeltung, um auf die Automarke zu achten. Blech eben, irgendein mörderisches Blech. Der Tritt tut unendlich gut. Der Blechbesitzer handelt ein letztes Mal besonnen, er bleibt in seiner Festung, er weiß, dass Widerstand zwecklos ist. Käme er heraus, eine Bluttat würde stattfinden. Ich trete ein zweites Mal hinein, er soll gleich mitzahlen für die anderen Hornochsen. Der Tritt bringt mich zur Besinnung, ich fühle mich schlagartig gelöst. Die Delle sieht jetzt noch besser aus, das sollte reichen. Die Ampel springt auf Grün, ich gehe zur Seite, er fährt an, wir sind quitt.

Hundert Meter weiter setze ich mich in den Wald, der Schock holt mich ein. Zwei Schocks. Einer, weil ich irgendwie tot sein könnte, einer, weil ich gewalttätig war. Ich rauche. Ich sitze lange, bevor ich mich in die Zivilisation zurücktraue.

Vor Mittag erreiche ich Grünberg, am Eingang der Stadt ist zu lesen, dass sie Partner von Condom (sic!) ist, einem französischen Städtchen. Man erfährt auch, dass es sich hier um einen Luftkurort handelt. Sofort erkennbar an der abgasblauen Luft, die den Besucher die Hauptstraße entlang durch den Ort begleitet. Ansonsten ist Grünberg ein kleiner Traum.

Ich sehe die Sparkasse. Bert Brecht meinte, ergiebiger wäre, eine Bank zu gründen, als sie zu überfallen. Ich kann beides nicht, ich will bei einer Bank betteln. Ich betrete die Schalterhalle und nähere mich einer Angestellten:

- Guten Morgen, kann ich bitte mit dem Leiter der Filiale sprechen?
- Um was geht es?
- Um Geld.
- ??
- Um ehrlich zu sein, um beunruhigend wenig Geld.
- Bitte gehen Sie in den ersten Stock, Zimmer 14, dort arbeitet die Sekretärin des Vorstands.

Ich finde das Zimmer 14, wo ein ähnlicher Dialog stattfindet. Wobei zu bemerken ist, dass der Ausdruck »beunruhigend wenig Geld« eine gewisse Irritation bei beiden Damen auslöst. Da sie noch nicht wissen, dass ich schnorren will, scheint ihr Gesichtsausdruck zu signalisieren, dass »wenig Geld« wenig Enthusiasmus bei den Bossen des Unternehmens hervorrufen wird. Trotzdem, man bleibt freundlich, kein gereizter Unterton, man bittet mich, im Gang Platz zu nehmen.

Ich warte keine drei Minuten, und ein ausgesprochen gut ge-kleideter Herr, ein Herr vom Vorstand, stellt sich als Stephan R. vor. Mein deplorabler Zustand fällt uns wohl beiden auf. Die speckige Hose, das mufflige Hemd, die klobigen Stiefel und – im Abstand von keinem Meter – der dunkelblaue Dreiteiler, die funkelnden Schuhe, die mustergültige Krawatte. Wie immer mag ich Männer mit Geschmack.

Ohne die geringste Herablassung fragt mich der vielleicht 33-Jährige, was er für mich tun könne. Ich erzähle ihm von der Wanderschaft und der spontanen Idee, bei der Sparkasse Grünberg meine leider notorisch leere Reisekasse aufzufrischen. Worauf Herr R. mit klarer Stimme antwortet: »Ich glaube nicht, dass die Bank diese schöne Sache unterstützen wird.« Nicht ein Hauch Ironie liegt in den beiden Worten »schöne Sache«, sie scheint ihm tatsächlich zu imponieren. Als Mensch. Als Bankmensch nicht. Wie soll ein ominöser Wanderer zur höheren Wertschöpfung des Hauses beitragen?

Nach einer kurzen Pause, in der ich so gut wie mein Gegenüber verstehe, dass man sich distinguiertere Werbeträger als mich vor-stellen kann, weise ich darauf hin, dass ich bereit sei, auch Privat-gelder von den Beschäftigten der Bank anzunehmen. Das hilft tatsächlich, R. seufzt erleichtert, wir gehen hinunter, ich sehe ihn diskret einen Zehn-Euro-Schein aus seinem Portemonnaie holen und an der Kasse wechseln. Mit der feierlichen Übergabe von zwei Euro werde ich entlassen.

Ich bin keineswegs enttäuscht. Eine der Dividenden des langen Wanderns ist die Wiederentdeckung der Freude über das geringste Geschenk. Und zwei Euro sind nicht gering, sie bedeuten zweimal Aroma, zweimal Entspannung, zweimal Zeitung lesen, bedeuten die Aussicht auf Zeitgenossen, die zum Kaffee ein weiteres Geschenk legen. Ach ja, der Banker hat mir noch einen Stadtplan in die Hand gedrückt. Ich verbiete mir den Gedanken, dass er das lediglich in der Absicht tat, mich zügiger aus Grünberg verschwinden zu sehen.

Nach einem Zwischenaufenthalt im Schlosscafé, wo die Chefin zum heißen Getränk eine Erdbeertorte unter einem Schlagsahneberg spendiert (wie doch ein Sparkassen-Euro umgehend Mehrwert einspielt!), verlasse ich den freundlichen Luftkurort. Nicht ohne Heidi, der Bedienung, ein Trinkgeld dazulassen. Das muss sein. Wem gegeben wird, der muss geben. Glenn Close sagte einmal, dass keiner mehr Glück verlangen darf, als er selbst erzeugt. Ein guter, ein schöner, ein wahrer Satz.

Hinter Grünberg verlaufe ich mich, strande auf einer Nebenstraße. Ich gehe trotzdem weiter, hier bin ich sicherer. Auf der Bank einer Bushaltestelle in Sellnrod – hier hält der »Vogelberger Vulkan-Express« – schlafe ich ein. Als ich aufwache, stehen fünf Kinder um mich herum und schauen mich stumm an. So könnte ein Märchen beginnen. Wäre ich der Fremde aus einem fernen Land, der nun den fünfen eine Geschichte erzählt. Aber ich muss weiter, bin selbst Geschichtensammler.

In Wohnfeld treffe ich Philemon und Baucis, der Alte ruft sein altes Weib, damit sie mich bewirte. Und Emmy legt zwei Bauernwürste mit Kartoffelsalat auf den Teller, dazu gibt's ein großes Glas selbst gebrauten »Gesundheitssaft«. Ein gläubiges Weib kümmert sich da um mich, es zwitschert: »Einen fröhlichen Spender hat Gott lieb.« Und ein humorvolles, Emmy weiß, dass sie gut ist, und spricht darüber: »Glück gehabt, junger Mann, heute haben Sie eine prima Frau erwischt.« Dass ein Porsche im Hof steht, bedeutet keinen

Widerspruch. Die beiden haben eben beides, Sinn für Form und Sinn für Empathie.

Ich kann jede Stärkung brauchen, die schwüle Hitze drückt, der Weg ist kurvig und hügelig. Und schön und langweilig. Felder, Wiesen, Wälder. Am Spätnachmittag regnet es. In Ulrichstein suche ich ein Café, verregnet wird ein trostloser Ort zum trostlosesten. Das dritte Wirtshaus hat offen, ich darf hinein. Still sitzen und den ans Fenster prasselnden Tropfen zuhören, über die nächste Zukunft sinnieren und vier Männer beobachten, die am Tresen hängen und alle paar Minuten aufwachen und ein Bier hinuntergurgeln. Ich denke wieder an mein Café in Paris, wo ich bisweilen in Versuchung gerate, auf einen der Toten zuzugehen und ihm einen Deal vorzuschlagen: mir einen Teil seiner restlichen Lebenszeit zu verkaufen. Ich brauche keine neue Niere, kein frisches Herz, keine andere Leber, alles funktioniert laut Hausarzt einwandfrei. Nur 100 Jahre fehlen mir, wenn ich mir alle Sehnsüchte vergegenwärtige, die mich noch plagen. Warum nicht ein Jahrzehnt jemandem abkaufen, der schon gestorben ist, bevor er offiziell begraben wird? Ist doch egal, ob er 120 Monate weniger stiert und säuft. Ich gebe dem Säufling einen Batzen Geld (fürs Bier), und er tritt mir das Kostbarste ab, von dem er nie auf die Idee käme, es für kostbar zu halten: Zeit.

Weiter nach Helpershain. Hier würde ich gern übernachten, aber sieben Helpershainer schicken mich wieder weg. Bei vier kläffen die Hunde wie von Sinnen, als sie den ersten Nicht-Helpershainer im neuen Jahrtausend sehen. Außerhalb des Dorfes finde ich eine diskrete Lichtung, ich schlage mein Lager auf. Als ich mich hinlege, beginnt der Regen von neuem, ich packe wieder ein. Zwei Kilometer weiter versteckt sich rechts ein Jägerstand am Waldrand, auch den probiere ich aus, obwohl geschrieben steht: »Jägerliche Einrichtung – Benutzung verboten.« Mit der Liegefläche von einem Quadratmeter käme ich zurecht, aber in Schießhöhe ist er an allen vier Seiten offen. Bei Morgengrauen läge ich unter Wasser.

In Meiches bin ich am Ziel. Eine offene Scheune mit Stroh und Dach, ein Traumhaus. Hundert Meter dahinter sehe ich den Bauern vor einer Garage stehen, ich komme näher, will ihn um Erlaubnis bitten. Davon will der Bauer offensichtlich nichts wissen, er lässt den Rollladen runter, verschwindet dahinter. Keine schlechte Idee, ich nutze die Zeit und renne zurück zur Scheune. So denkt der Unbedarfte, ich sei verschwunden. Das funktioniert. Als ich durch einen Spalt in der Bretterwand zurückschaue, kommt der Bauer wieder zum Vorschein, blickt zufrieden in die Gegend und verschwindet.

Unentbehrliche Scheune, mit dem stärker werdenden Regen kommt der Wind. Es wird kalt, ich häufe Stroh auf, schaffe einen Wall gegen die Windstöße, lege den Rucksack obendrauf. Zwei Spatzen verirren sich auf meine Stiefel. Ein Hund bellt, Schüsse fallen, alles in keinem Zusammenhang mit meinem Versteck. Trotzdem, derlei Geräusche fördern nicht den Schlaf. Später höre ich es tropfen, das Dach leckt. Aber mein Eck bleibt trocken, die Kühle hält Mücken und Fliegen fern. Irgendwann wird klar, dass nichts fehlt.

Erster Juli

Um fünf Uhr morgens weiß ich, warum ich nachts unheimliche Schritte hörte. Pferde grasen in der Nähe. Wieder wache ich schweißgebadet auf. Dafür ein schöner Morgen, jetzt trocken, unter einem pastellgelben Himmel schleiche ich davon.

Durch Storndorf, durch Ober-Sorg, durch Renzendorf bis Eifa. Um 6.30 Uhr gibt es Frühstück mit Wasser und Brot, später kommen von links oder rechts, je nachdem, wo ich die Hand ausstrecke, Brotscheiben, Wurstscheiben, Käsescheiben dazu. Plus zweihundert Cent und das Versprechen, dass hinter dem nächsten Eck ein Café liegt. Es liegt da, aber geschlossen. Nach den nächsten dreihundert Ecken, acht Kilometer später, wird wieder eines daliegen, diesmal offen. Bevor ich die Oase erreiche, erreiche ich Ernst.

Ernst trägt die rote Hose eines Straßenarbeiters und kehrt die Straße, die mitten durch ein langes Waldstück führt. Ich bin überzeugt, dass in keinem anderen Land der Erde ein solcher Anblick möglich wäre: Ein Mann putzt eine Straße. Ernst und ich plaudern. Aber erst, nachdem die letzten Stäubchen gefegt sind. Der Arbeiter und sein Kollege (er schwitzt weiter vorne) sind auf diesem Streckenabschnitt für so manches verantwortlich, die wichtigste Verantwortung liegt darin, das exakte »Lichtraumprofil« zu garantieren. Das heißt, Sträucher und Äste müssen eineinhalb Meter vor dem Straßenrand aufhören, auf beiden Seiten. Ebenso muss nach oben hin, viereinhalb Meter hoch, der Raum astfrei sein. Was immer nachwächst, links oder rechts oder oben, wird von Ernst und Gregor weggeschnitten. Warum das Ganze? Darauf Ernst mit gesenkter Stimme: »Stellen Sie sich vor, ein Sattelschlepper mit einer Ladung fabrikneuer Mercedes-Karossen fährt hier durch, und die Zweige streifen die Wagen.« Wir beide wollen uns das nicht vorstellen, ein Kratzer an einem brandneuen Auto aus Deutschland, das ist ein Gedanke, der keinem gut tut. Bemerkenswert jedoch die Nachricht, dass Autos hierzulande sogar die Lufthoheit innehaben.

Ernst ist neugierig, fragt selbst, will wissen, warum ich mich hier herumtreibe. Mein Treiben gefällt ihm, zu Fuß und ohne Geld von Paris nach Berlin? Respekt. Er meint: »Wenn jetzt ein Journalist hier wäre, dann kämen Sie in die Zeitung.« Das hat Witz, ich antworte: »Dann könnte ich mir endlich einen Mercedes leisten.« Und Ernst, noch witziger: »Aber ohne Kratzer.« Über den Abschied mit Gelächter vergesse ich Ernst anzupumpen, er hätte sicher was springen lassen.

Das wird ein beschwingter Tag. Sogar die »Kraftfahrer« sind gut zu mir, scheinen weniger getrieben, weichen aus, gehen sorgsam mit ihrer Kraft und der Kraftlosigkeit des Fußgängers um. Im Radio spielen sie Lou Reeds *A perfect day*, der perfekte Tag mit seiner Freundin im Zoo und nach dem Zoo zu Hause. Das Lied und die Erinnerung an den heiteren Ernst und die freundlichen Emmys und Maikes und Elisabeths, die immer zur rechten Zeit da sind und nicht aufhören, den Fremden zu nähren, manövrierten mich in einen Zustand, den der amerikanische Wissenschaftler Mihaly Csikszentmihalyi *the flow* nannte. Und Benny Goodman *the swing*: fließen, swingen, für Stunden nur ja sagen und die Leichtigkeit des Lebens ertragen.

Um halb eins in Grebenau, hier liegt das lang versprochene Café. Als ich es betrete, kommt ein Schornsteinfeger heraus. Seit meinen Kindertagen habe ich keinen mehr gesehen. Ergriffen schüttle ich seine schwarze Hand und bitte um Glück. Meister Hamel verspricht es.

Ein Mann, ein Wort, ein Glück. Beim Kaffeetrinken erfahre ich die Adresse von Pastor Kretschmer, er soll für mein Mittagessen verantwortlich sein. Eine halbe Stunde später stehe ich vor dessen Haustür, läute und bitte standesgemäß um eine milde Gabe. Der Pastor – mittleres Alter, sympathisches Aussehen – sagt gleich, dass seine Frau nicht hier sei. Den Satz kann man wunderbar missverstehen, aber ich verstehe ihn, wie er gemeint ist. Auch nicht als Ausrede, eher hilflos, so als wüsste Herr K. nicht recht, wie sich allein in der Küche zurechtfinden. Von Thierry, dem Weinsäufer in

Reims, habe ich die Weisheit, dass man solche Reden »aussitzen«, auf keinen Fall »o.k., ich verstehe« murmeln und weiterziehen soll. Nein, ruhig und gefasst als Bittsteller am selben Fleck verharren und deutlich signalisieren, dass man – mit oder ohne Frau – eine Spende erwartet.

Aber an der Tür zum Pfarrhaus muss ich nichts aussitzen, der Pastor begibt sich auch unbeaufsichtigt zum Kühlschrank und bringt Brot und vier Zutaten, dazu stilles Wasser und Teller und Besteck. Praktischerweise steht gleich eine Bank neben dem Eingang, ich esse, wir reden. Ich will den Pastor über sein Spezialgebiet ausfragen, den lieben Gott. Was eher ungelegen kommt, denn der Strohwitwer berichtet von »sporadischen Zweifeln«. Nein, nein, an den Grundfesten des Glaubens würden derlei Tage und Nächte nicht rütteln, er zweifle sich nicht zu Tode. Rutscht er ab und fühlt er den lieben Gott weniger lieb und nah, dann tut er »als ob«. Damit komme er durch, zumindest bis zu jenem Zeitpunkt, in dem die Liebe und die Nähe wieder stimmten. Mit einem Jogurt als Wegzehrung werde ich entlassen. Wir wünschen uns beide »gute Reise«. Wobei ich den leichteren Part übernommen habe. Ich will nur nach Berlin und in einer Badewanne ankommen, der Herr Pastor will in den Himmel und den lieben Gott treffen.

Ich trödle, suche wieder nach einer Bushaltestelle. Will die Füße auf einer Bank hochlegen. Irgendwann setzt sich eine alte Dame dazu. Ich frage sie, ob sie mir etwas aus ihrem Leben erzählen wolle. Und Frau Hilber, eifrig: »Ach, hören Sie auf, ein so dickes Buch könnte ich darüber schreiben!« Die 82-Jährige kommt aus dem Osten, dem fernen deutschen Osten, wo heute Polen liegt. Ihr Buch würde allerdings nach der Vertreibung enden, hinterher sei nichts mehr passiert, das veröffentlicht werden müsste, sie sagt: »Mein Schicksal war zu Ende, mein Leben ging weiter.« Nein, das stimmt nicht ganz, das letzte Kapitel würde von der Suche nach ihrem Mann handeln. Und seiner Rückkehr aus der Gefangenschaft.

Das Ende von Frau H.s virtuellem Buch erinnert an manche Hollywood-Filme, bei denen Liebesgeschichten mit der Hochzeit aufhören. Das Suchen und Finden, die Spannung, die Möglichkeit des Verlusts, das interessiert den Zuschauer. Nicht der Alltag, nicht der tägliche Grind, der plagt ihn selbst. Die Alte hat Sprachwitz, schade, dass aus dem Buch nichts werden wird. Sie sagt beim Abschied, dass Grebenau sie tot mache, die Stille, die Leere. »Hier haben sie vierundzwanzig Stunden Ausgangssperre.«

Noch sieben Kilometer voll kleiner Freuden. Links auf einer Wiese steht ein Traktoranhänger mit einem mobilen Klo auf der Ladefläche. Ein Holzschild daneben verweist auf die Firma, die ihren »Toiletten-Mietservice« anbietet. Das ist eigenartig, aber die freie Sicht auf ein stilles Örtchen lässt den Körper reagieren. Er will plötzlich und fragt ganz unschuldig: Warum nicht? Höflicherweise klopfe ich noch an, dann – nach einem letzten Blick zurück – hinein. Dann setzen und entspannen. Hinterher bleibt nichts, als den Toilettenfabrikanten auf das Höchste zu loben.

Nur Überraschungen. Irgendwann kreuze ich ein Verkehrszeichen, auf dem eine Kröte abgebildet ist. Bravo, hier trägt eine Gesellschaft sogar Sorge um ihre Kröten. Auch sie sollen leben. Oder ist alles ganz anders gemeint? Soll das Schild davor warnen, dass einmal mehr schlimmstes Unheil dräut? Dass Deutschland wieder von tückischen Raubtieren verheert wird? Dass selbst ein paar Kröten in einer so aufgeräumten Weltgegend für Aufregung sorgen können?

Als ich um halb fünf in Breitenbach einbiege, kommt mir eine Frau auf dem Trottoir entgegen und wechselt die Straßenseite. So geht man nur Landstreichern aus dem Weg. Im Café fragt mich ein Mann, ob ich obdachlos sei. Er habe ein Auge für jene, die ohne Dach leben müssen. Der Rentner hat über dreißig Jahre im Sozialamt gearbeitet. Er zitiert zwei schöne Sätze. Die beiden stehen an unerwarteter Stelle, sie sind die ersten Paragraphen des Bundessozialhilfegesetzes aus dem Jahr 1961: »Die Sozialhilfe soll Menschen ein Leben ermöglichen, das der Würde des Menschen entspricht« und »Sozialhilfe erhält nicht, wer sich selbst helfen kann oder die Hilfe von Dritten erhalten kann«. Wobei der zweite Satz der schönere ist. Weil er an die Eigenkräfte des Einzelnen appelliert, ihn nicht a priori zum Loser stempelt. (Ich habe nach der Reise die beiden Sätze gecheckt, vage stimmen sie mit dem weniger schwungvollen Originaltext überein. Der Rentner hat sie poetisiert.)

Rätselhaftes Breitenbach. Die Wirtin erzählt, wie sie in schlaflosen Nächten vom Balkon aus den Ratten zuschaut, die über die Hauptstraße rennen. Ich kann mich kaum auf ihren Bericht konzentrieren, weil ich durchs offene Fenster auf einen Kral blicke, in dem sich nichts erkennen lässt, das jemandem den Schlaf rauben könnte. Wie macht die Wirtin das? Wie wach bleiben in Breitenbach? Da sie mir ein Weißbier schenkt, schlafe ich selbst für Momente ein. Bis mich eine Blaskapelle weckt, die im Haus gegenüber zu üben anfängt. Aber nachts ist doch Ruhe? Oder üben und blasen sie hier bis in den Morgen?

Bei Eintritt der Dunkelheit gehe ich ein paar hundert Meter den Weg zurück. Weil ich mehrere Schuppen entdeckt habe, vor denen »Betreten des Geländes verboten – Die Gemeinde« stand und die ein ordentliches Nachtlager versprachen. Ich klettere nun über das Verbot, finde Stroh und ein Dach, hier bin ich zu Hause. In Schwaden treibt der Wind den Regen vorbei. Eine Straßenlaterne brennt, das Licht und die Millionen Tropfen davor sehen gut aus. Ich könnte ein glücklicher Mensch sein, denn nichts kann mich treffen. Auch nicht Blitz und Donner, die jetzt losbrechen. Wäre da nicht ein höllischer Schmerz, der mich hochjagen lässt. Wieder Wadenkrämpfe. Ansonsten bin ich in Sicherheit, nur fünf-, sechsmal rolle ich mich zur Seite, weil Autofahrer auf der nahen Straße vorbeikommen und ihre Scheinwerfer für Sekunden auf die Schlafstatt zielen.

Zweiter Juli

Heute vor 126 Jahren ist Hermann Hesse geboren, ich feiere jeden seiner Geburtstage mit einer Gedenkminute der Freude. Keiner hat mich gebeutelt und vergiftet wie er.

Eine passable Nacht liegt hinter mir. Um 5.35 Uhr raus aus Breitenbach. Eine halbe Stunde später bin ich zutiefst überzeugt, dass Deutschland nie untergehen, nie im Abgrund des wirtschaftlichen Ruins verschwinden wird. Weil ich heute Morgen – wie an so vielen anderen Morgen davor – erlebe, wie deutsche Staatsbürger schon kurz nach sechs mit 160 Kilometer pro Stunde auf ihren Arbeitsplatz zurasen. Irgendwie ist diese Erfahrung auch beruhigend.

Am Wegrand liegen Visitenkarten. Ein Metzger hat hier seine Kärtchen verloren, auf denen er seine »Hausmacherwurst« vom »Weideschwein« anpreist. Ein Metzger auf der Höhe seiner Zeit, unten steht die Website: www.weideschwein.de. In Asbach läute ich an verschiedenen Haustüren, ich würde die Wurst gerne probieren. Ohne Erfolg, dafür fallen andere Würste ab, dazu Semmeln, Obst, Mineralwasser.

In Bad Hersfeld gehe ich zur Bahnhofsmission, gegen Vorlage meines Passes gibt es ein zweites Frühstück. Junge Gesichter sind zu

sehen, alle arbeiten freiwillig hier. Wie ich höre, ist die Haupt-
aufgabe der Mission, verirrte Omis und allein reisende Kinder zu
ihren Zügen zu bringen. Eher selten werden notleidende Herren
bewirtet. Draußen vor der Tür beiße ich weiter in den Brotlaib, den
ich seit Tagen mit mir herumtrage. Ich habe den heutigen Hunger
plus den Hunger der letzten zwanzig Tage und Nächte.

Durch Bad Hersfeld ziehen und einen kostenlosen Zugang zum
Internet suchen. Brave Stadt, keine einzige Situation, die man aufschreiben will. Alles an seinem Platz, alle gesund ernährt und sauber gekleidet. Keiner schreit, keiner liegt auf der Straße, kein Free-
lance-Prediger wünscht uns die Pest an den Hals, keiner redet von
der Liebe, die uns retten wird. Die Geschichten liegen verborgen in
den Köpfen der Männer und Frauen, an denen ich stumm vorbei-
gehe. Ich sehe eine Mutter, die mich anblickt und gleichzeitig ihre
Kinder an sich zieht. Immer wieder freue ich mich über das bisschen Macht, das andere mir zugestehen.

Über Umwege erreiche ich das Arbeitsamt. Da mir jeder glaubt,
dass ich arbeitslos bin, darf ich hinein zu den Computern. Lauter
14-Jährige sitzen hier und surfen nach Jobs. Ich war auf abgewirt-
schaftete 50-Jährige gefasst, die laut Hellmut in Trier »keiner mehr
braucht«. Es kommt zu einer pikanten Szene. Ich schreibe eine
E-Mail an meine Freundin, in der ich detailliert darlege, wie wir
uns gegenseitig verwöhnen werden, wenn wir uns wiedersehen.
Plötzlich zischt eine Stimme hinter mir: »Aber das ist doch nichts
Berufliches, räumen Sie den Platz.« Das Schreibtischfräulein muss
eine ganze Weile hinter mir gestanden und mit angehaltenem
Atem mitgelesen haben. Sie hätte viel eher einschreiten können.
Wie verständlich, dass sie sich nicht rührte und keinen Mucks ver-
lauten ließ. Halden von drögen und unlustigen Informationen
muss sie täglich über sich ergehen lassen, wie menschlich, dass

sie nach Botschaften hungert, die mit einer anderen Welt zu tun haben.

Ein strenges Arbeitsamt. Nach der Vertreibung – auf »Senden« konnte ich noch drücken – verziehe ich mich auf die Toilette. Sauber, still, sogar eine Zeitung liegt herum. Hinterher will ich die Papierrolle einstecken. Geht nicht, sie wurde mit einem Sicherheitsschloss befestigt. Verdammte Arbeitslose, sogar Klopapier klauen sie.

Bad Hersfeld verlasse ich mit Gewinn. Ich setze mich zu einem Mann auf einer Bank. Ich habe ihn Augenblicke zuvor telepathisch bearbeitet und seinem Gehirn den Auftrag gegeben, bei der nächsten Begegnung großzügig zu sein. Mit einem wehleidigen Hinweis auf die hartleibigen Mitmenschen eröffne ich unser Gespräch. Das funktioniert, mein Banknachbar tappt in die Falle. Der Pensionist weiß nicht, was er tut, als er anfängt, von einem gestrigen Gespräch mit seiner Frau zu berichten. Wie sie von ihm, dem Gatten, geschwärmt, ja ihn gefragt habe, wann denn der Heiligenschein über seinem Hinterkopf zu leuchten begänne. So ein solider und wertbeständiger Ehemann und Vater sei er.

Gedankenloser kann Herr Demel seine Frau nicht zitieren. Umgehend grätsche ich in die offene Weiche. Ein Mensch, den andere zur Heiligsprechung vorschlagen, kann keinem von fremder Niedertracht gezeichneten Mann das erbetene Geld versagen. Natürlich nicht. Anstandslos zieht Sebastian D. die Börse heraus und sucht inständig nach einem Euro. Nach mehr sucht er nicht. Ich glaube, hier überschätzt eine Gattin den Gatten. Ein Euro mag zur Seligsprechung reichen, doch Heilige teilen anders aus.

Ich latsche aus der Stadt, hänge irgendwo in einem Café ab, bin ruhelos, weil alles ruhig, zu ruhig ist. Kein Blick und kein Laut versprechen mehr als das ganz normale Leben. Ich will ein Abenteuer, irgendeine Bedrohung, eine Angst, ein hitziges Vergnügen, irgendwas, an das ich morgen mit erregtem Herzen zurückdenken darf. Aber es kommt nicht. Ich tröste mich mit der Erinnerung an die Tagebuchaufzeichnungen von Marinus van der Lubbe, die vor kurzem in Frankreich herausgekommen sind. Aufzeichnungen des Helden, der aus Zorn auf den Nationalsozialismus am 27. Februar 1933 den Reichstag anzündete. Die Lektüre passte als Vorbereitung für den Trip nach Berlin, denn der junge Holländer trampte im Herbst 1931 ebenfalls durch Deutschland. Am elften September (!) trägt er nur ein kurzes Wort ein: *Rien*. Wie tröstlich, auch Helden leben Tage, an denen nichts passiert.

Ich bin undankbar, denn bei Einbruch der Dunkelheit kommt doch noch ein Abenteuerlein. Außerhalb der Stadt biege ich links ab, weil hier »Durchfahrt verboten – Nur für landwirtschaftliche Nutzfahrzeuge« steht. Ich denke noch, dass an einem unerlaubten Platz zu schlafen unter Umständen den Adrenalinpegel hebt. Ein richtiger Gedanke. Kaum liege ich in meinem Schlafsack zwischen Weizenfeld und Wald, kaum glaube ich zu wissen, dass ein müder Tag zu Ende geht, sehe ich eine dunkle Gestalt auf mich zustürzen, die mir beide Hände entgegenstreckt und laut schreit: »Was sehen Sie da?« In beispielloser Ahnungslosigkeit antworte ich dem Jäger (das habe ich inzwischen an der Kleidung erkannt), dass es sich unter Umständen um Hände mit Schwielen handelt. Dreimal nein ruft der Förster: »Von wegen Schwielen, das ist Blut, Mann. Und wissen Sie, woher das kommt?« Ich weiß es natürlich nicht. »Ich habe gerade eine Wildsau erlegt und in den Kofferraum geladen! Als ich Ihren Schatten sah, hielt ich Sie ebenfalls für eine Wildsau. Um ein Haar hätte ich Sie erschossen. Mann, das hier ist ein lebensgefährlicher Platz!«

Trotz aller Hysterie klingt die Stimme des Jägersmannes besorgt, nicht böse. Mich um ein Haar als Wildsau zur Strecke gebracht zu haben, macht ihm tatsächlich zu schaffen. Wir einigen uns. Da nun feststeht, dass ich kein Borstentier bin, zudem die Nacht jedes weitere Jagdfieber verbietet, darf ich bis morgen früh um fünf hier liegen bleiben. Der Mann mit den blutigen Händen und ich nehmen erleichtert voneinander Abschied.

»*Existential angst is romantic*«, sagte Norman Mailer einmal in einem Interview. Nicht immer ist sie das, aber ein paar Mal gewiss.

Dritter Juli

Um 4.50 Uhr gehe ich an dem Verbotsschild zurück auf die B 27. Schwieriger Morgen, schwerer Regen, schwerer Verkehr. Vorbeidonnernde Lastwagen stäuben mich ein. Ich triefe bald, drücke mich an den Leitplanken entlang und fordere tausend Schutzengel an. Bis sie eintreffen, habe ich nichts als meinen dünnen rechten Unterarm, um Autofahrern meine Anwesenheit zu signalisieren.

Um 7.15 Uhr in Bebra, neben den angeketteten Stühlen eines McDonald's warte ich. Ich warte umsonst. Als eine Dreiviertelstunde später geöffnet wird, muss ich mit leeren Händen weiter. Sogar ein Small Mac wird verweigert. McDonald's hat eine rigide Linie. Das ist jetzt der dritte dieser Läden, den ich anpumpe, und bis heute gab es nicht 1 Pomme frite gratis.

Ab hier ist die Bundesstraße nur für Autos zugelassen. Ich frage nach Alternativen, frage ausgerechnet zwei Schwachköpfe, die einem dritten Schwachkopf, mir, neun Kilometer Umweg einreden. Mir fehlt der Kaffee, ich bin nicht konzentriert. Ich gerate aufs

Land, irgendwann komme ich an Kühen vorbei, hinter deren Zaun »Füttern verboten« steht. Mich hungert noch mehr. Ich klingle an einem Haus und höre über die Sprechanlage, dass man keine Zeit habe. Menschen füttern scheint hier auch untersagt. Ich irre über Feldwege und fluche hinauf in den Himmel. Keiner hört hin.

Irgendwann lande ich in Lispenhausen, hier haben sie eine Edeka-Filiale. Ich frage nach der Chefin und bitte um Obst. Sie blafft zurück: »Da müsste ich ja jedem geben.« Vier Leute stehen an der Kasse. Das soll nicht stören, in gewissen Situationen ist es absolut nicht peinlich zu betteln. Augenblicklich fühle ich mich wie einer, der ein Exempel statuieren will. Die anderen sollen sich peinlich berührt fühlen, ich antworte ruhig: »Wenn Sie über Ihren Satz nachdenken, dann wissen Sie, dass hier nicht jeder vorbeikommt und bettelt.« Die Chefin denkt nach und gibt Order, mir einen Apfel herauszusuchen.

Das habe ich in der Zwischenzeit gelernt: als Bittsteller ruhig und gefasst meine Bitte vorzutragen. Und jeden Versuch, sich zu schämen, nicht zuzulassen, auch nicht auf die Blicke derer zu achten, die sich in der Nähe befinden und herüberblicken. Man weiß, sie würden sich nicht trauen. Je klarer und zügiger ich meine Bitte vortrage, umso weniger wird der andere den Bettler in mir sehen und – herablassend oder genervt – nein sagen. Reinkommen und dem Opfer den Schneid abkaufen, das bringt Punkte.

Nach zweieinhalb Stunden erreiche ich wieder Bebra. Für jede Dummheit geniere ich mich, für die eigene am heftigsten. Für meinen Obrigkeitsgeist auch. Ich ignoriere jetzt das Fußgängerverbot und gehe weiter auf der Bundesstraße. Um Schlag zwölf bin in Asmushausen, High Noon im Kuhdorf, heiß und weit weg glüht die

Sonne. Niemand auf der Straße, niemand sonstwo. Kein Kuhhirte, keine Kuh. Irgendwo steht eine Notrufsäule, sie dient sicher dem letzten Überlebenden, den Rest der Welt darüber zu informieren, dass hier alle tot sind. Kein Menschenlaut, kein Tierlaut zu vernehmen, nichts. Doch, plötzlich schlägt ein Fensterladen zu.

Diese Stunde entbehrt nicht einer gewissen Romantik. Das Betreten eines ozeanstillen Dorfes könnte eine Szene aus einem Buñuel-Film sein. Hinter dem zugeschlagenen Fensterladen fand gerade ein Mord statt. Oder ein Selbstmord. Ganz unspektakulär, nur ein Akt von *quiet desperation*. Ich läute an verschiedenen Türen, nichts. Asmushausen wird der einzige Ort bleiben, in dem niemand reagiert. Ich bin außerstande, einen einzigen aufzuwecken.

Zwei Kilometer später komme ich an einem Ehepaar vorbei. Sie arbeitet im Gemüsegarten, er steht neben seinem Rollstuhl und hackt Holz. Die fliegende Axt verleiht ihm das nötige Gleichgewicht. Fliegt sie nicht, muss er sich am Hackstock festhalten. Er besitzt das, was manch anderer Behinderte auch hat. Eine innere Kraft, die möglicherweis nie zum Einsatz käme, würde ihn nicht dieses Handicap plagen. Diesmal ist es der Mann, der die Frau drängen muss, mir eine Flasche Mineralwasser auszuhändigen.

Ich fühle mich aufgehoben in der Nähe jener, die ihrem Schicksal trotzen, die sich wehren. Ich setze mich auf die Wiese und schaue dem Mann zu. Vielleicht lässt die Nähe zu ihm etwas abfallen für jene, die gern mehr Kraft hätten. Herr L. redet nicht, hackt nur, hackt wie ein Profi. Er scheint große Befriedigung zu empfinden, die Axt und das widerspenstige Holz verschaffen ihm Freude und ein hohes Maß an Achtsamkeit. Hier hackt ein Zenmeister.

Als ich aufbreche, wird deutlich, dass kein Funken Energie auf mich übersprang. Ein, zwei Sekunden streiken die Knie. Ich muss ein zweites Mal befehlen, erst dann gehorchen sie. Der Meister könnte mich für einen Betrunkenen halten. Weil ich beim Abschied strauchle. Die Füße trauen sich nicht sofort aufzutreten, vorsichtig tasten sie den Boden ab, müssen sich erst an den Widerstand gewöhnen.

Am späten Nachmittag in Sontra. Ich komme an einem Bekleidungsgeschäft vorbei, *esprit outdoor* steht in der Auslage. Ich sage sofort nein. Ich will längst *indoor* sein, will sitzen, will tippen, will auf nichts anderes horchen als auf die Tastatur meines Macs. Und die Gedanken, die oben im Kopf ankommen. Will nur noch die neun bekannten Schritte gehen zum Kühlschrank, um den Hunger zu besänftigen.

In Sontra muss ich in eine Bäckerei schlurfen und die Frau Konditor sagen hören, dass sie nichts geben könne, »weil alles im Computer gespeichert ist«, jede Maultasche, jede Brezel, jede Nussecke. Ich weiß jetzt schon, dass mich diese Antwort längere Zeit verfolgen wird. Weil ich sie nicht verstehe. Was zum Teufel hat ein Computer damit zu tun, dass ich jetzt was zu essen brauche?

Hundert Meter neben der elektronisch hochgerüsteten Bäckerin steht ein Café, ich sage gleich, dass ich eine gute und eine schlechte Nachricht habe. Eine Tasse Kaffee könne ich begleichen, etwas Essbares jedoch nicht. Als wäre das ein intelligenter Satz, bringt die Pächterin ein Kännchen Kaffee und einen Teller voller Kuchen. Beides darf ich nicht bezahlen.

Was für eine Binsenweisheit und wie überraschend, wenn man ihr hautnah begegnet: wie sich die einen von den anderen unterscheiden. Obwohl sie in derselben Straße wohnen, ziemlich das gleiche Alter haben, zum gleichen Volk, zum gleichen Geschlecht, zur gleichen Schicht gehören.

Ich will nicht maulen. In Marinus van der Lubbes Eintragungen ist nachzulesen, dass er in Berchtesgaden von der Polizei verhaftet wurde. Weil er dabei erwischt wurde, wie er einen Bauern anbettelte. Vier Tage musste er dafür sitzen. Er sah den Gefängnisaufenthalt nur positiv, endlich sei Zeit gewesen, um nachzudenken und das Nachgedachte aufzuschreiben. Einmal notiert er, wie es ihn anrührte, weil jemand einen Brotlaib mit ihm teilte. »Wie gut das meiner Vagabundenseele tat.« 72 Jahre später stimmt jeder i-Punkt in dem Satz.

Mein leichtes Leben. Keiner führt mich ab, ungehindert darf ich mit vollem Kuchenbauch das Café verlassen. Das Radio meldet Regen für die Nacht. Die nächsten fünf Kilometer spähe ich links und rechts nach einem Dach, inspiziere eine Brücke, die sich als untauglich erweist, versuche mich an einem Scheunentor, das sich nur mit einem Panzer aufbrechen ließe. Bis ich das Glück erspähe. Auf einem Acker steht ein Schäferwagen, drei mal zwei Meter, grün, andockbar an jeden Traktor. Kein Schiebebalken hängt vor der Tür, nur ein loser Haken, ich schlüpfe hinein.

Das wird ein Lieblingsort. Ein Tisch steht da. Darunter liegen ein Hammer, ein Regenschirm, ein Taschenrechner, ein Besen und ein Berg Bildzeitungen. Möglicherweise machen hier Feldarbeiter Pause. Somit hätte ich nachtsüber Ruhe. Wunderbarerweise kann man die Tür von innen mit einem Riegel verschließen. Ich kehre zusammen, bedecke den Holzboden mit Papier, lege darüber die Folie, die übrigen Kleidungsstücke, den Schlafsack. Ich bette mich, lagere die Füße auf einer kleinen Bank hoch, spüre die letzten Sonnenstrahlen durch eines der Fenster auf mein Gesicht strahlen, begreife langsam das maßlose Glück, zum ersten Mal einen Raum für mich allein zu haben. Nicht im Freien pennen mit Mücken und Fliegen und unbegreifbaren Geräuschen, nicht auf schmuddligen

Betten zwischen schnarchenden Abkratzern, nein, geborgen in einer Fünf-Sterne-Hütte. Ich will rauchen, will lesen, will planen, nichts geht, eine fulminante Müdigkeit überwältigt mich. Als ich wieder aufwache, gleiten die Scheinwerferstrahlen der vorbeifahrenden Autos über meine Augen. Unwiderlegbar, irgendwo hinter Sontra bin ich in einer Luxussuite gelandet.

Einmal noch muss ich den Körper aufstellen. Um durch das Fenster zu pinkeln. Kein Mensch mit einer Seele im Leib würde mich jetzt noch vor die Tür schicken.

Das vollkommene Glück, das gibt es nicht. Irgendwann in später Nacht hämmert ein Wahnsinniger an die Außenwand. Bevor ich Zeit habe, über mein Unglück nachzusinnen, höre ich schon: »Mach auf, du Depp!« Ein bayerischer Wahnsinniger, ohne Zweifel. Ich rühre mich nicht, blicke auf die verschlossene Tür. Instinktiv habe ich den Tisch so platziert, dass er zusätzlich den Eingang verbarrikadiert. Wieder meldet sich der Bayer: »Wenn du nicht aufmachst, mache ich auch nicht auf beim nächsten Mal!« Der Satz beruhigt mich auf der Stelle, draußen steht ein »Berber« (den Ausdruck habe ich von Willi), der drinnen einen Kumpel vermutet. Offenbar steigen sie nachts bisweilen hier ab. Aber heute bin ich dran. Mein Puls verlangsamt sich. Säufer haben keine Kraft, um Türen aus den Angeln zu heben. Ich atme leise, während der andere noch ein paar Mal nach »Rache« und »hoamzoin« (heimzahlen) schreit. Minuten später höre ich Schritte, die sich entfernen.

Vierter Juli

Der Rachsüchtige hat den Tiefschlaf nicht verhindert. Um 5.30 Uhr verlasse ich die noble Adresse und stehe eine Stunde später in Datterode vor Anke, der jungen Bäckerin. Ich registriere sogleich, dass hier ein lieber Mensch arbeitet, der nur (leicht) geknetet werden muss. So knete ich: »Eine Semmel für einen braven müden Mann, das müsste doch drin sein?« Wie vermutet, bricht Ankes Herz auf, eine Semmel und ein Bienenstich kommen, und der zweite Kaffee ist umsonst. Dafür höre ich mir an, wie sich die Fleißige über Typen beschwert, die von der Stütze leben und jede Woche – im Auto – hier vorbeikommen und für zwanzig Euro Leckereien einpacken lassen. Anke hätte gern von mir gewusst, ob es auf der Welt gerecht zugeht. Sie muss sechs Mal die Woche um vier Uhr früh aufstehen, und die Nichtstuer pennen und laden zum Kaffeekränzchen.

Sie träumt tagsüber. »Um Datterode auszuhalten.« Sie würde gern einmal in die Staaten fliegen. Oder an den Königssee. Als sie erfährt, dass ich oft draußen schlafe, fragt sie, was ich machen würde, wenn »plötzlich Verbrecher im Wald wären«. Ich würde es machen wie letzte Nacht, ich würde mich ganz still verhalten.

Als ich die Bäckerei verlasse, kommt mir eine Frau mit einem wild knurrenden Hund entgegen, riesig, an der Leine reißend. Wir drei wissen Bescheid. Sie hat Angst vor mir, ich vor dem Hund. Behutsam gehen wir aneinander vorbei.

Sorgloses Wandern auf Nebenstraßen, keiner hat es auf mich abgesehen. Im Radio kommt ein Bericht über die Tour de France, die in diesem Sommer zum 100. Mal stattfindet. Früher waren sie mit Holzfelgen unterwegs, heuer fährt sogar ein Tour-Figaro mit, um die Haare der Fahrer »aerodynamisch« zu schneiden. Damit keine störrische Locke den Luftwiderstand erhöht. Warum habe ich keinen Friseur dabei, der sich um meine Zotteln kümmert? Ich wäre sicher um eineinhalb Meter pro Stunde schneller.

In Weißenborn sehe ich eine Frau in ihrem Gemüsegarten werkeln. Ob sie etwas Brot für mich hätte? Hat sie nicht: »Hab' doch selbst nichts.« Ein geheimnisumwitterter Satz. Ein (großes) Haus und einen (großen) Garten hat sie. Und hat nichts. Wie viel muss der Mensch haben, bis er sagt, ich hab' was? Eine Kreuzung weiter hat eine Frau ein kleineres Haus und einen kleineren Garten. Dafür zwei Wurstbrote, zwei Äpfel und eine Tomate für den Bettler.

Ich raste und taste mit den zehn Fingern über meinen Körper. Mir will scheinen, dass am rechten Knie ein vorwitziger Buckel rauswächst und die linke Schulter verdächtig stöhnt. Geht das so weiter, ziehe ich in Berlin als Zirkusnummer ein.

Um 9.53 Uhr überschreite ich neben dem Schild »SM Wutha« (Straßenmeisterei W.) die Grenze zur ehemaligen DDR. Man erkennt den Wandel sofort an dem neuen Belag, der genau hier beginnt. Die Straße gab es schon früher, aber eben tot, unbefahren. Hier verlief ein fünfhundert Meter breiter »Schutzstreifen«. Sicher, um die Bürger vor den Anwürfen westlicher Dekadenz zu schützen.

Zwanzig Minuten später gehe ich durch die erste Stadt, das kleine Großburschla. Kopfsteinpflaster, Fensterrahmen aus der Vorkriegszeit, dazwischen die geschmackvoll und weniger geschmackvoll renovierten Häuser. Ich komme mit einer älteren Frau ins Gespräch, die Unkraut aus dem Bürgersteig jätet. Natürlich will ich wissen, wie sich die Leute jetzt fühlen, ungehobelt frage ich, ob sie ihr vorheriges Leben, das DDR-Leben, bereuen. »Was soll man sagen? Es war unser Leben, das können wir jetzt nicht einfach wegschmeißen. Und an den Kapitalismus, an den muss man sich erst gewöhnen, so vieles ist jetzt anders.« Was war anders? Die Frau muss nicht nachdenken: »War man krank, hat man sich um den Kranken gekümmert. Und die unzufriedenen Gesichter der arbeitslosen Jugendlichen gab es auch nicht. Und die Nachbarschaftshilfe, das Mitanpacken, das gemeinsame Durchstehen von Schwierigkeiten, das alles hat der Kapitalismus vertrieben. Heute strampelt jeder für sich.« Frau Irene M. hält inne, fügt dann hinzu: »Aber das kehrt zurück, ich habe das Gefühl, dass sich die Ossis wieder auf ihre Stärken besinnen.« Ich hake nach: »Aber nie reisen dürfen, war das nicht teuflisch?« Offenbar nicht, denn Irene pariert geschickt: »Ach, reisen, früher durften wir nicht, heute haben wir kein Geld dafür.«

Die Rentnerin klingt nicht unangenehm, eher sachlich, trotz des typischen Ossi-Sounds. Ich frage sie – und die Frage kommt mir ungeheuerlich vor –, ob sie die Mauer wieder will? Ja und nein, dann doch nein. Aber einen sanfteren Westen will sie. »Mehr Menschlichkeit wäre nicht schlecht«, sagt sie und erzählt, wie nach dem Mauerfall Wessis in ihr Haus kamen und sich als ehemalige Besitzer aufspielten. Jene Wessis, die für den schlechten Ruf vieler Wessis gesorgt haben. Die Einsacker-Wessis. Die Protzer-Wessis. Die Allesbesserwisser-Wessis.

Ihre ganze Familie hätte einpacken und verschwinden sollen, gleich am nächsten Tag, wenn möglich. Aber die Bewohner haben sich gewehrt, es stellte sich heraus, dass die Ex-Besitzer außerdem zu den Abzocker-Wessis gehörten und schon vor Jahren mit einem Lastenausgleich entschädigt worden waren.

Irene M. reklamiert mehr Menschlichkeit und ist selbst menschlich. Eine Flasche »Alaska-Mineralwasser« holt sie aus der Küche. Was muss sie denken, wenn sie, die Ossifrau, einem Wessimann hilft? Erfüllt sie das mit Genugtuung, oder ist sie einfach diese Frau, die eingreift, wenn Hilfe verlangt wird?

Als ich weggehe, denke ich über ihre erste Antwort nach: »... Es war unser Leben, das können wir jetzt nicht einfach wegschmeißen.« Eine unglaubliche, völlig überraschende Antwort. Ich war auf nichts anderes gefasst als: »Na klar, unser früheres Leben war ein Haufen Scheiße, jetzt sind wir frei, jetzt ist unser Leben ein Traum.« Ein hochmütiger Gedanke, ich weiß. Aber so war er.

Ich ahne, dass ich ab heute etwas Neues über diesen fremden Erdteil erfahren werde. Etwas Widersprüchliches, etwas Ergänzendes. Hoffentlich reicht es, um die so lange in meinem Kopf herumgetragenen Bilder zu zerstören. Bis zum Mauerfall war dieses Land für mich nur Abgrund, das grauenhafteste Land auf Erden, eben die DDR, eben die Deutsche-Denunzianten-Republik. Zweimal fuhr ich auf der Transitstrecke nach Berlin, und zweimal wurde ich von Vopo-Robotern abgefangen und zur Übergabe von 100 West-DM aufgefordert. Wegen überhöhter Geschwindigkeit, hieß es schneidend. Als ich in Ostberlin mit einer Frau auf die Toilette ging, um Westmark in Ostmark zu tauschen, erlebte ich jemanden, der vor Angst unfähig war, seine wild zitternden Hände zu kontrollieren. Ich musste die Scheine aus ihrer Börse nehmen und die anderen Scheine wieder hineinstecken. Jahrzehntelang habe ich nicht begriffen, warum nur Einzelne, aber nicht alle siebzehn Millionen versuchten, das Land zu verlassen. Ein Leben ohne Reisen, sprich Fortgehen- und Wiederkommendürfen, schien mir kein Leben. Und ein Leben, in dem man nicht alle Bücher der Welt lesen durfte, war genauso wenig wert, gelebt zu werden. Nicht frei sein, nicht mit dem Körper, nicht im Kopf, wie kann einer da noch Freunde haben, sich verlieben, atmen, Kinder zeugen? Die »DDR« blieb ein geheimnisvoller Ort, dort hüteten sie das Geheimnis, nichts von der Freiheit wissen zu wollen.

Ich zähle meine Cent nach und gehe in die Stiftsschenke von Großburschla. Die Wirtin ist eine patente Frau, sie bringt Kaffee und setzt sich an meinen Tisch. Erzählt, wie hiesige Einwohner vor 1989 versuchten »rüberzumachen«. Wie sie mit einem Bagger an den Grenzzaun fuhren und von der Kippschaufel auf die andere Seite sprangen. Oder sich mit dem Drahtschneider ein Schlupfloch schnitten. Erzählt von jenen, die (unbemerkt) gescheitert waren und an die Ostsee reisten und von dort mit einem Boot verschwanden. Oder von jenen, die überall scheiterten und dafür in Bautzen die Gelegenheit bekamen, während vieler Tage und Nächte über das Verbrechen der Republikflucht nachzudenken. War einer aus der Familie erfolgreich abgehauen, dann wurde der Rest von Staats wegen zwangsevakuiert und weit weg von der Grenze wieder angesiedelt. Manch einer hat sich in der Ferne das Leben genommen. Aus Heimweh.

Warum ging die Wirtin nicht? Sie konnte nicht, sie ist Steinbock, sagt sie, bodenständig, man kann sie nicht rausreißen, nicht aus der Familie, nicht aus dem Land. *Home is a magic word*, schrieb William Faulkner. Für die Wirtin allemal. »Kam ich von einem Besuch in einer anderen Gegend wieder zurück, blickte ich auf das Werratal und wusste, hier bin ich zu Hause.« Sie redet ganz unquengelig. Sie verweist noch auf zwei Wachttürme, die übrig geblieben sind. Als Warnzeichen. Auch gab es in der Nähe eine »Schleuse«, wo die DDR mit der Bundesrepublik ihren Menschenhandel trieb.

Alle Ossis, die zu fliehen versuchten, waren Menschen wie ich. Ich las viele Fluchtgeschichten. Sie gaben mir den Glauben zurück, dass auch in der DDR Zeitgenossen lebten, die »normal« waren, die nach draußen wollten, die nach Freisein hungerten. Als ich den Film »Der Tunnel« sah, habe ich die meiste Zeit geheult. Aus Bewunderung. Weil ich Leuten zuschauen durfte, die ihr Leben riskierten, um davonzukommen. Es gibt nur ein freies Leben oder keines. Ein unfreies Leben ist kein Leben, ist nur Demütigung. Nie will ich die Dinge anders sehen.

Leichtes Wandern. Das schöne Land, der Wind, der die Felder wiegt, Himmel und Erde passen fugenlos zusammen. Ein Ossi hält und will mich mitnehmen. Ist das jenes Ossi-Gen, von dem Irene M. sprach, jenes der Hilfsbereitschaft? Weiter durch Wendehausen und Diedorf, wo ein Gasthaus steht, das »Mittagessen – Kaffee – Abendbrot« verspricht. Leider geschlossen. Ein Brot für den Abend wäre durchaus willkommen gewesen.

Als ich auf die Bundesstraße 249 zurückkehre, bin ich nicht sicher, ob es dazu noch kommen wird, zum Abendbrot. »Unfallschwerpunkt« steht da, und es scheint, dass jeder, der mit 140 an dem Schild vorbeikommt, noch einmal Gas gibt. Damit der Hinweis auch weiterhin Sinn macht. Die letzten fünf Kilometer lege ich in zweiunddreißig Minuten zurück, um die Gefahrenzone so hurtig wie möglich hinter mich zu bringen. Es gibt sinnliche Gefahren, denen man nicht ungern begegnet. Aber hier ist nichts sinnlich, nur todlangweilig und todgefährlich.

Kurz vor sechs Uhr am Ortsschild von Mühlhausen. Ein Fernradfahrer kommt an mir vorbei, wir reden. Der Rentner hat seit zehn Tagen die Nordspitze Skandinaviens hinter sich. Was war das Schönste? Und der 66-Jährige: »Kann ich nicht sagen, aber das Allerschönste ist, dass ich Europa kennen lerne.« Da wir in grundsätzlichen Fragen übereinstimmen, Bernhard zudem auf dem Weg nach Hause, also wohlgestimmt ist, wage ich, um Geld zu bitten. Und der Erfurter meistert diese letzte Anstrengung mit Bravour. Vom linken Unterarm löst er die Klettverschlussbörse und holt die zwei schwersten Münzen heraus. Als Vier-Euro-Neureicher verspreche ich, heute Nacht für ihn, den heiligen Bernhard, zu beten.

Hundert Meter nach dem Radler wartet mein Abendessen. Eine Blumengießerin hebt die Kanne, hört meinen Spruch, stellt die

Kanne wieder hin, geht ins Haus und übergibt zwei dicke Brote mit Wurst, einen dicken Apfel, zwei schlanke »Coco«-Riegel.

Mit dem Radarblick durch die Stadt streifen. Die vielen Ruinen sind ein gutes Zeichen, ein Nachtlager findet sich da bestimmt. Als ich das Zentrum von Mühlhausen erreiche, fällt mir etwas auf, das mich bis Berlin immer wieder beeindrucken wird: die Stille in den Städten. Menschen gehen und reden, und man hört sie nicht. Warum? Noch ein Erbstück aus anderen Zeiten, jenen, in denen es gesünder war, nur halblaut den Mund aufzumachen? Oder ein Zeichen von grundsätzlicher Bescheidenheit, von Diskretion? Wie angenehm doch das seltene Auftreten von Wichtigtuern, die sich geräuschvoll bemerkbar machen.

Ich finde ein Telefonbuch, telefoniere, und niemand antwortet unter den eingetragenen Nummern wohltätiger Organisationen. Eine Nonne auf der Straße gibt den Rat, mich bei der Polizei zu melden, die wisse sicher Bescheid. Guter Rat. Noch einen Kilometer durch das stille Mühlhausen gehen, dann in einem Vorraum warten, lange warten. So ist Zeit, im Schaukasten des Polizeipräsidiums die dreiundvierzig Fotos unter dem Titel »Gedenken und Mahnung« zu betrachten. Sie zeigen schlichte Holzkreuze neben Straßen. Bilder aus der Region. Jedes Kreuz ein Toter, totgerast.

Nach neununddreißig Minuten haben sich die zwei Dicken hinter dem Panzerglas darauf verständigt, dass der lästige Dünne offensichtlich nicht wieder verschwinden wird. So bellt der erste Dicke: »Kommen Sie rein, aber lassen Sie Ihr Gerümpel draußen!« Es summt, ich gehe durch die Sicherheitstür. Ich frage den Beamten, wie er dazu kommt, meinen Rucksack als Gerümpel zu bezeichnen. Ich empfände das als beleidigend.

Ich kann nicht sagen, warum der Mann nun den Eindruck macht, seine Worte täten ihm Leid, und umgehend einen anderen

Ton anschlägt. Weil er ein Mensch ist, der Fehler begeht und fähig ist, sie einzusehen? Oder weil er an meiner Widerrede erkennt, dass ich nicht der sabbernde Schluckspecht bin, auf den er gefasst war? Wie auch immer, wir gehen ab sofort wie zwei Bürger miteinander um. Witzigerweise fragt er mich, ob ich nicht schon heute Nachmittag mit dem Fahrrad hier vorbeigefahren sei, er könne schwören, mich bereits gesehen zu haben. Nun scheint doch einer von uns beiden betrunken. Aber ich sage nichts, auch nicht, als sich das Suchen eines Formulars als Zeit raubend erweist, weil keiner der beiden mehr weiß, in welcher Schublade die Blätter beim letzten Mal verschwunden sind. Irgendwann ist auch das überstanden, der Vordruck findet sich, man trägt die Personalien ein und verlangt die vorgeschriebenen drei Euro, die jeder zahlen muss, der ins Obdachlosenheim will. Ich knirsche mit den Zähnen, eine gute Stunde lang war ich reich, jetzt bin ich nur noch ein Simpel mit einem Euro.

Von wegen. Ich lege die zwei Münzen auf den Tisch, und keiner der Nachtwächter hat das passende Wechselgeld. Dafür einen diabolischen Trick. Ich muss unterschreiben, dass ich »freiwillig vier Euro gezahlt habe«. Sekunden später vergebe ich den beiden Schlafmützen, denn die Mühlhausener Polizei hat für Rucksackreisende einen Escort-Service eingerichtet. Zwei Mann fahren vor und befördern mich zu meinem Schlafplatz. Das ist schon wieder vertragsbrüchig, da ich fahre statt gehe. Aber von zwei Staatsdienern per hochglanzpoliertem Streifenwagen ins Bett gebracht zu werden, auf diese Erfahrung will ich nicht verzichten.

In der Wendewehrstraße 123 sperren sie auf, müdes altes Gebäude, hinter der Haustür sogleich der Geruch armer Leute. Im Erdgeschoss leben Familien, die aus ihren Wohnungen vertrieben wurden, weil sie die Miete nicht mehr bezahlen konnten. Mein »Appartment« liegt im ersten Stock, abgewetzt, aber sauber, ein

Klo, eine Küche mit Waschbecken, ein Schlafsaal mit vier Doppel-
stockbetten. Und einem Schlafenden. Die Polizisten verabschieden
sich. Ich könne das Haus verlassen, aber nicht wieder betreten. Der
Service funktioniere nur einmal.

Während ich mich wasche, wacht mein Mitbewohner auf. Er stellt
sich als Andreas vor. Dass wir denselben Vornamen haben, reicht
ihm, um vertrauensselig loszureden. Ich brauche nur noch einen
Stuhl daneben zu stellen und zuzuhören. In solchen Augenblicken
fühle ich mich wie ein Kind, fühle die Freude desjenigen, der eine
Story geschenkt bekommt. Denn der 40-Jährige hat was zu sagen,
sicher keine Gutenachtgeschichte, eher ein Drama. Bevor er loslegt, macht er zwei Gläser Wein voll. Wir stoßen an. Neben der
Flasche liegt ein Buch, *Das siebte Brennesselhemd – Aus dem Tagebuch einer Alkoholikerin* von Ingrid Johannis.

Nach der Wende hat sich der studierte Bauingenieur mit einem
Mann aus Hannover zusammengetan. Um für westliche Firmen, die
in der Ex-DDR investieren wollten, Grundstücke zu suchen und sie
»schlüsselfertig« mit Zufahrt, Strom und Wasseranschluss auszu-
statten. Die Geschäfte boomten, was kostet die Welt, der Ossi und
der Wessi wurden die besten Freunde. Bis die Flaute kam und die
beiden im Schuss auf die Pleite zusteuerten. Keine neuen Aufträge,
keine neuen Gelder, viele alte Gelder, die nie eintrafen.

A. greift immer schamloser in die Kasse, fingiert Rechnungen,
greift eines Tages nach den letzten 40000 Mark und fliegt nach
Chile. Aber anders als dem Ex-Dachdecker und Ex-Staatsratsvor-
sitzenden Erich H., der gern Staatsgeschenke als private Aufmerk-
samkeiten verbuchte, gingen dem leichtfertigen Dipl.-Ing. bald
die Pesos aus. Nach sechs Monaten kehrt der Flüchtling nach
Deutschland zurück. Noch am Flughafen Frankfurt wird er verhaftet, kurz darauf wegen »betrügerischem Konkurs« verurteilt.

Seit seiner Freilassung ist er auf der Walz. »Der Drive ist weg«, für ein zweites bürgerliches Leben fehlt ihm seitdem der Antrieb. Wozu auch? Um der Deutschen Bank die knapp neunhunderttausend Euro Schulden zurückzuzahlen? Um der Familie zu begegnen, die ihn als »Versager« abgeschrieben hat?

Und die Frauen?, frage ich Andreas, wie geht ein Mann im besten Alter damit um? Sucht er ihre Nähe? Überhaupt nicht, er hat die Sehnsucht abgeschafft. »Unser Typ ist nicht gefragt, wir sind out.« Habe ich ihn recht verstanden, so sieht er Frauen als Wesen, die mit Geschenken überhäuft werden müssen. Erst dann ließen sie Nähe zu. An unbezahlte Frauen will er nicht glauben. An eine Zukunft auch nicht. Beides wird er nicht mehr erleben. Sagt er.

Manchmal will er wissen: »Warum habe ich dieses Schicksal?« Er weiß keine Antwort. Anschließend kommt die zweithäufigste Frage: »Wer hätte das ahnen können?« Ein Kerl mit seinen Talenten, seiner Kraft, seinen Erfolgen. Nach einer behüteten Jugend macht er Abitur, wird zur Volksarmee eingezogen, wird – da seine Geschwister schon studierten, musste er im Arbeiter-und-Bauernstaat einen Umweg machen – Schornsteinfeger, fängt nach der Gesellenprüfung sofort zu studieren an, schafft mühelos den Abschluss, erlebt die Wende, lässt sich ködern, schwimmt in Geld, ersäuft in Gier, verliert alles, sitzt ein und liegt irgendwann auf der Straße. Seit sechs Jahren. Nicht fähig, eines seiner Talente zu reaktivieren, um die Straße zu verlassen. Die Talente sind weg, sagt er, so weg, als hätte er sie nie gehabt. »Umso verwunderlicher, als ich ein Kind der DDR bin und ein Leben lang schwer gearbeitet habe.« Wir teilen meine zwei Zigarillos, er holt eine halbe Tafel Schokolade aus seiner Tasche.

Ich lege mich in eines der Betten, die übliche Hängematte, ohne Bezug. Wahrscheinlich wache ich morgen mit ein paar Mühlhausener Flöhen auf. Im Radio sprechen gescheite Menschen über das Phänomen des *Flaneurs*, des absichtslosen Schlenderers, den kein Ziel treibt, kein Zweck. Später schwärmen sie von Oblomow, dem berühmtesten Faulpelz der Weltliteratur. Ich wäre auch gerne faul und begabt und könnte klug reden, ohne das Bett verlassen zu müssen. Aber ich bin Deutscher und Ex-Katholik, beides Zustände, die nach Schweiß und harter Arbeit rufen.

Ich höre den Atem von Andreas. Der flaniert auch nicht, der schleppt sich durchs Leben. Die Nachrichten melden den Tod von Barry White, in einer Gedenksendung werden seine Songs vorgestellt. Auch *Can't Get Enough Of Your Love, Babe*. Barry, der Weichspüler. Hypnotisiert von so viel Schmalz, schlafe ich ein.

Fünfter Juli

Ich habe keine Ahnung, warum ich jeden zweiten Morgen schweißgebadet aufwache. Irgendwas muss der Körper nachts erledigen, wozu er tagsüber keine Zeit hat.

Um acht Uhr kommt Birgit O., ein sonniger Mensch, ein Muttermensch, sie bittet uns (ja, sie bittet!), in die »Wärmestube« zu kommen, ein Frühstück warte. Sie fährt voraus mit dem Fahrrad.

Andreas und ich gehen zu Fuß. Er sagt, dass er seit langem wieder mit jemandem reden könne, der ebenfalls kein Zuhause mehr habe. Die meisten habe dieses Leben schon kirre gemacht, sie schafften keinen korrekten Satz mehr. Eines Tages werde er selbst dort ankommen. Er trinke gewaltige Mengen Fusel. Ein Blick auf seine Zähne widerspricht dem nicht. Ein Drittel fehlt schon, der Rest ist dunkel wie Absinth. Über 130-mal (sic!) sei er zur Entgiftung angetreten. Ohne größere Erfolge. Er sei eben »Spiegeltrinker«, müsse durchgehend einen gewissen Pegel halten, um überhaupt die Augen öffnen zu können. Hat er sie weit offen – meist an einem Sonntag –, dann sieht er sich nur noch als »Haufen Dreck« und geht in den Wald. Noch ist er jedes Mal zurückgezuckt. Obwohl er nie den Strick vergisst. »Prinzip Hoffnung, was für eine Scheiße. Gäbe es nur Hoffnungslosigkeit, ich wäre längst tot und zufrieden.«

Nach zwanzig Minuten erreichen wir die Wärmestube. Nicht zu überlesen: »Gewaltanwendung und Androhung von Gewalt sind verboten«. Das ist ein komischer Satz in der Nähe einer Heiligen. Denn hier wirtschaftet Birgit im Auftrag der Stadt und der Diakonie. Sie zaubert ein Frühstück und verströmt gleichzeitig eine Wärme, eine ganz diesseitige Redlichkeit, die jeden heilt, der neben ihr sitzen und frühstücken darf. Brot, Semmeln, Fleisch, Wurst, Jogurt, Butter, Marmelade, Käse und literweise Kaffee. Ich mampfe, will eins von den drei Kilos zurückhaben, die während der letzten 24 Tage verloren gingen.

Ich frage, wie sie zu dem Job gekommen sei, und Birgit erzählt die Geschichte ihres dreiundzwanzigjährigen Sohnes, der vor einem Jahr mit seinem Motorrad tödlich verunglückte. Nach der Todesnachricht sei sie monatelang zu Hause gesessen, zu nichts fähig, nicht zum Leben, nicht zum Aufhören, nur gesessen und gestarrt und geatmet. Irgendwann habe sie begriffen, dass sie so nicht den Rest ihrer Zeit verbringen will. Sie sucht, erfährt eines Tages von der Stelle in der Wärmestube. Das war genau, was sie brauchte. Mit Leuten zusammen sein, organisieren, anspornen. Ja, anspornen. Das Schlimmste habe sie nun hinter sich, die Arbeit tue ihr gut, sehr gut. Sie mag die Männer und Frauen, die tagsüber hier vorbeikommen. Sie richte keinen, sie verachte keinen.

Um zehn Uhr reiße ich mich los. Alle wollen, dass ich bleibe, auch ich, auch meine Füße, sie betteln am innigsten. Abschied von Andreas und Birgit, ohne ein Fresspaket darf ich nicht hinaus.

Unter einem bewölkten Himmel weiter auf der B 249. Die kleine linke Zehe erinnert mich daran, dass das Böse noch immer existiert. Man will nicht fassen, wie fünf Gramm Fleisch einen so satanischen Schmerz produzieren können. Elf Blasen habe ich niedergetreten, bis sie ihren Widerstand aufgaben und verheilten. Nicht so die Zehe, sie will mich an die Sinnlosigkeit menschlichen Lebens erinnern, sie will nicht heilen, sie will böse sein.

Nach den ersten neunzehn Kilometern bremse ich, Pause in Rockensußra. Im »Alt-Thüringen« gibt es einen Kaffee für achtzig Cent. Ich zahle ihn von den zwei Euro, die ich Andreas abgenommen habe. Ich bin der einzige Gast, und die Wirtin ist so scheu, dass sie mir für jedes Wort, das ich sage, nur eines zurückgibt.

Hinter Ebeleben fährt – auf der gegenüberliegenden Straßenseite – ein Autofahrer rechts ran, macht die Tür auf und bietet an, mich ein Stück mitzunehmen. Eine gute Tat, die auch als Malheur hätte enden können. Während ich rüberrufe, dass ich das freundliche Angebot ausschlagen muss, überholt ein anderer den Hilfsbereiten, obwohl ein dritter Autofahrer entgegenkommt. Nur durch die bravouröse Reaktion des Entgegenkommenden, der ausschert und gleichzeitig scharf bremst (um mich zu retten), und nur durch einen Hechtsprung meinerseits zurück in die Wiese kommen wir davon. Die Moral von der Geschicht'? Ein argloser Wanderer, ein hilfsbereiter Mitmensch und ein reaktionsschneller Mini-Fahrer müssen unheimlich viel Glück haben. Weil zufällig ein Blödian verbeikommt, der uns drei nicht leiden kann. Mit weichen Knien stakse ich davon. Ich bin gern am Leben, warum ist das so schwierig?

In Gundersleben steht ein *Truck-Stop*. Als ich die Toilette verlasse, sehe ich auf der anderen Seite der Straße einen Mann im Rollstuhl sitzen. Ich frage, ob ich ihn herüber zur Tankstelle schieben soll, immerhin herrsche ein reger Verkehr. Nein, danke, er will so bleiben und einfach nur schauen.

Ich setze mich neben ihn. Erich war Bauer, vor ein paar Jahren haben sie ihm beide Beine abgenommen. Zucker. Der 77-Jährige hat den Krieg mitgemacht, die Flucht, vegetierte vier Jahre in russischer Gefangenschaft und blieb nach seiner Freilassung in der »sowjetisch besetzten Zone«. Weil er dort irgendwann einen Bauernhof übernahm, weil er seinen Beruf liebte und nicht gewusst hätte, was aus den beiden, dem Hof und der Liebe, hätte werden sollen im Westen.

Und die Wende, wie kommt er damit zurecht? Irgendwie halt. Auch er hätte bemerkt, dass die »Menschenwärme« nachgelassen habe. Ein Gift müsse im Kapitalismus sein, das die gütigeren Seiten in uns lähmt. Erich sagt: »Früher ging's uns gut, heute geht's uns besser. Wenn's uns wieder gut geht, dann sind wir zufrieden.«

Nein, widerruft er, das war ein Scherz, der Bauer weiß auch um die Vorteile. Er hat jetzt eine anständige Rente, die Frau ist versorgt, das Haus gehört ihm, die Söhne sind was geworden, und jeden dritten Tage kommt der »Verkaufswagen Lembke« vorbei und bietet alles, was benötigt wird, »von der Stecknadel bis zum Schnaps«. Ich frage Erich, wohin seine schönste Reise ging. Und der Alte, noch immer selig, obwohl die Tage schon lange zurückliegen: »Das war eine Woche Urlaub im Spreewald. Morgens mit dem Kahn übers Wasser, das werde ich nie vergessen.« Ich bin ein paar Sekunden sprachlos, weil ein so einfaches Vergnügen ein solches Glück auslösen kann.

Beneidenswerter Bauer, ich suche nach einer Schwachstelle, frage: »Und die Ehe, keine Versuchung, keine Reue? Immerhin bist du seit fünfzig Jahren verheiratet.« (Der Ältere hatte mir das Du angeboten.) Und der Bauer, einfach und klar: »Da gibt es nichts zu rütteln.« Nach dem Satz weint er, die Erinnerung an Liselotte scheint ihn zu überwältigen, er fängt sich und fährt fort: »Sie macht alles für mich, pflegt mich, kocht für mich, ist immer zur Stelle, wenn ich sie brauche.« Beim Abschied frage ich ihn, ob ihn Zufriedenheit überkomme, wenn er auf seine siebenundsiebzig Jahre zurückblickt. Und Erich, der Poet: »Ich habe gelebt wie ein Mensch.« Grinsend schaltet er die Akkus ein, er muss nach Hause und »pullen«.

Die letzten zwölf Kilometer nach Sondershausen. Als ich auf den ersten Sondershausener zugehe, um ihn anzupumpen, fällt mir sein bitteres Gesicht auf. Ich will ihn zuerst aushorchen, bevor ich was fordere. Kluge Entscheidung, kaum fällt das Wort Wessi, legt der Bittere los: »Wessis sind alles Arschlöcher.«

Ich verlaufe mich und frage eine Frau nach dem Zentrum. Sie fragt zurück, ob ich den Anger meine. Nein, eine Wiese meine ich nicht, ich will zum Mittelpunkt der Stadt. Also zum Anger? Somit lerne ich, dass im Osten ein Anger das Zentrum ist. Langer Weg, wieder die Stille in den Straßen. Ich gehe auf jeden Kaugummi-Automaten zu und drehe den Hebel nach rechts und öffne die Klappe. Vielleicht liegt etwas zum Kauen da oder vergessenes Geld. Logischerweise falle ich auch wieder auf zwei platt gedrückte Bierverschlüsse herein, die wie Münzen blinken. Logisch, weil ich permanent hinter Geld her bin.

Aus dem Radio kommt die beruhigende Nachricht, dass meine Regierung 1,6 Milliarden Euro in den nun fertigen Rennsteigtunnel investiert hat. Gestern las ich in einer Zeitung, die aus einem Abfalleimer lugte, dass die Bundesrepublik Deutschland sich außerstande sieht, weiterhin vier indische, sprich indisch bezahlte Bibliothekarsstellen in den vier Goethe-Instituten auf dem Subkontinent zu finanzieren. Man bedenke: Für ein bisschen Gehalt würden sie vor Ort das Hohe Lied der deutschen Sprache singen. Sie singen es jetzt nicht. Wir gratulieren.

Wieder sieht es nach Regen aus. Ein paar Kilometer außerhalb der Stadt finde ich eine erste Adresse. Auf einem verwilderten Grasstück steht ein weit offener Schober. Nur zwei Probleme: der hohe Zaun und der rege Verkehr davor. Zudem sind es nochmals sechzig Meter vom Tor bis zur Scheune. Und jedermann weiß, dass ein Mann mit Rucksack nicht der Besitzer eines Heustadels ist. Ich umrunde das Gelände, unten am Flußbett gibt es einen Zugang, auch hoch, aber diskret. Mit Schwung hinüber, über die Wiese spurten und mit großer Freude ins trockene Gras hechten.

Bestes Plätzchen, ein Heubett, eine Traumstatt, zur Feier rauche ich den halben Zigarillo, den ich gestern gespart habe. Vom lichterloh verbrennen will ich nichts wissen, ich will mich entspannen. Ich spüre die Wärme der Kuhle an meinen Beinen, am Hintern, am Rücken. Sie wird mich beschützen gegen die angekündigten sechs Grad für die nächsten Stunden. Wind kommt auf, es beginnt zu nieseln, das Gebälk knarzt, ich bin gegen jede Unbill geschützt.

Irgendwann fallen mir die sieben Nächte ein, die ich vor Jahren im Central Park verbrachte. Eine davon war ich mit Terence unterwegs. Er hatte nichts mehr, außer ein paar Dollar und dem Blechverhau, in dem er versteckt hauste. Auch sein Verstand war entlang der vielen Zumutungen abhanden gekommen. Was ihn nicht hinderte, plötzlich einen außergewöhnlichen Satz zu sagen, an den er – grandios verrückt – noch immer glaubte: »*The world is still wide and wild and negotiable.*« Jetzt, kurz vor Mitternacht und dreißig Minuten scharfen Fußmarsches vom Anger Sondershausens entfernt, denke ich wie Terence. Dass die Welt noch immer weit und wild und verhandelbar ist.

Sechster Juli

Die Nacht will ich streichen aus meinem Leben. Auch die Sprüche von einer Welt, in der noch alles möglich ist. Literaturgewäsch. Die Mulde war eine Falle, nie konnte ich den Körper drehen. Lag ich im Schlafsack, schwitzte ich. Kroch ich heraus, fror ich. Dazwischen immer wieder törichte Träume, der einzig intelligente: Ich bin Anwalt und verklage den hiesigen Bürgermeister wegen unterlassener Hilfestellung an einem Mann im Heu.

Um 5.30 Uhr zurück auf die Straße springen. Der Tag lässt sich an wie die Nacht. Widerlich. Oft bergauf, oft bergab, kurz vor neun endlich in Bad Frankenhausen. Ich bin noch immer bankrott. Weil ich die Falschen frage. Bis ein ernster junger Mensch zwei Euro übergibt. Ich setze mich auf die Stufen einer Haustür. Warte.

Stiller Anger, noch sind alle Geschäfte geschlossen. Einmal überquert eine Frau den Platz, sexy, wunderbar frisch und ausgeschlafen. Ich wage ihr kaum nachzuschauen. *We are out*, Andreas hat Recht. Man wirft als Streuner nur noch von weitem einen Blick auf die Schönen der Welt. Sie gehen vorbei und würden sich nie daran erinnern, dass da ein Mann war und sie bewunderte. Jetzt bin ich *invisible, the invisible man*.

Ich sitze und lauere, bis das Café Trautmann um zehn Uhr öffnet. Ich bin der Letzte, auf den sie gewartet haben, der Kaffee wird sofort kassiert. Ihre Blicke sagen nichts anderes, als dass meine Anwesenheit kaum zum guten Ruf des Lokals beiträgt. Sie haben Recht, ich bleibe trotzdem. Die kaputte Nacht ist schuld, jede Aufbruchsstimmung fehlt.

Eine Stunde später fällt mir ein, dass heute Sonntag ist, der Tag des Herrn. Diesmal soll es ein guter Tag werden, trotz des miserablen

Fehlstarts. Ich beschließe, auf den Kirchenstrich zu gehen. Kaum weiß ich den Weg, humple ich auf die evangelische Kirche zu und lese mit Freuden im Schaukasten: »...aber wer sich der Armen erbarmt, der ehrt Gott«. Sehe mit noch größerer Freude, dass sich die Tore öffnen und die Messe zu Ende ist. Das dritte glückliche Omen: Der Pastor kommt ans Portal, um seine Gemeinde zu verabschieden. Sofort beschließe ich, dem Mann eine Chance zu geben, Gott zu ehren. Kaum ist der letzte Gläubige entlassen, bewege ich mich auf den Priester zu und bitte mit leicht dramatischen Ton »um ein paar Lebensmittel«. Roland V. hat ein gutes Gesicht und ein gutes Herz. Lebensmittel seien augenblicklich nicht zur Hand, aber zielstrebig geht er auf einen allerletzten Kirchgänger zu und leiht sich von ihm Geld aus. Die Pastorenbörse liegt sicher in der Sakristei. Wie nichts landen fünf Euro auf meiner Rechten. «Dort drüben«, der Gottesmann zeigt auf die andere Straßenseite, »können Sie sich was zum Essen kaufen.«

Da Geld etwas ungemein Kostbares ist, will ich mein pyramidales Guthaben (sieben minus 1,20 für den Kaffee = 5,80 Euro) nicht angreifen. Ich höre woanders die Kirchenglocken schlagen und mache mich auf den Weg. Bald stehe ich vor der Mariä-Himmelfahrt-Kirche. Und eine Erleuchtung holt mich ein. Ich erkenne das so Nützliche verschiedener Götter. Jetzt wird mich der katholische Gott beschenken. Neben dem Tor steht geschrieben: »Herr, segne dieses Haus, und alle, die da gehen ein und aus.« Dankbar nimmt man es zur Kenntnis.

Ich betrete das schmucke Kirchlein, vergewissere mich kurz, dass alle andächtig bei der Sache sind, Kerzen schimmern, Blumen leuchten, eindringlich spricht der Pfarrer von Gottesliebe und Menschenliebe. Das ist ein schönes Stichwort, ich ziehe mich zurück und schleiche in das direkt gegenüberliegende Pfarrhaus, das großzügig offen steht. Typisch Ossi, auch das noch ein Reflex aus kapitalismusfreien Tagen: Kein Misstrauen schiebt den Riegel vor, kein Verdacht käme je auf, dass ein Habenichts dem anderen Habenichts etwas wegnehmen würde. Dass heute ausgerechnet ein Wessi vorbeikommen muss, um an die Unsitten des Neoliberalismus zu erinnern, auch typisch.

Der Teufel reitet mich, als meine Nase die menschenleere, duftende Küche wittert. Ich horche nochmals nach draußen, dann Action. Behände den Kühlschrank öffnen, eine Flasche Fanta leer trinken und nacheinander ein dickes Glas Thüringer Würste (»Sechs Würstchen vom Lande«), einen sauber verpackten Emmentaler Käse, vier Brotscheiben, angebrochenen Aufschnitt, zwei Tomaten und drei harte Eier einpacken. Gleichzeitig kämpfe ich mit meinem ex-christlichen Gewissen, will nichts wissen von Diebstahl. Das hier ist Mundraub, mein Magen bellt, ich bin für seine Gesundheit verantwortlich. Hier räubere ich, ich kann nicht anders.

Als letzter Gedanke holt mich die vor Tagen gelesene E-Mail meines Verlegers ein, in der er expressis verbis an gewisse Spielregeln erinnerte: »... wir haben ausdrücklich besprochen, dass Sie auf der Reise keine Zechprellerei und keinen Diebstahl begehen werden. Bitte halten Sie sich in jedem Fall an diese Absprache! Weder Sie noch der Verlag darf durch so etwas in Misskredit kommen, das schadet unserem Projekt. Ganz zu schweigen von den strafrechtlichen Folgen für Sie! Bei Ihrem Charme geht es bestimmt auch ohne.«

Sein Kompliment sollte mich an der Ehre packen. Vergeblich, denn das immer gleiche Problem: Verleger hungern nicht, Autoren hungern. Der Absender konnte also gar nicht wissen, was er von mir verlangte. Zudem, sehr befremdlich: Ich weiß von keiner solchen Absprache. Wer sich auf einen Fußmarsch von weit über tausend Kilometer ohne (eigenes) Geld einlässt, muss von Sinnen oder lebensmüde sein, wenn er von Anfang an die Möglichkeit ausschließt, bisweilen auf krummen Pfaden zu wandeln. Es braucht die kleinen Missetaten, um ohne Hungerödem am Zielort einzutreffen. Ich bin nicht als Büßer unterwegs, der sich von seinen Sünden lossagen will. Eher umgekehrt, am Ende werde ich über ein noch höheres Sündenkonto verfügen.

Mit dem gefüllten Rucksack zurück ins Kirchlein, noch immer die schöne entrückte Welt. Andächtig nehme ich auf meinem Rucksack Platz, das Haus ist voll. Ein Mann reicht mir einen gelben Zettel, ich lese von der Großzügigkeit des Herrn. Ich kann nur ja sagen und jede Zeile bezeugen. Vorne wird die Kommunion eingeläutet. Mein Magen ist dümmer als jeder Pawlow'sche Hund, er bellt sofort wieder. Er will jetzt endlich Nachschub. Da ich an meine Würste so rasch nicht rankomme, stelle ich mich unbeschwerten Herzens an und verschlinge die Hostie. Für einen renitenten Kirchenaustreter ist das eine Leistung. Aber in der Not scheint mir alles Essbare willkommen, wenn es nur die störrischen Magensäfte beruhigt. Und sie beruhigen sich. Wer nur Sekunden an den Herrn glaubt, wird belohnt.

Nach der Messe gehe ich auf Kaplan Werner C. zu und frage nach »ein paar Euro«. Aber von Bargeld will sich der Geistliche nicht lossagen, der Grund: Er müsse sich in Windeseile umziehen und ins Nachbardorf, zur nächsten Messe. Während ich darüber nachdenke, wie das eine zum andern passt, verweist C. beflissen auf ein Picknick, das nun im Garten stattfinden würde. Er werde anweisen, dass ich umsonst essen und trinken darf. Eine Geste, die zählt. Ich weiß jetzt schon, dass ich mehr konsumieren werde, als man für ein paar Euro kaufen kann.

Zehn Minuten nach der papiergewichtigen Oblate kommen die Hauptgerichte. Ach, die Würste, jetzt braun gebrutzelt, dazu Nudelsalat, Kartoffelsalat, fünf verschiedene Getränke, zuletzt Kaffee und Kuchen. Für Augenblicke bin ich gerührt und überlege, ob ich das Diebesgut nicht wieder an seinen Platz stellen sollte. Aber das ist nur ein kurzer Anfall von Sentimentalität, gleich nimmt das praktische Leben wieder überhand, alles bleibt, wo es ist.

Leider bekomme ich keine Story. Die Anwesenden scheinen so fasziniert von einem hungernden Wessi, dass sie unbedingt wissen wollen, woher die Not kommt. So muss ich erzählen von den vielen kalorienfreien Tagen und Nächten zwischen Paris und Bad Frankenhausen. Und erzählen, dass die Ossis – obwohl die Ärmsten und Arbeitslosesten der Länder, die ich durchquert habe – mir höchstwahrscheinlich als Sieger, als die Großzügigsten im Gedächtnis bleiben werden.

Die Bemerkung hätte ich mir sparen können. Denn nun kommen noch mehr Würste und Kartoffelsalatberge auf mich zu, jemand schlägt vor, doch etwas einzupacken. Ich danke wild gestikulierend, danke, danke, aber der Rucksack sei schon zu schwer (wie wahr!), rasch würge ich eine letzte Bockwurst hinunter, lächle, winke, bin zuletzt ohne Worte und lahme hinaus zum Tor.

Kleiner Nachtrag: Beim Essen fiel mir ein Paar auf, der Mann war ausgesprochen elegant gekleidet. Keine Sandalen mit Socken, keine Shorts und haarige Waden, kein Jackett, an dem selbst Kurzsichtige aus drei Meter Entfernung die schiefen Nähte bemerken. Ich kam mit der hübschen Frau des Eleganten ins Gespräch, einer Pariserin. Aus Liebe zu einem Deutschen war sie ins Ossiland gezogen. Unübersehbar hat das französische Gen, zuständig für Geschmack, angeschlagen. Ihr Mann war der Bestangezogene von allen. (Der Schlechtestangezogene könnte ich gewesen sein.)

Weiter auf der B 249, die linke kleine Zehe jault wieder, und, als Zugabe, beginnt das linke Knie zu wimmern. Kein Wunder, wie ein

Bleifass hängt der Rucksack am Körper. Jetzt ist Bußzeit für die Untat. Die Mittagssonne verschärft die Sühne. Ich gehe wieder am äußersten linken Rand der Straße, nicht zwei Meter daneben. Zu schmerzhaft ist der Weg durch das Gestrüpp. Auf flachem Untergrund marschieren malträtiert auch, aber um Nuancen weniger. Oben im Kopf tobt erneut der Kampf zwischen den beiden Todfeinden, dem Hirn und dem Leib. Die beiden hassen sich. Weil einer befiehlt und der andere gehorchen muss.

Irgendwo liegt ein faustgroßes Stofftier auf der Straße, ein Hund. Ich hebe ihn auf und spüre sogleich die wohlige Sanftheit, streichle ihn, erinnere mich der zahlreichen Nächte ohne die Wärme eines anderen. Ich behalte den Kleinen.

Seit dreieinhalb Millionen Jahren geht der Mensch auf zwei Beinen. Und noch immer sind sie nicht fähig, ein paar hundert Kilometer ohne Aufhebens, ohne Gewimmer hinter sich zu bringen. In Artern frage ich nach einem Krankenhaus, dort will ich mich auf die Knie werfen und um eine Morphiumspritze flehen. Die linke Zehe und neu aufgeplatzte Blasen sind nur noch ein Flammenmeer. Mit einer genialen Droge will ich sie betäuben.

Um 17.15 Uhr erreiche ich das Manniske-Krankenhaus und nähere mich einer Schwester. Sie sieht mich nur an und ruft: »Oh Gott!« Dann hört sie desinteressiert zu und erklärt trocken, nachdem ich noch darauf verwiesen habe, dass ich versichert bin: »Das ist mir scheißegal!« Ich scheine nun tatsächlich einen Zustand erreicht zu haben, der – je nach Gegenüber – entweder Abscheu oder Mitgefühl auslöst. Dennoch, das ist eine ungewöhnliche Begrüßung an einem Ort, wo es grundsätzlich niemandem scheißegal sein sollte, wenn einer um Hilfe bittet.

Die Schwester erweist sich als Ärztin (noch unverzeihlicher ihr Auftritt), zeigt mir missmutig ein Zimmer, in dem ich warten soll, schließt die Tür und verschwindet. Und kommt nach fünf Minuten wieder. Während dieser dreihundert Sekunden muss ein Mysterium passiert sein. Denn aus dem kalten Weib wurde ein bezaubernder Mitmensch, der freundlich blickt, freundlich redet, freundlich ist. Was zum Teufel fiel in der Zwischenzeit vor?

Frau H., Fachärztin für Innere Medizin, untersucht die (sicher nicht geruchsfreien) Füße, inspiziert die satanische Zehe, die halbsatanische Nebenzehe und diagnostiziert eine »Drucknekrose, die böse aussieht«. Sie erkundigt sich, woher das Schmerzloch komme, glaubt nichts, auch nicht die lange Wanderung, glaubt sie dann doch, denn einen Grund müssen die Wundmale ja haben, jedenfalls sitzt hier ein »Verrückter«. Das klingt bereits wie ein Kompliment, klingt hundert Mal liebenswürdiger als scheißegal. Die Fachfrau verweigert das Morphium, empfiehlt aber eine Tetanusspritze, die man mir unbedingt im nächsten Krankenhaus verpassen sollte. Sie selbst hätten hier kein Impfmittel. Sie legt sacht ein Antiseptikum auf, zuletzt Cutiplast, packt anschließend alle Medikamente ein, die ich brauche, mahnt, jeden Tag die Wunde frisch zu verbinden, sagt, dass ich »zum Gottserbarmen daherkomme«, und fragt, ob ich etwas zum Essen und Trinken möchte. Sie hat inzwischen den Ton einer fürsorglichen Freundin erreicht, sucht nach einer Schwester, um das Abendessen für den Patienten zu bestellen, legt mir das *Neue Deutschland* und die *Süddeutsche* hin, rennt schnell zum Telefon, um sich nach einer Obdachlosen-Unterkunft in Artern zu erkundigen, kommt mit einem betrübten Gesicht zurück und wirft einen letzten Blick auf den Verrückten, der acht Wurstbrote, acht Gurken und eine Kanne Tee wegputzt.

Während ich schlinge und die Zeitungen lese, muss ich nochmals an die wundersame Wandlung von Frau H. denken. Hat sie mein Aussehen dermaßen erschreckt? Nicht sehr wahrscheinlich, in einem Krankenhaus treten ganz andere Zombies auf. War kurz vor meinem Erscheinen etwas passiert, was ihre Laune ruinierte, so dass ich eher zufällig in ihre Schusslinie geriet? Offensichtlich musste sie ein paar Minuten Anlauf nehmen, um ihre Normaltemperatur – starke menschliche Wärme – zu erreichen. Während ich sinniere, wird ein Kranker aus seinem Zimmer gefahren. Sogleich träume ich vom erholsamen Kranksein mit Einzelzimmer und duftendem Plumeau. Aber ich bin nicht krank, nur ausgemergelt und gehbehindert. Nach einer Stunde schleiche ich dankbar davon.

Ach ja, die Ärztin fragte noch, was ich so träume, wenn ich im Wald liege. Anständigerweise habe ich gesagt, dass ich meist von einer großen, sauberen Matratze phantasiere. »Und von sonst nichts?«, fragte sie noch. Wir lächelten. Die siebzehn Millionen, habe ich mal gelesen, sollen die viele Langeweile mit viel Eros hinter sich gebracht haben. Das wären tausend Punkte für sie.

Auf unerklärbare Weise müssen die Ossis erfahren haben, dass jemand durch ihr Land wandert, um hinterher ein Buch darüber zu schreiben. Als ich an einer Ampel stehe, will ich eine Autofahrerin fragen, in welche Richtung es nach Halle gehe. Und ein bildhübscher Mensch kurbelt das Fenster herunter und sagt: »Kommen Sie, ich nehme Sie ein Stück mit.« Ich sehe noch immer wie der wilde Mann von Artern aus, aber der Bildhübschen ist das egal. Sie sieht einen Humpler und will ihn ein paar Kilometer von seinem Humpeln erlösen. Selbstverständlich lehne ich ab. Absurde Welt. Wie oft steht man frisch geföhnt und tadellos maniküert an einer Kreuzung und wartet, dass eine Schöne wie nichts herüberruft: »Kommen Sie, ich nehme Sie ein Stück mit.«

Außerhalb der Stadt, irgendwo zwischen hohem Schilfgras, Mücken und Schnecken, breite ich meinen Schlafsack aus. Kein

Wölkchen steht am Himmel. Von den vielen Gedanken, die mir bis Mitternacht durch den Kopf ziehen, ist einer bemerkenswert. Der russische Schriftsteller Ossip Mandelstam stellte sich in seinem Essay »Gespräch über Dante« ernsthaft die Frage, wie viele Schuhsohlen der italienische Dichter abgelaufen haben könnte, während er auf den Ziegenpfaden seiner Heimat wandelte. Wie beruhigend, dass die großen und kleinen Wanderer die Sorge um ihre Füße und ihr Schuhwerk gemeinsam plagt.

Siebter Juli

Passable Nacht, um 5.25 Uhr auf der Straße, starker Nebel, gute zwei Stunden später in Ziegelroda. Ich setze mich auf eine Bank, die vor einem Kiosk steht, der geschlossen ist. Mein Sitzen stört niemanden. Bis die Saftladenbesitzer aus dem Nebenhaus kommen, ein ranziges Paar, echte Geiferer. Ich solle verschwinden, die Bank sei Privateigentum. Sie geifern, obwohl »Heute Ruhetag« auf dem Kiosk steht. Ich geifere zurück, noch einen solchen Ton, und es setzt was. Manchen Zeitgenossen darf man keinen Spielraum lassen, man muss ihnen vom ersten Wort an sagen, was sie zu tun und zu unterlassen haben. Die beiden ziehen meckernd davon. Wobei sie noch eine Breitseite Moral loslassen, sie zu ihm: »Der soll nicht schnorren, der soll arbeiten.« Das ist der Lieblingssatz all jener, die keine Ideen haben.

Es wird wieder friedlich. Auf der anderen Straßenseite sehe ich eine schwer behinderte Frau auf einen Briefkasten zugehen. Als sie ankommt, stellt sie sich frontal davor und lehnt den Oberkörper gegen den Kasten, reicht – hinter ihrem Rücken – der linken Hand die zweite Krücke, greift mit der jetzt freien Hand in die Rocktasche, zieht einen Brief heraus, wirft ihn ein, fasst wieder nach der Krücke und löst sich mit einem Ruck vom Briefkasten. Und geht zurück. Wie dankbar muss der Mensch sein, der Post von dieser Briefschreiberin bekommt.

Ich bin auch dankbar, um 8.45 Uhr wird neben »Corinnes Pension« ein Kellerladen geöffnet, ein gemütlicher Krimskrams-Bazar, Scheren und Messer schleifen sie hier, Kaffee wird in der Kellerküche gebraut. Smalltalk mit Margrit, einer Angstvollen. Sie jammert, dass es keine Arbeit gibt. Sie selbst arbeitet. Augenblicklich jammert sie, dass sie die Arbeit wieder verlieren könnte. »Man weiß ja nie.« Nach der Wende war sie einmal in Paris, ja, schon schön, aber zum Fernweh hat ihr die Reise nicht verholfen. Manche können mit nur drei Stempeln im Pass sterben.

Bin verwirrt, höre so widersprüchliche Stimmen. Ein Riss geht durch die Ostdeutschen. Ein Teil sagt ja und traut sich in die Zukunft. Die anderen schaffen den Sprung nicht, können die Vergangenheit nicht verdrängen. *Freedom is a hard master*, schrieb Henry Miller. Angeblich soll nach 1989 die Zahl der Psychotherapeuten in den neuen Bundesländern enorm angestiegen sein. Um den Immerunfreien den Umgang mit der plötzlichen Freiheit beizubringen. Wie weiterleben, wenn eines Morgens keiner mehr da ist, der vorschreibt, wo es langgeht?

Mittags in Querfurt, drei Minuten später bettle ich vor dem CDU-Wahlkreisbüro, ein Euro? Die einfache Antwort: »Wir haben nix.« Ist das christlich?

Hübsches Querfurt. Und gerissen. Ich frage drei Nasenringträger, ein superfreundliches Trio, nach dem Weg, und Folgendes passiert: Einer gibt Auskunft, einer kommt immer näher, der Dritte schaut in die Luft. Hinterher fällt mir ein, dass ich mich während des Zuhörens gefragt habe, warum der Zweite so nahe kam. Als ich am Ende des Hintergedankens angekommen war, hatte Nasenringträger Nummer zwei schon zugegriffen. Hundert Meter vom Tatort entfernt merke ich, dass die aktuelle Landkarte fehlt. Mein Fehler, ich hatte die Oberschenkeltasche nicht zugeknöpft. Eine bizarre Situation. Ich, der ich bei jedem Schritt auf die Karte angewiesen bin, habe sie jetzt nicht mehr. Und der Nasenmann, der wahrscheinlich nicht weiß, wo oben und unten auf ihr ist, besitzt jetzt einen zerfledderten Bogen Papier, der nutzloser für ihn nicht sein könnte. Bizarr und ärgerlich, das Teil kostet 7,60 Euro, die ich nicht habe.

Zum Arbeitsamt, will wieder kostenlos vor einem Computer sitzen. Aber das Amt hat nachmittags geschlossen. Der Vormittag reicht, um die wenige Arbeit zu verteilen. Querfurt liegt in Sachsen-Anhalt, das Land hat die höchste Arbeitslosenquote der Republik, bis zu fünfundzwanzig Prozent in gewissen Landkreisen.

Ich gehe zur Polizei, bitte um eine Karte, wenigstens bis Halle. Erstaunliche Polizei, widerspruchslos kopieren sie mir ein feines Exemplar, Maßstab 1 : 100.000, genauer als mein altes Stück.

Die Stadt verbessert mein Leben. Auf der Terrasse des Querfurter Hofs bestelle ich einen bezahlten Kaffee und einen unbezahlten Kuchen. Susanne, die Bedienung, ist sofort einverstanden, muss aber erst fragen, denn gestern war »Tortenwegwerftag«. Ich bitte trotzdem nachzuschauen, ob eine übrig blieb, die noch nicht weggeworfen wurde. Lehrreich: Die Gesten des Westens, die Gesten der Verschwendung, sind nun auch im Osten angekommen.

Die Liebste kommt zurück und sagt hinreißend nonchalant: »Ich könnte Ihnen eine Erdbeertorte anbieten.« Und ein pyramidales Stück – mein zehntes? – schwebt vor mir nieder.

Zur Carl-von-Basedow-Klinik, ein weiter Weg. *A bum is a busy man,* wie wahr, ein Tippelbruder ist beschäftigt. Diese Einsicht habe ich von Jeremy, der mir in Chelsea den Weg abschnitt und die Herausgabe eines Pfunds forderte. Beschäftigt, da immer auf der Suche nach Nahrung, nach Alkohol, nach einem Schlafplatz, nach Wasser und Seife, nach einem Doktor, der die Abschürfungen und Kollateralschäden eines solchen Lebens repariert. Für Außenstehende scheint nicht vorstellbar, was jeden Tag an Kraft und Zeit investiert werden muss, um halbwegs wohlbehalten vierundzwanzig Stunden zu überstehen. Von Genießen, von »frei haben« und Ferien (*A day off? You must be kidding!*) keine Rede.

Ein effizientes Krankenhaus, ich bekomme die Spritze gegen Wundstarrkrampf, einen frischen Verband, ein aufmunterndes Wort.

Zum «Internet-Treff«, eine halbe Stunde lesen und schreiben kann ich mir leisten. Hinterher Gespräch mit Petra R., sie leitet den Laden. Wie so viele Ossis urteilt sie kaltschnäuzig über jene, die nicht arbeiten, genauer, jene, die nicht arbeiten, aber »nebenbei Kleider-, Wohnungs-, Kinder- und Arbeitslosengeld vom Vater Staat kassieren, eben rundum gestopft werden«. Den Einwurf, dass es keine Arbeit gebe, lassen Petra und die vielen anderen nicht gelten. Der Gipfel: »Die Faulpelze machen sich noch über uns lustig, die wir malochen: ›Was, du arbeitest? Selbst schuld!‹« Frau R. zeigt auf eine Kundin, die schon vor Jahren aufgehört habe, einer geregelten Beschäftigung nachzugehen. Dafür hocke das Faultier jeden Tag vor dem Computer zum Chatten, manchmal lasse sie fünfzehn Euro hier.

Ich werfe einen schnellen Blick. Und bleibe hängen. Die 47-jährige Kundin ist ein Original. Furcht erregend hässlich und Furcht erregend fett. Originell auch die Motivation der langen Nachmittage vor Ort: O. angelt Männer im Internet, täglich. Noch origineller: Alle dreißig Minuten ruft ein Geangelter auf dem

Handy der dicken Anglerin an, die umgehend ins Nebenzimmer verschwindet, um dort ungestört ein Schäferstündchen zu vereinbaren. Mehr als einmal ein Stündchen kommt meist nicht heraus, denn laut Petra R. kreuzt so manch an Land Gezogener nur ein einziges Mal hier auf. Um dann für immer zu verschwinden. Aber schon ein nächster (meist ebenfalls dicker) Fisch wird vorstellig. Dass pro Nachmittag höchstens einmal Beute gemacht wird, hat wohl damit zu tun, dass nicht alle Kontaktierten (und wären sie noch so unter Druck) nach Erhalt des gemailten Fotos auf ein *close encounter* mit der arbeitslosen Nymphomanin bestehen. Nur so ist erklärbar, dass O. an jedem Werktag angelt, angelt, angelt.

Die Chefin spendiert eine Tasse Kaffee und eine große Flasche Mineralwasser. Wie jovial und – gleichzeitig – provinziell diese Frau ist. Sie erzählt von einem Türken, der als Kunde hier vorbeikam. Und wiederkam. Diesmal mit roten Rosen und dem festen Entschluss, ihr den Hof zu machen. Vergeblich, denn die Beschenkte sah nicht den Mann, nicht den Menschen, sie sah nur den Türken, den »Türken-Anmacher«. Und jeder Türke ist ein tapsiger Mustafa, dem eine ehrenwerte Frau besser aus dem Weg geht. Meinen Einspruch, dass nicht wenige deutsche Frauen froh wären, wenn ein Mann mit roten Rosen vorbeikäme, und seien es »Türken-Rosen«, diesen Einspruch will sie nicht hören.

Zum Abschied bekomme ich noch die Adresse vom Bauer Altenburg, der in Obhausen wohne. Bei ihm könne ich sicher in der Scheune übernachten. Nach vierzig Minuten stehe ich vor dem großen Tor, das niemand öffnet. Kein Bauer in Sichtweite. Am Ortsrand finde ich ein verstecktes Plätzchen, mückenfrei, still mit hübschen Birken.

Ich habe Hunger. Als ich Jeremy damals fragte (ich wollte mich vor der Herausgabe des Pfunds drücken), warum er nicht einfach schlafen gehe, um das Hungergefühl zu vergessen, antwortete der Listige: »Ich will auf einem vollen Bauch liegen.« Sehr einleuchtend, sehr bildhaft, die Antwort war tatsächlich das Geld wert. Jetzt bin ich Jeremy. Nur Obhausen wird nimmer sein wie Chelsea.

Achter Juli

Um 5.15 Uhr aufstehen, einpacken, los. In Steuden gehe ich durch die »Straße der Freundschaft«, und ein Autofahrer hält und will mich mitnehmen. Nach zweieinhalb Stunden erreiche ich Teutschenthal, hier steht unter dem alten Namen schon der neue, aus der Engelsstraße soll die »Kurallee« werden. Ich sehe eine Frau einen Friseursalon aufsperren, ich frage nach Geld, und sie antwortet: »Das machen wir nicht.« Wer sind wir? Die Ossis? Sicher nicht, denn sieben Minuten später stellt mir eine Bäckerin einen Kaffee und zwei Krapfen hin.

Ich verlaufe mich, wieder vier Kilometer umsonst. Dafür finde ich eine Strecke ohne jeden Verkehr. Wegen einer Baustelle ist die Straße gesperrt. Ein Autobahnzubringer soll hier die Natur verschönern. Ich genieße das kurze Glück. In Zscherben verstellen zwei ältere Damen den Bürgersteig. Sie haben es nicht anders gewollt. Ich erzähle ihnen von meinem Hunger, und sie sagen: »Den stellen wir ab«, laufen in ihre Häuser und übergeben zweihundert Gramm «Merci Crocant«, hundertfünfzig Gramm »Salzstangerl«, vier Birnen, zwei Tomaten, eine Banane, eine Flasche Mineralwasser.

Noch vor Mittag erreiche ich Halle-Neustadt. Der erste Blick fällt auf die vielen »Arbeiterregale«, die Wohnbunker. Geradezu unheimlich die Unfähigkeit des Kommunismus, »schöne Dinge« zu schaffen. Ob Herrenhosen, Lampenschirme oder Ehebetten, alles sah aus, als hätten sie die Talentlosesten in einen Raum gepfercht und bei Arbeitslager und Brot dazu gezwungen, nie den Hauch von Eleganz, von Leichtigkeit, von mondänem Schick aufkommen zu lassen. *Made in Siberia* hätte überall hinten draufstehen können. So plump, so zum Weinen viereckig und graugrau richteten sie die Welt ein.

Ich komme mit einem Bewohner der Regale ins Gespräch. Herr Stein war sein Leben lang hier Mieter. Er erzählt, dass zahlreiche Wohnungen nach der Wende renoviert wurden, jetzt heller und geräumiger seien. Diskret frage ich ihn, ob er sich hier wohl fühlt. Aber sicher. Nie wäre ihm eingefallen, die Bunker als hässlich zu empfinden. Das hier ist seine Heimat, und die scheint behütet von einem milden Urteil.

Beim Weitergehen bin ich mir der Milde nicht mehr so sicher. Vielleicht widersprach S. nur aus Trotz. Vielleicht wusste er von der Schäbigkeit der Behausungen. Aber sie einem Wessi-Fremden gegenüber zuzugeben, kommt nicht in Frage. Der Trotz soll den Stolz retten.

Kilometerweit durch die Stadt. Im hochmodernen Bahnhof frage ich nach der Bahnhofsmission. Gut versteckt liegt sie abseits vom Schuss. Wer hier anklopft, hat die Zukunft schon versäumt. Für 50 Cent gibt es Brote und Tee. Und an der Wand einen Satz aus 1. Korinther 13: »Die Liebe ist langmütig und freundlich, die Liebe erträgt alles, sie glaubt alles, hofft alles und hält allem stand.«

Zwei Männer und eine Frau essen bereits, alle drei sind obdachlos. Sie haben Gurkensalat und Jogurt von draußen mitgebracht. Und laden mich ein. Man staunt über die verschiedenen Formen von Menschlichkeit. Sie teilen das bisschen und fangen mittendrin

an, über »die Ausländer« zu schimpfen, die als »Abschaum« Halle
bevölkern und – wie sollte es anders sein – für das Unglück der
Nicht-Ausländer verantwortlich sind. So lerne ich, dass keine drei
Unholde sich hier entrüsten, die grundsätzlich jeden und alles hassen. Aber ich weiß jetzt, dass sie jemanden gefunden haben, den
sie glauben, hassen zu müssen.

Ich drehe eine Runde, um einen Arzt und einen frischen Verband
für meine Zehe zu finden. Seltsamerweise sind alle vier Praxen geschlossen. Ich registriere den leeren Akku im langsamer werdenden Leib. Mit forschen Bewegungen kann ich über meinen Zustand
nicht mehr hinwegtäuschen. Jetzt bin ich reif fürs Mitleid. Zweimal
hole ich mein Notizbuch heraus, will etwas notieren. Und zweimal
zuckt ein Krampf durch die rechte Hand. Sie ist müde wie der Rest
des Körpers.

Zurück zum Bahnhof. Dank meines Bad Frankenhausener Vermögens kann ich mir einen Kaffee genehmigen. Ein gut gekleideter
Mann und ich sitzen eng aufeinander. Wir reden, das löst die Enge.
Herr Toele ist Wiener, alles an ihm gefällt mir. Der Stoff des An-
zugs, die Hände, die Stimme. Der Mensch »stimmt«. Kein Wunder,
dass er mit anderen auskommt. Er erzählt, dass er nach der Wende
zehn Jahre in Halle verbrachte, um ein Computerzentrum aufzu-
bauen.
   Zwanzig Minuten lang höre ich einem Fremden zu, der detailliert über die Ossis in seiner Firma spricht, von ihrer anfänglichen
Scheu, ihrem wachsenden Selbstvertrauen und der baldigen Be-
reitschaft zur finanziellen Mitverantwortung. Inzwischen hat T. die
Firma verkauft, er sei nur zu Besuch hier. Als Rentner sozusagen,
der den Kontakt mit seinen ehemaligen Mitarbeitern nicht verlieren möchte. Ich bin so begeistert von dem Wiener, der so viel Glanz

und Wertschätzung ausstrahlt, dass ich – aus mir wird nie ein Profi – vergesse, ihn anzupumpen. Der Mann war mindestens fünf Euro wert.

Weingärten 21, das ist die Adresse der »Obdachlosenbetreuung« von Halle. Der Weg dorthin führt entlang einer Straße, durch die man in den Krieg ziehen könnte. Die schäbigen Fassaden passen zur schäbigen Adresse. Aber keine siegestrunkenen Krieger kommen hier vorbei, hier marschieren ab 16 Uhr die Verlierer der Stadt auf. Wir sind zu früh, einer der Penner zeigt auf meinen Rucksack und fragt, ob ich mit dem Fallschirm abgesprungen sei. Das hat Witz. Sein Hintermann wankt auf zwei Krücken näher, ein eher humorloser Geselle. Als ich die Hand ausstrecke, um ihn zu stützen, holt er nach mir aus. Schon verstanden, hier kommt ein stolzer Besoffener, der jede Hilfe verweigert.

Ordentliche Betreuung, der Mann an der Rezeption nimmt die Personalien auf und reicht die Bettwäsche. Noch ein Geheimnis: Obwohl die Fenster vierundzwanzig Stunden pro Tag offen stehen, umwabert ein Ruch den Schädel, als verstopften nasse Windeln die Nasenlöcher. Im hintersten Schlafsaal bekomme ich ein freies Bett. Wieder stecke ich nach dem Beziehen den Kopf ins frisch gewaschene Linnen. Das wirkt wie ein Serum gegen den uralten Urin, der bereits die Mauern tränkt. Neben mir richtet sich Frank ein. Ich lerne ihn kennen, als er einem Hippie verspricht, ihm die Knochen »alle und einzeln« zu brechen, wenn er sich an fremdem Eigentum im Zimmer vergreifen sollte. Der Langhaarige mault mutlos zurück, er scheint als Langfinger bekannt.

Mit dem Fallschirm runter in den Keller, dort stehen die (sauberen) Toiletten und Duschen. Man hört es hurtig rotzen und plumpsen. Männer, die auf der Straße leben, scheinen grundsätzlich lautmalerischere Körpergeräusche als der Rest der Menschheit zu produzieren. Über die Trennwände hinweg vereinbaren meine Mitbewohner einen Termin fürs »Tanken«. Jetzt gleich, nach dem Abtrocknen. Als ich wieder an der Rezeption vorbeikomme, kontrollieren zwei Polizisten die Kladde mit den Neuzugängen.

Ich lade Frank zum Kaffeetrinken ein. Diese Idee allein verrät, dass ich noch immer nichts vom Leben der Stromer verstanden habe. Dennoch, der 42-Jährige akzeptiert. Wir gehen die 300 Meter bis zum Rewe. Gleich links vom Eingang liegt das Café. Tätowierungen bedecken den Körper von Frank. Dramatische Szenen vom Kämpfen und Siegen. Wie eine Wachsfigur sitzt er vor der vollen Tasse. Ich frage, und Frank antwortet nicht. Wohl nicht aus Unhöflichkeit, er kann nicht, nichts animiert die Zunge. Einmal schafft er den Satz: »Das ganze Leben ist Scheiße.« Später kommt der zweite: »Ich bin schuld an der Scheiße.«

Bald beginnt der ehemalige Fliesenleger zu zappeln, Kaffee scheint das letzte Getränk, das ihn zum Leben verführen könnte. Nach einer halben Stunde brechen wir das Unternehmen ab, schnellen Schrittes verlässt Frank das Lokal. Als ich ihn kurz darauf wiedersehe – einen ganz anderen Frank, heiter, gelöst, vier Bierdosen unterm Arm und von Kumpanen begleitet –, weiß ich zwei Dinge: dass ich ihn gehörig gelangweilt haben muss. Und dass der schnelle Schritt aus dem Café der Schritt eines Junkies war, der sich entschlossen auf den Weg zum ruinösen, lebensrettenden Stoff machte.

Frank und Kompanie sitzen in einem Geviert, das direkt neben der Bleibe vom Sozialamt eingerichtet wurde. Damit die Zecher ungestört zechen können. Sogar ein Zelt steht da. Damit das Blausein auch bei Regen nicht aufhört. So eine umzäunte Quarantäne hat was. Sonst lägen sie alle am Fuß der kaputten Fassaden, und die Stadt müsste sie einsammeln. So hocken zwanzig auf einem Haufen. Wie praktisch, wie übersichtlich.

Um zehn liege ich flach. Andere Alternativen hat ein Mann in meiner Lage nicht. Bis weit nach Mitternacht drängen grölende Geräusche an meine Koje. Das Haus ist durchgehend geöffnet, zu jeder Stunde stolpern sie hier ins Bett. »Blödes Arschloch« und »Halt die Fresse« scheinen die beliebtesten Gutenachtgrüße. Irgendwann ruft einer »Hilfe«, oft und lange ruft er. Er ruft nicht, er lallt. Aber laut. Er muss viele Male lallen, bis ich mich auf den Weg mache, um nachzusehen. Nachts an zwölf schnarchenden Leichen vorbeizugehen, von denen ein Drittel bereits gesessen hat, erfordert eine gewisse Achtsamkeit. Wahrscheinlich bin ich der Einzige mit null Promille im Blut. Das Dutzend hört längst kein Rufen und Lallen mehr.

Im Nebenzimmer finde ich den Mann. Ich mache Licht. Der Bierbauch ist aus dem Bett gefallen und will offensichtlich dorthin zurück. Schwierig, denn bizarr windet sich das linke Bein um das rechte. Möglicherweise das Ergebnis eines Krampfs. Ich kann nur vermuten, denn der Alte ist zu keiner Auskunft fähig, schafft nur das Fünfbuchstabenwort Hilfe. Aufstehen und sich hinlegen wäre eine Lappalie für einen Nüchternen, scheint aber ein Kraftakt für jeden, der sein motorisches System bewusstlos gesoffen hat.

Ich ziehe am linken Fuß. Was die eigentliche Katastrophe auslöst. Der Mann dreht sich auf den Bauch, und dünner Alkoholbrei schwappt auf den Boden. Als hätte das Strecken des Beins eine Schleuse geöffnet. Zum Geruch beißenden Urins nun der Gestank von Erbrochenem aus dem fast zahnlosen Mund eines Mannes, der als Junge sicher nicht davon träumte, eines Nachts in der eigenen Kotze zu landen.

Ich lasse ihn zu Ende erbrechen, warte auf ruhigeren Atem, der signalisiert, dass der Alkohol einmal mehr als Schlafmittel wirkt, wuchte den Körper auf das Bett, platziere den Kopf seitlich, so dass er gegebenenfalls weiterkotzen kann, atme kaum, um nicht umzukippen, und kontrolliere ein letztes Mal den Atem der Leiche. Alles nun selig. Und grauenhaft verstunken. Mit geschlossenem Mund suche ich das Weite, die Dienste einer Putzfrau verweigere ich. Es ist auch keiner in der Nähe, der mich darum bitten würde. Wie ein Schmierenorchester schnarchen und greinen die zwölf in die Nacht. Keiner hat den Zwischenfall bemerkt. Mit dem Rucksack steige ich hinunter zu den Duschen, um Hände und Stiefel zu schrubben.

Neunter Juli

Um halb sechs raus, mit zugehaltener Nase ins Freie, tief Luft holen. Zum Bahnhof, will noch ein Frühstück bei der Mission abstauben. Leider geschlossen. Ich gehe in das Café, wo ich gestern mit dem Wiener sprach, und bettle um alten Kuchen. Die Café-Frau sagt nein und füllt eine Tüte – riesig wie in amerikanischen Supermärkten – mit Croissants, Nussschnitten und Berlinern. Unergründliches Menschenherz.

Die Ladung ist mir zu schwer, dafür bräuchte ich einen Sherpa. Ich packe sieben Stück ein und setze mich auf eine Bank in der Eingangshalle. Minuten später registriere ich, dass die Ordnungskräfte der Bundesbahn, die von allen Tippelbrüdern gefürchteteten »Rotkäppchen«, ein Auge auf mich werfen. Durchaus zu verstehen, ich steuere sicherlich nichts zur Verschönerung des brandneuen Bahnhofs bei. Das so mühsam aufgebaute Image der DB scheint in Gefahr. Da ich aber mit keiner Bierflasche um mich werfe, bleibt es bei der diskreten Observierung meiner Person.

Mein Aufzug bringt auch Vorteile, die Bank bleibt leer, ich kann mich ausbreiten. Wer sich neben mich setzen will, überlegt es sich noch einmal. Und dreht ab. Nach dem Frühstück suche ich in den Abfallbehältern nach Zeitungen. Vergeblich, ich bin zu früh.

Auf der Bundesstraße 100 Richtung Norden aufbrechen. Alle vorauseilenden Befürchtungen werden wahr: sechsspuriger Verkehr, strömender Regen, Leitplanken. Einmal renne ich im Schweinsgalopp an einer siebzig Meter langen Betonmauer entlang, die haarscharf die Fahrbahn auf der linken Seite begrenzt. Anschließend gehe ich hinter den Leitplanken, ungemütliches Gehen, da die Wiese dahinter meist schräg abfällt. Aber die Planke gewährt einen gewissen Schutz.

Irgendwann wird das Leben schöner, der Himmel hellt auf, und ich komme auf eine alte DDR-Straße, die übrig gelassen wurde und neben dem Highway verläuft. Später Rast an einer Tankstelle. Während ich die Socken auswringe, überlege ich, ob das ein guter Ort ist, um einen Pump anzulegen. Ich sehe mir die Gesichter der Autofahrer an und weiß, dass er das nicht ist. Ein eher schlechter Augenblick für derartige Transaktionen. Wer gerade einen Batzen Geld für Sprit ausgeben musste, will von bettelnden Fußgängern nichts wissen.

Radfahrerwege sichern über eine lange Strecke das Weiterleben. Eine junge Frau mit Fahrrad und Anhänger kommt mir entgegen. Vorne im Korb sitzt ein Hund. Die tapfere Tessa zieht durch Europa und baut auf Marktplätzen ihr Marionettentheater auf. Damit verdient sie ihr Geld. Sie muss so leben, sagt sie, anders kann sie nicht, ihre Großmutter war Zigeunerin.

Mittags erreiche ich Bitterfeld. Eine liebe Bitterfelderin spendiert einen Maracuja-Jogurt, und Jimmy, der Grieche, der eigentlich Albaner ist, stellt einen Kaffee auf den Tisch. Im Radio seiner Kneipe läuft ein Interview mit einer mexikanischen Band, die gerade durch Deutschland tourt. Der Sänger erklärt die Texte der

Gruppe, spricht von der unglaublichen Armut in Mexiko-City und der gleichzeitig sehr reichen Kultur der Stadt, er sagt »muy rica«, und der Übersetzer sagt »supergeil«. Wir alle hören, dass sie in der mexikanischen Hauptstadt eine »supergeile Kultur« haben. Das ist superblöd. Wahrscheinlich gehört das Wort »geil« zu den fünfhundert Wörtern, mit denen der Privatsender über den Tag kommt.

Als ich aufstehe, stehe ich auf wie einer, der die letzte Ewigkeit eingefroren überlebt hat. Brettsteif. Jede Rast nimmt der Körper jetzt her, um zu erstarren.

Weitertippeln. Irgendwann hält ein Motorradfahrer, der mich hinten aufladen will. Ich beute seine Gastfreundschaft aus und zeige auf eine zweihundert Meter entfernte Tankstelle. Bis zu ihr dürfe er mich mitnehmen. Aber nur, wenn er mich dort zu einem Kaffee einlädt. Da ich nichts zu befürchten habe, außer einen Mann, der mir zornschnaubend mit seiner Yamaha FZ6 Fazer über die Zehen fahren könnte, traue ich mich den dreisten Vorschlag. Und Martin, der heilige Martin, nimmt an. Fünf Sekunden später sind wir am Ziel. Jetzt wird es komisch, ja lustig. Der junge Kerl holt den vollen Becher, zahlt und braust winkend davon. Weiß der Teufel, warum. Auf dem Weg zur Kasse hatte ich ihn noch aufgefordert, sich eine Geschichte zu überlegen. Die ich ihm anschließend ziehen wollte. Vielleicht schien ihm das ein bedrohlicher Ausblick.

Durch Mühlbeck, durch Pouch, ein Sprudel, drei Würste, ein halber Brotwecken gehen in meinen Besitz über. Einem Mann, der schwer gekrümmt vor einem Plakat steht, das die nächsten »Meisterschaften im Badewannenrennen« ankündigt, nehme ich einen Euro ab. Ich habe inzwischen einiges gelernt, immer deutlicher weiß ich, wann ein Opfer vor mir steht und wann nicht.

Ich fange an, mich nach einer Stelle zum Übernachten umzusehen, der Wetterbericht verspricht eine regenlose Nacht. Ich sehe einen geeigneten Platz und verspüre trotz Schmerzen den Wunsch weiterzugehen. Das klingt absurd, aber das Nichtaufhören löst ein Gefühl von Euphorie aus. Weil es die Vorstellung von Unabhängigkeit suggeriert: Hier könnte ich übernachten, aber dort könnte ich auch. Ich bin – auch das klingt halsbrecherisch – ein freier Mann. Weil ich nichts habe. Und doch so viele Möglichkeiten.

Die wunderschöne Ex-Sowjetisch-Besetzte-Zone bestaunen. Durch eine weit und breit unverwundete Landschaft gehen. Ich weiß, das ist eine Illusion. Aber die Schandtaten sind gerade nicht sichtbar. Wie löblich, dass die Kommunisten keine kommunistischen Bäume und Wiesen züchteten. Dass ihnen nach dem Neuen Menschen nicht noch die Neue Natur einfiel. Sie hätten sie totgepflastert mit dem Beton ihrer Köpfe.

Mir kommt der aufregende Gedanke, dass ein Erleuchteter als Verkehrsminister von Sachsen-Anhalt wiedergeboren wurde. Denn viele Kilometer schon wandere ich in diesem Bundesland auf bombensicheren Radwegen. Am Ende des Gedankens lese ich das Wort ENDE auf einem Schild, ich muss zurück auf die Rennpiste. Wieder gehe ich einen Meter daneben, der Sicherheitsabstand zu den Rennfahrern kann nicht groß genug sein.

Irgendwann versinke ich wadentief in einem Moosloch. Der versunkene Fuß ruft eine Erinnerung aus Äthiopien wach. Wo ich mich eines Nachmittags vor Erschöpfung auf die regenweiche Erde legte und einen hysterischen Anfall bekam. Die Hysterie überfiel mich, als ich – kaputt am Boden – auf meinen weggeworfenen Rucksack, dann auf meinen winselnden Körper deutete, somit dem starken

Afrikaner, der sich anteilnehmend über mich gebeugt hatte, zu verstehen geben wollte, dass ich am Ende sei und er doch bitte den Rucksack schultern solle. Aber der Mensch wollte nicht verstehen. Bis ich mich wie ein Kamel aufrichtete, zuerst auf die Knie, dann mich am Wanderstab nach oben zog, endlich den Weg zum fünf Schritte entfernten Rucksack schaffte, ihn hochhievte, ihn dem Anteilnehmenden auf die Schulter packte und einen Geldschein aus der Tasche zog. Jetzt strahlte der Mann und trug die nächsten zehn Kilometer meine Last. Ich traute mich das Geschäft, weil der Breitschultrige sich bei mir auf dem Hinweg (da war ich noch stark, da hatte es noch nicht geregnet) erkundigt hatte, ob ich keine Arbeit für ihn wüsste. Jetzt, beim zweiten Gang durch sein Dorf, wusste ich eine. Hochzufrieden wanderten wir gemeinsam in die nächste Stadt. Für den mächtigen Kerl waren die dreizehn Kilo ein Fliegenschiss, für mich war Mogus einer meiner zehn Lebensretter.

Aus Afrika holt mich ein dezentes Hupen zurück. Kein Äthiopier will mich diesmal retten, nein, schon wieder hält ein Ossi, der anbietet, mich nach Wittenberg zu fahren. Ich bin zu feig für einen Betrug. Warum eigentlich? Würde ich dem Hilfsbereiten nur Falschinformationen über meine Person zukommen lassen, nichts verraten von zu Fuß und ohne Geld, nie das geplante Buch erwähnen, wie sollte je herauskommen, dass ich die nächsten vierzig Kilometer bequem in einem silbergrauen Passat zurücklegte? Die Wahrscheinlichkeit, dass ausgerechnet dieser Autofahrer das veröffentlichte Tagebuch liest, ist gering. Und selbst wenn: Keine Sekunde würde er sich acht Monate später an mich erinnern. Meine Füße, Gelenke und Hüften würden es mir danken. Sie allein wüssten über meine Machenschaften Bescheid. Und würden schweigen.

Kurz vor achtzehn Uhr erreiche ich Gossa. Ich habe eine beachtliche Strecke hinter mir, hier will ich die Nacht verbringen. Bis es so

weit ist, ziehe ich ins Wirtshaus Fortuna. Guter Name, denn
Annelie, die Wirtin, bringt Glück, sprich, sie weiß eine Story nach
der andern. Die 45-Jährige ist schnell im Kopf, frisch, neugierig.
Ja, als Chefin hätte sie so einiges zu berichten. Die Theke als
Beichtstuhl, als Forum für so manchen Offenbarungseid eines ge-
strandeten Lebens: »Frau Wirtin, bitte beichten.« Sie hat sich alles
angehört. Man will als Außenstehender nicht glauben, wie es
rumoren kann in kleinen Nestern. Vor ein paar Wochen hat ein
Mann seine Frau hier erwürgt. Und sich dann erhängt. Nicht ohne
vorher pflichtbewusst den Firmenwagen abzuliefern. Die Motive
für das Würgen? Die Chefin hält sich bedeckt, man weiß nur, dass
die Gattin davonwollte. Warum davon? Ein anderer Mann? Über-
druss? Auf in den Westen? Annelie meint, dass sich nach der
Wende mehr DDR-Männer umgebracht hätten als vor 1989. Nicht
selten sei der Grund eine Scheidung gewesen. Wenn schon die
Sicherheiten des Sozialismus wegbrachen, dann sollte zumindest
die Ehe mithelfen, das neue Leben auszuhalten.

Mit der Umstellung habe sie keine Schwierigkeiten, sie sei eine
Ossi, die sich in die Zukunft wagt. Von der Kneipenwirtschaft habe
sie nun die Nase voll, vom Geseufze der Kneipenbrüder auch.
Übers Internet hat sie einen neuen Job gefunden, sie wird jetzt
Reiseleiterin für geistig und körperlich Behinderte. Eine Probefahrt
liegt bereits hinter ihr, in Kreta fing ihre Begeisterung für die Welt
an. Die nun nicht mehr aufhören soll. In ein paar Monaten wird sie
full time unterwegs sein.

Sie bewundert Leute, die in der Welt herumkommen. Die dreifache Mutter erwähnt Antonia Rados, die Reporterin bei RTL, die
»stünde immer so gut frisiert da«, trotz Feuer und Rauch. Sie,
Annelie, wäre auch gern als Reporterin nach Bagdad in den Krieg
gezogen. Aber am liebsten würde sie schreiben, alle die Beicht-
stunden festhalten, die jetzt lose in ihrem Kopf herumliegen.

Ihr Ansinnen klingt nicht übermütig. Wenn sie es schafft, ihre ausufernde Sprache einzuzäunen, dann wird aus Annelie, der Wirtin aus Gossa, noch eine passable Schriftstellerin. Auf jeden Fall besitzt sie eines der wichtigsten Ingredienzien für das Handwerk des Schreibens. Sie ist neugierig, sehr genau fragt sie, sehr konzentriert hört sie zu. Nach zwanzig Minuten Kreuzverhör mit so einfachen Fragen wie »Wo finde ich einen Verleger?« gebe ich zu verstehen, dass ich nur dann weiterreden kann, wenn ein nächster Kaffee mich aufmöbelt. Auch das scheint meine neue Freundin blitzschnell zu begreifen: dass das Informations-Business Investitionen verlangt. Im Nu steht eine frische, dampfende Tasse vor mir.

Voller Dankbarkeit füreinander nehmen wir Abschied. Zweihundert Meter weiter muss ich mich ärgern. Wieder über die eigene Einfallslosigkeit. Ich hätte Annelie einen Deal vorschlagen sollen. Ihr versprechen, das fertige Buch zu schicken. Somit wäre ich ab sofort Gläubiger eines virtuellen Kredits von circa 23 Euro gewesen. Den sie umgehend hätte abtragen können, indem sie mir ein üppiges Abendessen kocht. Wie so viele Zeitgenossen bin ich erst hinterher der Klügere. Ich will nicht mehr nachdenken, ich will endlich anfangen vorzudenken.

Einen halben Kilometer weiter kommt der rechte Ort für die Nacht. Beim Auspacken finde ich die Landkarte wieder, die mir vorgestern von den Punks geklaut wurde. Eben nicht geklaut wurde. Brave Punks, ich verbeuge mich dreimal Richtung Querfurt und bitte um Vergebung.

Der amerikanische Dichter Gary Snyder – so abgefahren und freakig wie seine Freunde Alan Ginsberg und Jack Kerouac – sprach einmal von den *four dignities*, den vier Erhabenheiten: stehen, liegen, sitzen, gehen. Folglich liege ich erhaben im Gossaer Wäldchen und schaue hinauf in die finstern Baumkronen. Und wie damals als Kind sehe ich die wilden Gesichter, die von den Blättern und Ästen geformt werden. Wie sie Angst machen können. Wie genau ich mich erinnere.

Zehnter Juli

Bei Sonnenschein aufwachen. Nach knapp zwei Stunden bin ich in Radis und betrete um 8.25 Uhr die Fleischerei Kirchhof. Ein weiser Schritt. Denn für 146 Cent (ich habe 151) bekomme ich zwei Buletten, eine Semmel und einen Kaffee.

Und Armin bekomme ich auch. Vier Ossis frühstücken in dem Stehimbiss. Ich stelle mich zu A. an den Tisch, er steht allein. Wir fangen zu reden an, und die drei anderen hören zu, unübersehbar.

Armin ist ein Parade-Ossi, es geht los mit den üblichen Jämmerlichkeiten: über das Leben im Allgemeinen und das fürchterlich schwere Leben eines Ossis im Besonderen. Aber heute bin ich schlauer als vor fünf Tagen. Ich widerspreche nicht, ich stimme zu. Ich vermute, dass das Jammern eine Art »sekundärer Krankheitsgewinn« ist. Der Ausdruck stammt von Freud: Die Krankheit ist das grausame Los, ein Ossi zu sein. Und der Gewinn ist das glühende Lamentieren darüber. Soll keiner behaupten, dass Raunzen nicht ein wohliges Gefühl auslöst. Raunzen über geringeren Verdienst, über weniger Rente, über mehr Arbeitslose. Raunzen, dass die Ruhe dahin ist und dass durch Radis die abgefeimtesten Triebtäter und Großkriminellen des wiedervereinigten Deutschlands schwirren. Zustimmend nicke ich, als Armin das Trauma vom Verschwinden aller sozialistischen Sicherheiten vor mir ausbreitet und zwingend darlegt, dass im Gegenzug sämtliche Gemeinheiten des Kapitalismus vor der Haustür der Radiser landeten.

Doch irgendwann schwächelt der 64-Jährige, er tut das, was ich so innig gehofft habe: Das Quengeln verebbt, der Rentner fängt an, von seiner runderneuerten Wohnung zu erzählen, von der Tatsache, dass er jetzt Anschluss an die Kanalisation habe und nie wieder mit »gefrorenem Arsch« auf dem Außenklo sitzen müsse. Dass ihm ein Pass gehört, dass er mit der Frau nach Italien darf und dass die persönliche Freiheit ein verdammt kostbares Gut ist. (So formuliert er es nicht, aber so klingt es.)

Armin wäre kein Ossi, hätte er mich nicht in der Zwischenzeit zu einem zweiten Kaffee eingeladen. Natürlich habe ich mit eindeutigen Worten einfließen lassen, dass ich die Ostdeutschen für die besseren Menschen halte. Das ist pathetisch, aber ich bin Hungerleider und muss zu allen Mitteln greifen, um den Hunger abzustellen. Ossis sind so oft abgewatscht worden, dass eine derartige Behauptung – auch wenn sie als Manöver durchschaut wird – immer willkommen ist. Zudem habe ich alle Trümpfe in der Hand, um nicht als westlicher Fatzke missverstanden zu werden: Ich komme zu Fuß, kein fetter Wagen steht draußen, ich will kein Haus zurückhaben, keine Rolex blitzt. Und ich singe das Lob der Schönheit des Landes.

Als Armin mich zur dritten Tasse einlädt, nehme ich nur an, wenn er mir verspricht, ab morgen früh einen ganzen Tag nicht zu jammern. Der Satz gefällt den Anwesenden so gut, dass zwei ihre Geldbörsen aufmachen und dem armen Wessi ein paar Euro mit auf den Weg geben. Als Armin nochmals nachlegt und fragt, ob er mir ein paar Würste einpacken lassen soll, plagen mich für heute die ersten Skrupel. Und ich sage ja. Denn zuerst kommt die Wurst, dann die Zerknirschung.

Noch eine letzte Pause in Eutzsch, dann vierspurig hinein in die Lutherstadt Wittenberg. Ich lande in der elegant renovierten

Collegienstraße. Wieder die Stille, nie ein herrisches Hupen. Ein Friseurmeister führt mich durch seinen Laden, weil gegenüber seinem Hintereingang das Internetcafé liegt, das ich suche. Im Melanchthon-Antiquariat, direkt neben der ältesten Universität Deutschlands, bettle ich um ein Buch, und die Buchbesitzerin Elke lässt mich wühlen und einen Schatz heben: *Erzähler der Nacht* von Rafik Schami, dem Syrer, der vor Jahren einen Satz hingelegt hat, für den allein man ihm dankbar und zugetan sein muss: »Was ich aber am meisten liebe, ist die deutsche Sprache. Ich kann in ihr meinen Traum leben, in ihr bin ich zum Schriftsteller geworden. Sie ist für mich das Tor zur Welt.«

Auf einer Café-Terrasse den fertigen Leib besänftigen, ihm einreden, dass er heute nicht mehr weiter muss. Nicht viel weiter. Ich frage nach der Adresse und starte am späten Nachmittag Richtung Teuchlerweg 61. Dort liegt das Obdachlosenheim, wie üblich liegt es weit draußen. Ich komme an einer Frau vorbei, die neben dem Eingang eines Mehrfamilienhauses sitzt. Wieder überfällt mich ein plötzliches Gefühl von Unfehlbarkeit. Nicht, weil ich mich für groß und stark und unwiderstehlich halte. Ich bin unfehlbar, weil ich die nächsten zwei Minuten fehlerlos mit der Energie im Weltraum umgehe. Der Clou: Ich weiß es kurz vorher, weiß, dass mich gerade drei Himmelskörper beschützen, dass ich vollkommen mit mir und meinem Tun übereinstimme, ja dass ich die nächsten 120 Sekunden alles und jeden, auch mich, bejahe. Es ist wie ein Flash von Glück, das dem unwiderruflich gehört, der es erkennt. Ich erkenne es und gehe auf die Omi zu, die mir fast Leid tut, so sicher bin ich mir, dass ich sie besiegen werde und die Wehrlose wie unter Hypnose zu ihrer Börse greifen wird, um mich zu bereichern.

Auf den letzten Metern fällt mir ein, dass es umgekehrt ähnlich funktioniert. Bei manch anderer Gelegenheit weiß ich ebenfalls vorher, dass ich keinen Brotkrümel bekommen werde. Weil die Moral fehlt. Weil kein Stern mich behütet. Weil ich nicht einverstanden bin, nicht mit mir, nicht mit meiner Absicht. Für beide Konstellationen gilt: Man kann sie nicht erschaffen, nicht wollen. Man kann nur versuchen – sollte das Glück ausbrechen –, diesen einen Moment nicht zu übersehen. Wie jetzt, um 17.27 Uhr, als Katharina B. ein Bounty, sieben Bounty-Bonbons und vier Euro in meine beiden Hände legt. Einsamer Höhepunkt: Sie strahlt dabei, soll sagen, ich bin für ihr Strahlen verantwortlich. Unleugbar, ich kam vorbei, um ihr eine Freude zu bereiten. Als zwei glückliche Menschen gehen wir auseinander.

Im E-Center mache ich Pause, als Geldbesitzer kaufe ich ein, auch Zigarillos. Auf einem Rasenstreifen neben dem Parkplatz findet sich ein ruhiger Fleck, ich habe zu tun. In der Sonne liegen, rauchen und im Radio Jutta Hoffmann zuhören, die aus Brigitte Reimanns *Alles schmeckt nach Abschied* liest. Die B. R. hätte ich gerne kennen gelernt, blitzgescheit, verletzbar, schön, so lebenshungrig, so sprachbegabt. Der Titel ihres Tagebuchs über die Jahre 1964 bis 1970 lässt vermuten, dass sie tief innen ahnte, dass es früh zu Ende sein würde. Als 40-Jährige stirbt sie an Krebs. Hoffmann liest die mutigsten Stellen vor, die Anmerkungen einer wutbebenden DDR-Bürgerin, die mit dem Regime abrechnet, mit den Rufmordkampagnen, den Erniedrigungen, der Aussichtslosigkeit auf freie Gedanken.

Da Reimann nicht nur Opfer und Zielscheibe war, sondern auch Geliebte, Freundin, Frau, hatte sie oft Grund, von den sinnlichen Manifestationen ihres Lebens zu berichten. Hier die ergreifendste: »Er ist der erste, der mir eine Lust macht, wie ich sie bisher nur aus Romanen kannte, die mich zerreißt und auflöst und mit ihm verschmilzt, als seien wir ein Fleisch und ein Schoß. Früher dachte ich, jede Leidenschaft müsse schwächer werden, die Umarmungen ruhiger, seltener.«

Als ich im Teuchlerweg ankomme, bin ich noch immer zu früh, erst um 22 Uhr wird das »Nachtasyl«, so sagen sie hier, geöffnet. Aber die Angst trieb mich, keinen Platz zu bekommen, nur ein paar Betten soll es geben. Der Rest des Mietshauses ist voller Ex-Obdachloser, die hier auf Dauer untergebracht sind. Auf der anderen Straßenseite steht eine ehemalige Hitler-Kaserne, die später von der Volksarmee übernommen wurde. Heute verrottet das Gebäude.

Zeit totmachen, ich geselle mich zu den sechs Lallern, die auf den Stufen vor einem der Eingänge sitzen und das tun, was sie seit Jahren tun: saufen und schwadronieren. Die Gruppendynamik besteht aus einer aparten Mischung von Morddrohungen und stammelnder Liebe. Hier sprechen sie weniger miteinander, hier setzt einer zu monologisieren an, und die anderen halten still. Dann monologisiert der Nächste. Manchmal reden zwei zur selben Zeit. Aneinander vorbei und jeder für sich. Da jeder jeden Monolog schon viele Male gehört hat, kommt es zu keinen Missverständnissen mehr. Redet einer von einem »Schwanz« oder einer »Fotze« (und über eine ganze Reihe primärer Geschlechtsteile wird hergezogen), so wissen alle, um wen es sich handelt, und sind ganz einverstanden.

Ein Teil der Energie des heutigen Abends wird in die Suche nach dem Mann investiert, der noch imstande ist, Nachschub, sprich zwölf Bierdosen, zu holen. Das dauert, da alle schon randvoll sind. Dieter scheidet von Anfang an aus, ihn rammte vor sieben Jahren ein Autofahrer, seitdem ist er zu hundert Prozent behindert. Um 20.45 Uhr hält Erwin endlich ein Fahrrad in Händen. Schritt eins: Mensch und Maschine gehen nebeneinander her, beide brauchen einen gewissen Anlauf. Schritt zwei: Die beiden werden schneller.

Schritt drei: Sprung!, das Hinaufschwingen sieht absolut chaplin-esk aus, der schlingernde Erwin bespringt das schlingernde Rad, eine Meisterleistung.

Nach seinem Abgang wird es stiller, das Schmiermittel fehlt, alle denken mit einer gewissen Unruhe an den Bierholer (»Was, wenn er nicht wiederkommt?«), dem sie allerdings versprachen, ihn in der nahen Elbe »zu versenken«, sollte er mit dem Geld abhauen oder die sechs Liter allein konsumieren.

Ein Saab fährt vor, und ein rotköpfiger Dicker steigt aus, um die 40. Er scheint bekannt, man nickt gelangweilt. Er flüstert mit Jochen, und Jochen flüstert mit mir. Der Rotgesichtige lässt fragen, ob ich »nicht Lust auf einen Fick zu dritt hätte«, einen Dreier, einen Männerdreier. Bevor ich antworte, will ich wissen, wer denn der Dritte wäre. Er natürlich, Jochen.

Der Lange fiel mir sogleich auf, eine imposante Erscheinung, noch imposanter durch eine adrette Halskrause, die an seinen letz-ten Unfall erinnert. Ich danke für das Angebot und lasse ausrichten, dass ich heute unpässlich sei. Kein Problem, kein Nachhaken, der Dicke setzt sich wieder hinters Steuer und verschwindet.

Die Szene war nicht unangenehm. Einer kommt vorbei, äußert sein Bedürfnis und zieht friedlich und unverrichteter Dinge weiter. Jochen meint noch, dass er schon gerne »gebohnert« hätte, aber dem Saab-Fahrer zu verstehen gab, dass er nur mitkäme, wenn »Frischfleisch« dabei wäre. Jetzt muss ich kichern. Wie granaten-voll muss einer sein, um einen abgezehrten Rucksackreisenden mit Frischfleisch zu verwechseln?

Erwin kommt, er schlingert noch genialer. Denn jetzt hängt das Dutzend Dosen links am Lenkrad und gefährdet entschieden das fragile Gleichgewicht. Doch der ehemalige Bäckergeselle erwischt die richtige Einflugschneise, rauscht auf uns zu, und fünf Mann halten Rad und Radler bei seiner Ankunft fest. Die Ware wird gelöscht, Erwin abgeladen, zischend fliegen die Verschlüsse vom Deckel, einer singt auf den Helden des Abends: »Adelheid, Adelheid, schenk mir einen Gartenzwerg.«

Kurz nach zehn kommt der *Security man* und sperrt auf. Zu sechst warten wir schon vor der Tür. Um dahinter ein Loch zu betreten, das den einzigen Namen trägt, den es verdient: Nachtasyl. Maxim Gorkis Stück heißt in der russischen Originalfassung *»na dnje«*, auf dem Grund. Wer hier ankommt, der kommt ganz unten an. In Moskau wie in Wittenberg. Neun zerrupfte Betten, eine Badezelle mit abgedeckter Badewanne und heruntergerissener Klobrille. Und Manfred, der an einem Waschzwang leidet und seine Füße abwechselnd und stundenlang (das weiß ich morgen früh) ins kalte Waschbeckenwasser stellt und bearbeitet. Ich frage nach Bezug und Leintuch und bekomme sie nicht. Voll bekleidet lege ich mich auf eine grindige Matratze. Ich rede mit keinem, mein Bedarf an verkrachten Existenzen ist für heute gedeckt.

Als ich mir (heimlich) einen Zigarillo anzünde, fällt der Schein des Zündholzes auf das Gekritzel an der Mauer hinter dem Kopfkissen. Einer schrieb: »Der Weg ist das Ziel.« Jetzt weiß ich, dass auch Paulo Coelho hier gelegen haben muss. Keiner verbreitet so kaltblütig esoterischen Stuss wie er. Mein Weg ist nicht das Ziel, mein Ein und Einziges ist Berlin.

Elfter Juli

Turbulente Nacht. Immer wieder Gebrüll auf dem Hausflur. All jene brüllen, die ins Loch wollen. Brüllen und hämmern gegen die Tür. Bis der »Wachmann« – er pennt in der Wohnung gegenüber – aufwacht, dem Türdrescher »Halt's Maul!« zuruft und öffnet. Man begreift, warum manche Obdachlose jedem Obdachlosenheim aus dem Weg gehen. Als ich um fünf ins Bad wanke, hält Manfred – noch immer? schon wieder? – seine zwanghaften Füße ins Wasser.

Elf Minuten nach fünf bin ich draußen. Die Nähe von Berlin gibt mir Kraft. Auf dem Trottoir liegt eine Brezel, ich schaue mich um und esse sie. Hundert Meter weiter liegen zwei bunt verpackte Präservative am Boden, Modell »Vulkan«, ich drehe mich wieder um und stecke sie ein. Nach zwei Kilometern werfe ich sie zurück auf die Straße. Weil mir einfällt, dass nur Angeber damit herumrennen. Um mit zukünftigem Sex anzugeben, den sie nicht haben.

Zweimal bitte ich, und zweimal werde ich so weggeschickt, wie ich gekommen bin: mit nichts. Ein paar herzlose Ossis muss es auch geben. Sonst stimmt was nicht. In Dietersdorf erhalte ich in der Bäckerei Wangerin einen noch warmen, riesigen Brotlaib. Kurz darauf lege ich mich in den Wald, esse, rauche, schlafe ein. Und wache auf, weil ich einen wütenden Schlag gegen meinen Brustkorb spüre. Eine Reflexbewegung meinerseits, um eine Wespe zu verscheuchen. Als ich wieder denken kann, sehe ich den Zigarillostummel, der mir aus der Hand fiel und jetzt in die Haut brennt. Ich wäre nicht der Erste gewesen, der wegen eines Glimmstängels sich und den Wald anzündete. Eilig mache ich mich davon.

Eilig ist ein starkes Wort. Ich bin nur noch müde oder tot, taste unter einer grausamen Sonne meine vier Extremitäten ab, will mich vergewissern, dass sie noch zu mir gehören. Kommen Autos vorbei, bilde ich mir ein, dass die Insassen mich angaffen und denken: »Schau mal, ein Gespenst.«

Als ich den Stadtrand von Treuenbrietzen erreiche und beim »China-Kebab«-Stand Halt mache, setze ich mich neben einen jungen Kerl, der kurz vor mir ankam. Ebenfalls mit Rucksack. Als er zu reden anfängt, bin ich beruhigt. Er ist das Gespenst, und ich bin normal. Schweißströme fließen über das Gesicht des 22-Jährigen, vielleicht hat die Hitze Mitschuld am Verlust der Hirnzellen. Bedenkenlos sucht Wilfried den Kontakt und gesteht, dass ihm ein iranischer Sufi meine Ankunft beim hiesigen China-Kebab vorausgesagt habe. Mit den einfachen Worten: »Am elften Juli 2003 wird sich ein Fremder neben dich setzen.« Nun denn, das wäre eingetroffen. Wilfried folgert daraus, dass er »auserwählt« sei, ja Zeichen am Himmel lesen könne. Unter anderem den in drei Jahren fälligen Weltuntergang.

Überaschenderweise wird Wilfried von kurzen Blitzen des Wiedererwachens gestreift. Er sagt, fast flehentlich: »Ich könnte mich von all den Symbolen und Menetekeln befreien«. Und warum befreit er sich nicht? »Ganz einfach«, und er fällt wieder ins rettungslos Irresein, »ich müsste es bis nach Bratislawa schaffen.« Ich überlege, ob ich ihm die alles entscheidende Frage stellen soll, was ihn denn hindere, es bis nach B. zu schaffen. Und stelle sie. Darauf der Semmelblonde, nun hinreißend doof und weise zugleich: »Ich weiß es nicht.« Ich murmle noch, dass er es sich haarscharf überlegen solle, und mache mich aus dem Staub. Fast im Laufschritt. Denn der Frühgreis mit der *Dementia praecox* schlug noch vor, gemeinsam die Reise anzutreten. Lieber nicht.

Schon der alte Johann Gottfried Seume sang Anfang des 19. Jahrhunderts das frohe Lied vom Wandern: »Wer geht, sieht im Durchschnitt anthropologisch und kosmisch mehr, als wer fährt.« Wilfried ist eine anthropologische und kosmische Erfahrung ersten Ranges. Im Auto wäre ich glatt an ihr vorbeigefahren. In der Postkutsche auch. An manche Abgründe kommt man nur zu Fuß.

Treuenbrietzen ist ein hübscher Ort. In einer Bäckerei sagt das Mädchen hinter dem Ladentisch, sie müsse erst den Chef fragen, ob sie was hergeben dürfe. Aber der Chef ist nicht da. Sie rührt mich, denn die zwei Sätze fallen ihr schwer, sie sagt noch: »Kommen Sie in einer Viertelstunde wieder, da ist er bestimmt zurück.« Ihr fehlt die Lebenserfahrung, um zu sehen, dass ein Mann in meiner Verfassung keine Kraft hat, um wiederzukommen.

Ich verkrieche mich in den Schatten einer Café-Terrasse. Auch hier arbeitet ein junger Mensch, der nicht leichtsinnig nein sagt. Er deutet diskret auf eine Videokamera, die darüber wacht, dass die Hausordnung des ebenfalls abwesenden Chefs zwölf Stunden pro Tag befolgt wird. Ich bin trotzdem guter Dinge. Noch ist nicht Abend, noch besteht die Chance, dass einer vorbeikommt, der ohne Chef das Leben aushält.

Nach einer halben Stunde kommt er, steigt aus einem schwarzen Clio, war Dachdecker, ist Rentner, hieß immer Heinz und setzt sich an meinen Tisch. Manche spüren mit feiner Sensibilität den Ort, an dem sie gebraucht werden. Nun, hochsensibel muss in meinem Fall niemand sein. Ein flüchtiger Blick auf das Häufchen, das allein auf der Terrasse sitzt, muss genügen, um zu erkennen, dass hier ein Häufchen sitzt, das Hilfe braucht.

Und Heinz greift ein, lässt mich nichts spüren von der Überlegenheit des Geldgebers, lässt Kaffee und ein belegtes Brot auftischen, erzählt. Von seinen beiden kaputten Knien, kaputtgekniet auf DDR-Dächern. Von seiner Sorge, ob sie den Rest der Rentenjahre noch durchhalten oder er sich nach nagelneuen umschauen muss. Erzählt, dass er ansonsten ein umtriebiger Rentner sei, der jetzt weiter zu seinem Garten muss, wo heute Nachmittag ein aufblasbarer Swimmingpool installiert wird. Als er den Schlüssel in die Fahrertür steckt, kehrt er wieder um und bestellt für mich –

hinter meinem Rücken – noch ein Kännchen Kaffee und vier Leberwurstbrötchen. Ich erfahre davon erst, als er um die Kurve zischt.

Die letzten acht Kilometer für heute. Kurz vor Buchholz sehe ich zum ersten Mal ein Verkehrszeichen mit der Zeichnung eines Autos, das gegen einen Baum kracht. Während ich versunken davor stehen bleibe und mich frage, was ein Baum fühlen muss, wenn eine Tonne in ihn hineinrast, hupt jemand neben mir. Ob ich nicht einsteigen wolle, man fahre nach Berlin. Die Versuchung will ich nicht gehört haben. Aber wie immer will ich wissen, ob der Fahrer als Ossi auf die Welt kam. Welch überflüssige Frage, Rainer Maria (!) ist reinrassiger Leipziger.

Nicht weit vom Dorfbahnhof, jenseits der Schwellen, schlage ich mein Lager auf. Abendsonne, das besänftigende Rascheln der Füße im Laub, Stille. Mit einem Ranzen voll Kaffee und Brot erwarte ich eine störungsfreie Nacht. Das zweimalige Vorbeifahren eines Zuges verschafft sogar einen Hauch von Romantik. Die schlagartig aufhört, als der Wind durch den Wald braust und ein Sturmregen vom Himmel fällt. In rasender Eile einpacken, unter einen dicken Baum flüchten und die Survival-Decke über Rucksack und Leib ausbreiten.

Auf meiner letzten Indienreise antwortete mir ein Mann auf die Frage, ob er glücklich sei: Natürlich, er sei sogar *full happy*. Das bin ich augenblicklich nicht. Auch nach Stunden hören die Schauer nicht auf. Mit ausgestreckten Beinen liege ich auf dem feuchten Boden, während tausend Tropfen pro Minute auf die Folie prasseln. Wer jetzt vorbeikommt, könnte denken, eine Leiche liege zwischen den Kiefern, von der Polizei gnädig abgedeckt.

Zwölfter Juli

Um halb sechs Uhr den starren Körper aufstellen und ihn an Sonnenblumenfeldern vorbei Richtung Berlin schleppen. Kurz nach sieben befinde ich mich auf der Umgehungsstraße von Beelitz, als ein Polizeiwagen neben mir hält und der Fahrer herüberbellt: »Runter von der Straße, das ist eine Schnellstraße, Fußgänger haben hier nichts verloren.« Das ist der entschieden falsche Moment für Anweisungen. Ich habe schlecht geschlafen, ich bin schlecht gelaunt, ich habe Durst, ich habe Hunger, und ein Fettsack will mich kommandieren. *A hungry man is a angry man*, ich rufe gereizt zurück: »Zuerst einmal guten Morgen. Zweitens, wenn Sie etwas von mir wollen, dann sagen Sie ›bitte‹, denn ich nehme grundsätzlich keine Befehle von Bullen entgegen.« (Das ist nicht mutig, seit dem Urteil des Berliner Kammergerichts aus dem Jahre 1983 gilt der Begriff »Bulle« nicht mehr als beleidigend. Ich weiß das so genau, weil ich einmal mit einer Polizistin befreundet war.)

Der Fette weist darauf hin, dass an der Kreuzung ein Schnellstraße-Schild gestanden habe. Er sagt tatsächlich »bitte«, als er mich ein weiteres Mal auffordert, die B 2 zu verlassen. Ich rücke einen Meter nach links, gehe weiter durch tiefes Gras. Der Ex-Vopo (Uniformen kommen und gehen, aber der Kasernenhofton bleibt) mault noch immer und sagt, dass einen Meter neben einer Schnellstraße gehen ebenfalls verboten sei. Ich begreife, dass in seinem Bullenschädel nicht genug Platz ist für die Tatsache, dass hier jemand zu Fuß in die Hauptstadt will.

Unsere miese Laune verschlechtert sich. Ich muss mich außer Sichtweite des Stinkers bringen, um eine Eskalation zu vermeiden. Der nackte Zorn überkommt mich, wenn ich mitansehen muss, wie ein anderer seinen 7.07-Uhr-Sadismus an mir ausprobiert. Ich gehe den Abhang hinunter und wandere parallel zur Straße. Der

Fettfleck steigt tatsächlich aus und schaut nach, wohin ich verschwunden bin. Entlang eines Feldes zu gehen, ist garantiert auch untersagt, aber der Sadist ahnt wohl, dass mich nur noch Schüsse zum Gehorsam überreden. Er schreit schon wieder, ich wende nicht einmal den Kopf.

Nach 300 Meter erreiche ich eine Brücke, ich mache eine Pause darunter, will warten, bis die Luft rein ist. Ich checke die Umgebung und finde keinen zweiten Übergang. So muss ich wieder auf die Schnellstraße, nur sie führt über die Nieplitz. Ich klettere zurück auf die verbotene Fahrbahn. Jede andere Strecke wäre ein gewaltiger Umweg.

Ich beruhige mich. Ein Zeitungsartikel kommt mir in den Sinn, der darüber informierte, dass Beamte jene Bevölkerungsschicht bilden, die am ausdauerndsten schläft. So ist zu hoffen, dass das Brüllen und Bellen den ungehobelten Staatsdiener ermüdet hat. Ein Nickerchen wäre somit fällig. Die Zeit will ich nutzen und kräftig ausschreiten. Von meinem Religionslehrer weiß ich zudem, dass der Herr mit den Standhaften ist. Ich bin standhaft und komme an eine Stelle, an der ein zuständiger Minister sich wieder an seinen Verstand erinnerte und den Bau eines Radweges durchsetzte. In Minuten wird das Leben schön. Die Sonne zieht auf, jemand schenkt mir ein gekochtes Ei, ein belegtes Brot und einen Apfel. Und Lenin fällt mir ein, der ausnahmsweise einen Satz hinterlassen hat, der keinen terrorisierte, einen Satz, der nur heiter ist: »In Deutschland wird es keine Revolution geben, weil das Betreten des Rasens verboten ist.«

Durch Michendorf, hier haben sie Läden mit Namen wie Gemüse-Stübchen, Apfel-Ecke, Erdbeer-Eckchen. Ansonsten ist die Sprache weniger sweet. Überall hängen Plakate mit giftigen Kommentaren zur Minderung der Lebensqualität durch den B2-Durchgangsverkehr: »Der Lärm! Die Gefahren! Der Gestank! – Sie alle bedrohen!« Eine Umgehungsstraße wird verlangt. Ich lese drei Dutzend Transparente, aber nie wird »Weniger Autos kaufen!« oder »Weniger Auto fahren!« gefordert. Der Gedanke scheint undenkbar. Es wäre ein durch und durch frivoler Gedanke, der höllische Angst verbreitet.

Um 12.30 Uhr bin ich in Potsdam. Ich liebe es, eine berühmte Stadt zum ersten Mal zu betreten. Auch heute, auch dann, wenn der Körper nur noch als Wehleider auftritt. Die Stadt sieht gut aus, weit, elegant, Fassaden leuchten, leuchten wieder. Ich fühle mich in Metropolen viel weniger verloren als in Kuhdörfern. Weil sie atmen, weil sie sich vierundzwanzig Stunden weigern zu schlafen, weil sie hier Bücher und Ideen verkaufen, weil hier die Aufgeweckten entschieden häufiger vorkommen.

In einem Szene-Café mit anderen Randfiguren falle ich nicht auf. Einen Kaffee trinken (mein erster heute) und dabei einen Berg Zeitungen lesen (meine ersten seit Tagen) und irgendwann keinen Leibschmerz mehr wahrnehmen, das ist ein umwerfendes Glück. Das zulegt, als ich in den *Potsdamer Neuesten Nachrichten* auf ein Interview mit dem geistreichen Florian Illies stoße. Anlässlich der Veröffentlichung seines neuen Buches (*Generation Golf 2*) wird er gefragt, ob er an der kommenden Loveparade teilnehmen werde. Nein, aber »gebannt« wird er das Geschehen am Fernseher verfolgen: »Zuschauen reicht mir völlig.« Das ist ein interessanter Satz. Ich mag ihn nicht. Ich mag den von Karl Jaspers: »Zuschauen ist nicht leben.«

Nun soll keiner auf die Idee kommen, dass die persönliche Teilnahme an der Loveparade irgendwas mit leben zu tun hätte. Hier hat sich die Freizeitindustrie ein gigantisches Gatter ausgedacht, in das sich eine riesige Schafsherde einen Nachmittag lang verlaufen darf. Bemerkenswert, diese Lust, Masse zu sein. Dennoch, einer Million Schafe – gebannt via TV – beim Blöken auch nur zuzuschauen, wäre ein ärgerlicher Verlust von Lebenszeit.

Im Frühjahr habe ich mit diebischer Freude die *Anleitung zum Unschuldigsein* von Florian I. gelesen. Seine brillante Abrechnung mit dem typisch deutschen Talent, sich ununterbrochen schuldig zu fühlen. Jetzt weiß ich, dass ein wichtiges Kapitel fehlt: »Heute schaue ich Loveparade und schäme mich nicht, nach fünf Minuten noch immer nicht eingeschlafen zu sein.«

Zwei Stunden später kommt es zu einer erstaunlichen Szene. An einer Tramhaltestelle frage ich den Schaffner, wie ich zu Fuß in den weit, weit entfernt gelegenen Stadtteil Bornim gelange. Dort befindet sich das »Sozialdorf« mit einem Bett für mich. Erstaunlich, weil ich in diesem Augenblick, kurz vor dem Ziel, zum Ritter der Landstraße geschlagen werde. Verschreckt weicht der gute Mann zurück und ruft außer sich: »Halten Sie Abstand, Sie verpesten ja die Gegend!« Um 15.17 Uhr ist aus mir ein wahrer Tippelbruder geworden, eben einer, der sich selbst nicht mehr riecht. Ich bin keineswegs beleidigt, eher belustigt. Den Gestank habe ich mir hart erarbeitet.

Irgendwann stehe ich vor den Nummern 49–51 im Lerchensteig, dem von der Arbeiterwohlfahrt geleiteten Heim. Mitten auf dem Land, gegenüber blüht ein Maisfeld. Der überaus hilfsbereite Udo, der heute für die »Objektbewachung« verantwortlich ist, trägt meine Personalien ein und sucht auf verschiedenen Listen nach einem von mir erbetenen »ruhigen« Schlafplatz. Er sucht lange, immer wissend, dass in dem oder jenem Zimmer berüchtigte Schnarchdrohnen nächtigen, somit als Zimmergenossen nicht in Frage kommen. Bis er erleichtert aufatmet und meint, er habe was gefunden, ein Doppelzimmer, nur der unauffällige Walter logiere dort.

Ich sage Udo noch, dass mich sein Gesicht und sein Gang an Burkhard Driest erinnern, etwas Starkes, etwas Erotisches gehe von ihm aus. Leider kennt Udo den B.D. nicht. Ich notiere ihm den Titel eines Buches, von dem ich weiß, dass es neu verlegt wurde: *Die Verrohung des Franz Blum.* Der Wachmann verspricht es zu kaufen. Er verspricht es wie einer, der noch nie einen Buchladen betreten hat. Das soll jetzt keinen stören. Der Herzensgute zeigt mir den Weg, holt die Bettwäsche und schreibt mir noch seine Handynummer auf. Für den Fall eines Problems.

Ich werde ein Problem haben in dieser Nacht. Aber keine Telefonnummer der Welt wird es lösen.

Aller Anfang ist harmlos. Das Dorf ist eine menschenfreundliche Anlage, in den soliden Baracken wohnen circa dreihundert Asylbewerber und hundert Obdachlose. Viel Grün, viel Bäume, viel Platz. Die beiden Gruppen kommen miteinander aus. Was bald auffällt: Die hundert sind regelmäßig betrunken, die dreihundert nicht so regelmäßig.

Mein Zimmer ist die »D1-Einheit«, Walter sitzt am Tisch und löst Kreuzworträtsel. Sein Anblick verstärkt das Vertrauen in Udos Entscheidung. Ein Mensch, der herausfinden will, wie die Hauptstadt von Litauen heißt, hat noch andere Interessen als saufen und wieder saufen. Leider gibt es nichts zu essen, doch »Fidschi« gibt es, einen Vietnamesen, der aus Polen geschmuggelte Pall-Mall-Zigaretten, Bier und Limonaden verkauft. Das ist eine wenig hilfreiche Information, denn meine dreiundzwanzig Cent sind Fidschi zu wenig. Aber Wasser gibt es und noch immer Reste meines Dietersdorfer Brotlaibs. Außerdem sehe ich, dass Walter neben seinem Schrank einen Teller mit leuchtendem Obst stehen hat. Ich weiß noch nicht, ob ich stark genug sein werde (werde ich nicht), der Versuchung zu widerstehen. Ich bitte ihn um nichts, er soll nicht wissen, dass ich Hunger habe. Fehlt was, fiele der Verdacht sofort auf mich.

Ich versuche, das Bett zu beziehen, und lasse genervt ab. Wenig erinnert mich intensiver an verlorene Zeit als ordinäre Haushaltsarbeiten. Aber den Leib waschen muss jetzt sein. Auch wenn es wehtut und anstrengt. Stinken tut nicht weh und strengt nicht an. Zumindest nicht den, der stinkt. Aber eine Ahnung von schlechtem Gewissen holt mich jetzt ein. Obwohl Walter kein Wort über meinen Geruchspegel verlauten ließ.

Zuerst auf die Toilette, die sich nicht absperren lässt. Nun gilt es, neben dem Rucksack eine Stellung zu finden, die entspanntes Sitzen ermöglicht und gleichzeitig verhindert, dass gegen die Tür wuchtende Trunkenbolde das Klo betreten. Dann in die Dusche umziehen. Nach Natur und Schnecken zu riechen hat einen gewissen Charme, aber klebrige Magensäfte über weißen Fliesen sind eine Gemeinheit. Ich stopfe Klopapier in meine Nasenlöcher und verbarrikadiere mit einem Wäscheständer die Klinke. Auch dieses Schloss funktioniert nicht mehr. Allein sein zu dürfen, ist ein Menschenrecht. Als ich endlich unter der Dusche stehe, tröpfelt sie nach Sekunden nur noch. Das ist höhere Gewalt, soll keiner sagen, ich hätte es nicht versucht.

Ich komme in das Zimmer zurück, und mein Bett ist bezogen. Walter, der Gute, der Hausmann. Für einen Mann, der einen ungeheuren Bauch schleppen muss und schwer gehbehindert ist, ist das ein Akt der Liebe. Aber Walter hat die Liebe kalkuliert. Sie scheint ein prophylaktisches Versöhnungsangebot für das, was er mir die nächsten acht Stunden aufbürden wird. Als wir beide ab 21 Uhr im Bett liegen – er aus Gewohnheit, ich aus Mitleid mit mir –, zieht ab 21.17 Uhr ein Zyklon durch das Zimmer, der für die einzige von

A bis Z schlaflose Nacht dieser Reise verantwortlich sein wird. Und der einen tiefen Blick in die *condition humaine* eines einsamen Mannes gewährt.

Walter legt los. Er ruft, er schreit, er brüllt, er schnarrt, er spuckt, er krächzt, er sabbert, er röchelt, er stöhnt, er plustert sich, er schlägt sich und kommt – nach minutenlangem Toben – zurück, zurück auf die Welt. Und ringt nach Atem, nach Sauerstoff, nach Leben. Jedes Auftauchen aus seinem Orkus erinnert an zehn zwangsweise unter Wasser gehaltene Nilpferde, die mit einem letzten Schrei der Angst die Oberfläche erreichen.

Ist Walter oben angekommen, beginnt er zu pressen, erinnert an einen Geplagten auf einer Kloschüssel, der verzweifelt gegen seine unbarmherzigen Schließmuskeln ankämpft, um sie zum Öffnen zu zwingen. Man erwartet jeden Augenblick, dass eine Ladung das Bett überschwemmt. Er windet sich wie einer, in dem Geschosse sitzen, die er mittels Mund und Stimmbändern nach draußen schleudern muss. Irgendwie scheinen sich in seinen zwei Zentnern die Körpersäfte zu einem hochexplosiven Gemisch vermengt zu haben. Jede Sekunde drohen sie zu platzen. Zwischendurch sondert Walter Geräusche ab, die an einen Zweikampf erinnern, als läge einer auf ihm und wolle ihn meucheln und morden. Nie kann ich seine Wortfetzen, Presslaute und Gurgler dechiffrieren. Kein Wunder, dass auf Walters Nachtkästchen ein Dinosaurier aus Stoff steht. Eine geheimnisvolle Verwandtschaft muss wohl zwischen den beiden bestehen.

Während der 71-Jährige jede Nacht (wie ich morgen früh wissen werde) sein grässliches Karma abtragen muss, höre ich von draußen andere Laute. Auch keine Stimmen der Liebe, doch wie menschlich klingen sie. Sie haben nichts mit dem Todeskampf in der DI-Einheit zu tun, sie handeln von anderen Kampfzonen, von übersichtlichen, nachvollziehbaren, geheimnislosen: »Halt die

Fresse, sonst rufe ich die Bullen!« oder »Kennst du ein dämlicheres Arschloch als dich?« oder »Will hier einer, dass ich ihm die Schnauze poliere?«.

Ich mag diese Töne, sie sind eindeutig, man kann auf sie reagieren oder nicht. Auf die Schmerzlawinen – und irgendein Schmerz muss es ja sein –, die aus Walters mächtigem Brustkorb müssen und jeden Ohrenzeugen der Gefahr aussetzen, wegen unterlassener Hilfestellung zur Rechenschaft gezogen zu werden, auf diese Schmerzlawinen kann keiner eine Antwort geben. Man starrt nur und wartet. Bis sich, noch unheimlicher, die zehn Nilpferde kerzengerade im Bett aufrichten und völlig verstummen. Und Walter, der vierzigfüssige Wüterich, Minuten später wieder wie ein Baum aufs Bett zurückfällt und den Kampf um sein Leben von neuem antritt.

Dreizehnter Juli

Schlag 4.50 Uhr ist die Schlacht zu Ende. Auch das scheint seit Jahren festgelegt. Überraschend geräuscharm beginnt Walter den Tag, Licht an und das Frühstück zubereiten. Ich frage ihn, ob das unbedingt zu dieser Stunde sein müsse, ich hätte möglicherweise jetzt, nach der Schlacht, eine Chance zu schlafen. Und Walter, der Überlebende, das Monster, antwortet: »Ich bin vom Land, da ist es so üblich.« Ich verstumme, was soll ein Stadtneurotiker ausrichten gegen die Weisheiten vom Bauernhof?

So schaue ich dem Landmenschen beim Frühstücken zu. Das Frühstück eines Kämpfers, reichlich, gediegen, gut verdaulich. Und frage ihn mittendrin, woher die Urlaute aus seinem Leib kämen. Darauf Walter, wieder kryptisch und einzeilig: »Kommt der Körper zur Ruhe, erwacht der Schmerz.« Mehr wird nicht verraten. Welche Ruhe? Von Ausnahmen abgesehen, war in dieser Nacht nichts ruhig. Und welcher Schmerz? Wie heißt der? Woher kommt er? Aus der Seele? Aus dem Körper? Bevor der Einsilbige hinaus ins Freie zieht, um sein Morgenbier zu schlürfen, sagt er noch: »Der Krieg.«

Er sagt es, wie alle es sagen, wenn sie nur den einen meinen, den letzten Weltkrieg. Walter als Kindersoldat? Noch persönlich von Hitler in die Schützengräben verabschiedet? Oder Dresden? Bomben? Verschüttet? Als ich mich vor die Tür stelle und ihn bedränge, doch mehr von sich preiszugeben, bleibt Walter stumm. Seine zweite Rache. Während er gemütlich seine Nutella-Brote strich, hatte ich mir erlaubt, ihm ein paar Szenen aus der vergangenen Nacht vorzuspielen. Das trug sicher nicht zum Blühen einer Männerfreundschaft bei.

Mit einem Mühlrad am Hals stehe ich um sieben Uhr auf. Was tun? Eigentlich würde ich jetzt einpacken und am Nachmittag in Berlin ankommen. Doch das Kulturmagazin *aspekte* will morgen, Montag, einen Beitrag über diese Reise zu Fuß und ohne Geld drehen. Heute ist Sonntag, da ruhen TV-Leute.

Ich kann nicht den ganzen Tag still sitzen und warten. Etwas Merkwürdiges passiert. Ich will gehen, weitergehen. Ich trinke Wasser, beiße in den Brotlaib und erzähle draußen im Garten ein paar Frühaufstehern von meiner Nacht mit Walter. Die drei amüsieren sich königlich. Sie haben alle ein paar Nächte mit Walter hinter sich. Er gilt als »Drachenmensch«, als »Düsenjet«, als »Presslufthammer«. Alle flohen, Walter hat noch jeden geschafft. Deshalb lebt er allein in dem Zweibettzimmer. Weil nur Taube und Tote ihn ertragen.

Ich mache mich auf den Weg. Mit Rucksack, obwohl ich abends zurückkommen werde. Aus Sicherheitsgründen und aus Gewohnheit gehört der Tornister auf meinen Rücken. Ich bin am Ende, aber ich will marschieren. Und marschiere. Um 11.41 Uhr ziehe ich über die Glienicke-Brücke und um 11.43 Uhr stehe ich unter der Tafel »Berlin-Zehlendorf«. Fünf Schritte davor dachte ich noch, das wird ein dramatischer Augenblick, ich bin am Ziel. Bis mir einfällt, dass ich mir versprochen hatte, nicht bis zum ersten Ortsschild der Stadt zu gehen, sondern bis an den Badewannenrand eines Bade-wannenbesitzers. Jenes freundlichen Menschens, der schon vor langer Zeit zugesagt hatte, sein Bad, sein Badewasser, sein Bade-shampoo und sein Badetuch am Ende der Reise zur Verfügung zu stellen. Ein Versprechen, das oft wie eine Fata Morgana vor meinen Augen flimmerte. Ein Trugbild, das ich immer wieder abrief, um mich zu rüsten gegen das Gift der Mutlosigkeit. Im Laufe der vielen Tage und Nächte, in denen ich von ihr träumte, wurde mir klar, dass eine Wanne zu den perfekten Erfindungen gehört. Wie das Fahrrad, wie das Bett, wie das Buch. Sie sind vollkommen, bis zum Weltuntergang wird uns nichts Besseres einfallen.

Ich bitte einen Radfahrer, von dem Schild und mir ein Foto zu machen. Dabei bleibt es nicht, Achim erzählt von der Brücke, deren Mitte die Grenze zum freien Berlin bildete, erzählt vom Agenten-Austausch, der hier stattgefunden hat, kennt die Geschichte der Enklave Klein-Glienicke, die sich bereits auf Westgebiet befand und doch zur DDR gehörte.

Der Rentner bietet mir an, mich hinzuführen. Wie wohltuend, neben jemandem herzugehen, der Bescheid weiß und bereit ist, sein Wissen zu teilen. Er zeigt auf die kleine Brücke, über die man nur mit einem Spezialausweis die Griebnitz überqueren durfte. Die Kontrollen waren hier noch hysterischer. Die Versuchung der Bewohner, das sozialistische Paradies zu verlassen, um beim Klassenfeind unterzukommen, schien durch die geografische Lage extrem verlockend.

236

Achim blieb Sozialist, obwohl er die Wiedervereinigung nicht ablehnt. Westliches Denken von Besitz und Eigentum verwirrt ihn noch heute. Die Erde als Privatgrundstück, das stinkt ihm. Die Welt gehört uns, uns allen. So sagt er. Und zitiert Brecht, der aus dem kalifornischen Exil berichtete: »Hinter jedem Baum vermutete ich ein Preisschild.«

Das ist ein scharfer Satz. Und eine passende Gelegenheit, einen ersten Pump anzulegen. Ich frage nach einem Euro, und der Ex-Chemiker besteht die Nagelprobe souverän. Er verweigert und meint, besser wäre doch, mich gleich zu einem Kaffee einzuladen. (Was sich als zweieinhalbmal teurer erweist.) Nicht weit von einem aufgegebenen »Konsum« steht ein hübsches Gartenlokal mit Terrasse. Die scheußliche Fassade des Ladens wurde sicher als Mahnmal so gelassen. Um sich an die Phantasielosigkeit von Grau zu erinnern und an die seltenen Tage, an denen die Klein-Glienicker Hals über Kopf herbeistürzten, um Kuba-Bananen zu ergattern. Achim antwortet überraschenderweise auf die Frage, was ihm trotz starker Bedenken am Kapitalismus gefalle: »Seine Kreativität.«

Die berufliche Umstellung nach 1989 war nicht leicht für ihn. Nicht immer, bedauert er, hätte die Wortwahl der neuen Chefs zum Selbstwertgefühl der Mitarbeiter beigetragen. Einmal musste er an einer »Anpassungsfortbildung« teilnehmen. Er hat das Wort nur mit Mühe geschluckt. »Anpassung heißt doch sich anpassen, und Fortbildung heißt doch nicht anderes, als dass wir nicht genügend ausgebildet waren.« Nach seinem 63. Geburtstag hätte er gern weitergearbeitet, ehrenamtlich. Jetzt hört er sich um, denn er will »sich einbringen, um den Nächsten zu helfen«.

Ein solcher Satz tut weh. Man will ihn sofort löschen, so bombastisch klingt er. Aber neben Achim kann ich ihn aushalten. Seine Behauptungen passen zu ihm, sie sind nicht größer als er. Er lebt, so scheint es, in der Nähe seiner Worte. Als wir Abschied nehmen, sagt er den besten Satz zur Wende, den ich bisher gehört habe: »Da bin ich noch nicht angekommen.«

Bis Schöneberg tipple ich. Ab und zu strecke ich die Hand aus und nehme ein Glas Milch oder ein Stück Schokolade entgegen. Ich gehe schon lange nicht mehr, es geht. Wie ein Roboter setze ich einen Fuß vor den andern. Füße sind dumm, sie haben kein Hirn, sie gehorchen. Bis sie stehen bleiben und in einen Bus steigen. Einmal nach Berlin gehen, steht im Vertrag. Das bin ich.

Ich fahre zurück nach Potsdam. Schwarz, obwohl ich als Autohasser kein Recht dazu habe. Das Bezahlen von Tickets soll ja den Ausbau öffentlicher Verkehrsmittel finanzieren. Sonntagsreden. Ich bin pleite, und zu einer Bettelarie will ich nicht mehr antreten. Ich finde mich hässlich und unzumutbar. 40 Euro Strafe drohen jedem Schwarzfahrer. Dass ich nicht lache, ich habe nicht mal 40 Cent. Zudem schützt mich mein Geruchswall. Ich rieche heute nicht vornehmer als gestern.

Auf der langen Fahrt überrascht mich meine Unfähigkeit zu begreifen, dass die Schindludereien ein Ende haben. Mein Herz will nicht kapieren, kein Freudentaumel, kein Stolz durchzucken mich. Die über Wochen anschwellende Freude beim Näherkommen des Ziels, sie platzt nicht heraus. Alles scheint so lange und intensiv konditioniert worden zu sein – auf Durchhalten, auf ein einziges Ziel –, dass noch nicht Zeit war zum Loslassen. Nicht für den Kopf, nicht für den Bauch, nicht für die Füße. So gedrillt scheinen die drei, dass sie nun kein Gramm Energie mehr haben für Triumph und Jubel. Die so oft vorweggenommene Glückseligkeit über das Ende, sie funktioniert nicht. Vielleicht klappt es morgen, dem letzten Tag.

Kurz nach achtzehn Uhr bin ich zurück, ich lungere neben einer Würstelbude, vielleicht fällt was ab für mich. Ich zittere vor Hunger. Noch fünf solche Nachmittage, und ich wühle nach Wursthäuten. Manne – er trägt seinen Namen als Blechschild um den Hals – erbarmt sich. Schwankend tritt er zu mir und fragt: »Was ist denn mit dir los?« Und ich erzähle ihm, dass ich von Paris bis zu der Würstelbude gewandert bin. Manne hört sich das an und fragt folgerichtig: »Hast du einen Sprung in der Schüssel?« Ich bejahe umgehend, denke, dass ihm Typen mit Sprüngen gefallen. Und wie, der Maurer spendiert zwei Bockwürste, zwei Brote, zwei Euro. Er meint noch, wenn ich mich waschen wolle (wie taktvoll er das Thema angeht), da hinten gebe es einen Brunnen, nichts sei einfacher: »Klamotten runter und nackig rein, überhaupt kein Problem.«

Abends bin ich zurück in der DI-Einheit, dem Sterbezimmer. Noch ist Walter am Leben, noch sitzt sein Leib, noch liegt er nicht, um den Ritt durch die sieben Kreise seiner Albträume anzutreten. Wieder brütet er über Kreuzworträtseln. Vielleicht füttern sie ihn mit den fürchterlichen Bildern, die ihn später heimsuchen. Unter dem Stoß der erledigten Rätsel ziehe ich die BZ-Ausgaben der letzten Woche heraus. In der ersten, die ich durchblättere, finde ich einen Bericht über die neue Freundin – laut BZ – von Außenminister Joschka Fischer. Ein Foto zeigt die beiden bei einem Bummel über die Museumsinsel, sie besuchen einen Flohmarkt. Die junge Iranerin betrachtet ein Buch, ein gut aussehender Mensch steht da, sportlich, durchaus geschmackvoll gekleidet. Dahinter, man will die Augen schließen vor der Entgleisung, wartet unser Vizekanzler im Spießer-Outfit: mit Baseballmütze, mit T-Shirt, mit Shorts, mit käsigen Waden, mit – die Augen bluten schon – einer Plastiktüte in der Linken. Ob sich je, um irgendein Beispiel zu nehmen, ein französischer Minister – selbst mit einer

Kalaschnikow im Nacken – so an die Öffentlichkeit traute? So provinziell, so atemberaubend bieder?

Heute warte ich die ersten zwei Stunden im Freien ab, durch das Fenster höre ich meinen Stubenkameraden die ersten Panzerfäuste feuern. Ich kaufe mit meinen 237 Cent bei Fidschi ein Bier, ich will schwer und taub werden. Später kommt Hans, ein lieber Alter. Er geht auf Krücken, seine Hüften schwinden, und er sagt still: »Ich will mich noch nicht sterben lassen.« Nach 23 Uhr betrete ich die Walstatt, wo sich Walter einmal mehr den Krieg erklärt hat. Ich lege mich unter den Bombenhagel und warte auf 4.50 Uhr.

Vierzehnter Juli

Es war nicht anders zu erwarten, erst im Morgengrauen kann sich Walter zu einem Waffenstillstand überreden. Trotz der schauerlichen Nacht steige ich als froher Mensch aus dem Bett. Jetzt habe ich begriffen, dass mein tatsächlich letzter Tag beginnt. Er wird gelingen. Ein Gefühl von Wonne und Dankbarkeit flutet durch mein Herz.

Heute ist Waschtag. Schon frühmorgens kommen zwei Frauen, bezahlt von der Arbeiterwohlfahrt, und kümmern sich im Sanitätsblock um jene Männer, die wegen physischer Gebrechen nicht mehr dazu fähig sind. Walter befindet sich in einer der drei Wannen, auf einer Spezialvorrichtung, die ihn wie ein Fahrstuhl nach oben hievt. Damit die resolute Petra ihn besser rasieren und mit dem Waschlappen abreiben kann. Erfreulich, wie das Nilpferd jetzt friedlich da sitzt und sich rasieren und abreiben lässt. Das ist kein deprimierendes Bild, das ist ein Akt von Agape und Wärme. Es erzählt etwas über die Stärke von Frauen, die hier Männer aufpäppeln, die altersmäßig für eine solche Fürsorge noch nicht reif sein sollten. Dennoch abhängig und hilfebedürftig wurden. Weiß der Teufel, warum. Weiß der Teufel, ob schuldig oder nicht.

Im Nebenzimmer gibt es Frühstück. Ich sitze neben Hans. Die Männer lassen mich mitessen, obwohl die Kosten für die Marmeladenstullen von ihrer Stütze abgezogen werden. Die sechs sind um 8.30 Uhr noch nüchtern, sie duften nach frisch gewaschenem Haar, vielleicht sogar nach den Händen der Frauen, die sie abgetrocknet haben. Auch krakeelen sie jetzt nicht, zeigen Spuren von Zivilisation, erinnern sich an die Worte »bitte« und »danke«, scheinen fest entschlossen, noch eine Stunde zu warten, bevor sie anfangen, sich zu vergiften.

Die Sonne scheint, Kinder spielen Fußball, im »Atrium« gibt es einen großen Aufenthaltsraum und kostenlosen Kaffee für jeden. Und einen Fernseher, der nun nicht mehr stillsteht. Eine amerikanische Sitcom läuft. Man hört drei Sätze und könnte nicht mehr sagen, welches Gift der Lust am Denken mehr zusetzt, die Bierdosen oder die drei Sätze? Da unendlich viele Bierdosen heute an diesem Ort den anwesenden Hirnen zusetzen, plus unendlich viele Sitcom-Sätze den Geist lahm legen werden, kann man davon ausgehen, dass der kommende Abend einmal mehr mit einer insgesamt geschrumpften Hirnmasse enden wird.

Ich spreche einen Sudanesen an, Dr. Mustapha. Er fällt sofort auf, gut gekleidet, umsichtig, emsig. Er ist seit Jahren mit einer Deutschen verheiratet und kommt hierher, um den Asylbewerbern beim Kriegführen zu helfen, beim Krieg mit deutschen Bürokratensätzen. Auch sie beschleunigen das Denken nicht.

Anruf von *aspekte*, ich werde ins Büro gebeten. (Ich hatte gestern auf dem Anrufbeantworter der Redaktion meine Adresse hinterlassen.) Ich registriere die irritierten Blicke auf einen Obdachlosen, den das Fernsehen anruft. Was denken sie jetzt? Dass ich eine

Komödie aufführe? Dass hier ein falscher Obdachloser telefoniert? Dass das ZDF über das Leben eines Gescheiterten berichten will?

Ich bin froh, als um elf Uhr die Moderatorin Luzia Braun und Kameramann Frank F. Hofmann eintreffen. Aspekte ist eine anregende Sendung, sie fördert das Hirn, hier kann ich meine Zusage rechtfertigen. Der Bericht über die letzte Etappe der Reise von Paris nach Berlin wird Teil eines größeren Beitrags sein. Die Dokumentation soll davon berichten, dass sich in Deutschland eine Gegenbewegung bemerkbar macht. (Tut sie das?) Eine Bewegung gegen die Gier nach immer mehr Schrott. Eine Bewegung gegen die Lust, ein Schaf zu sein. Eine Bewegung für ein anderes Leben, ein weniger verkauftes, ein weniger verblödetes.

Wir drehen, die Kamera ist klein und unauffällig, wir gehen zur Di-Einheit, die Walter bereits verlassen hat. Ich muss nicht rumhampeln und etwas inszenieren, soll nur meine Sachen packen und das Zimmer verlassen. Anschließend Außenaufnahmen am letzten Schlafplatz im Freien, hinterher ein paar Fragen von Luzia Braun, zuletzt rein nach Beelitz. Die beiden glauben mir nichts, jetzt soll ich bitten und betteln wie in den letzten fünf Wochen. Vor laufender Kamera. Ich sage bedenkenlos zu, ich vertraue den Beelitzern, sie werden mich nicht im Stich lassen.

Ich betrete die 94. Bäckerei und frage nach altem oder frischem Brot. Ich bekomme weder das eine noch das andere. Schräg gegenüber dem Geschäft sitzt eine ältere Frau auf einer Bank, ich spreche sie an und verweise auf meinen desolaten Zustand. Sie lächelt und lädt mich ein, Platz zu nehmen, öffnet ihre Börse und legt drei Euro auf meine rechte Handfläche. Dabei schaut sie verwundert auf den (diskreten) Kameramann und fragt, ob ich den »Herrn« kennen würde. Ich verneine und erkläre den Wichtigtuer für einen lästigen Touristen, der mich schon seit einiger Zeit verfolge. Wahrscheinlich ein Amerikaner auf der Suche nach dem letzten verwahrlosten Deutschen. Das klingt einleuchtend. Damit ist die Sache erledigt.

Anna hat eine bescheidene Rente und ein zum Mitgefühl begabtes Herz. Wohnte sie nicht so weit draußen, würde sie mich zum Mittagessen einladen. Als Entschädigung überreicht sie zwei weitere Euro. Ich frage nach den vielen Baustellen, viele Straßen sind aufgerissen. Anna erklärt, dass sie hier eine neue Kanalisation installieren. Viel kolossaler als nötig. Aber die Schwesterstadt Ratingen hat sie ihnen aufgeschwätzt. Jetzt müsse jeder Bürger von Beelitz zusätzlich blechen. Um den Größenwahn der Stadtväter zu finanzieren. Sagt Anna.

Ich verstaue die fünf Euro, gehe die zweihundert Meter zu einem Kebab-Stand und sage: »Lieber Türke, ich habe Hunger.« Und Sepha findet das völlig in Ordnung, schneidet mit dem langen Messer das Fleisch herunter, legt alles ins große Fladenbrot, würzt mit fünf Zutaten und schiebt den schwergewichtigen Döner über die Theke.

Das *aspekte*-Team ist zufrieden, die Ossis, inklusive die Ossi-Türken, haben bewiesen, dass sie – beobachtet oder nicht – teilen können. Ihr Unmut gegen einen so gefräßigen Kapitalismus hat folglich eine gewisse Berechtigung. Wer gibt, verfügt über das Recht, gegen die Ideologie der Raffgier zu maulen.

Noch eine Aufregung, noch ein letztes Spiel wartet. Wir fahren nach Berlin, in der Französischen Straße trennen wir uns. Hofmann sucht eine Stelle, von wo aus er die kommende Szene unbemerkt filmen kann, ich gehe auf das prominente Restaurant Borchardt zu. Eine Adresse, an der ich mich ein paar Dutzend Male aufgerichtet habe, während ich mit Wasser und trockenen Brotrinden meinen Magen zu beruhigen versuchte. Dass ich mich ausgerechnet für dieses

Restaurant entschied, hat mit dem Rat Berliner Freunde zu tun, die von einem Hort feinster Küche sprachen.

Ich spaziere geradewegs hinein und erfahre, dass ich zu früh bin. Dinner werde erst in einer Stunde serviert. Auch seien bereits alle Tische reserviert. Womöglich eine Finte, um mich am Betreten der Räumlichkeiten zu hindern. Ich bin flexibel und setze mich an einen der drei Tische, die auf dem Trottoir stehen. Den Rucksack verstecke ich neben der Couch (sic!), der Ober soll nicht sofort sehen, mit wem er es zu tun hat. Klar, der junge Mensch, der nun auf mich zukommt, mustert mich erstaunt, auch eine Spur blasiert. Ich soll gleich wissen, dass hier normalerweise eine andere Klientel zu speisen pflegt. Aber sein Misstrauen reicht nicht tief, er ist kein Menschenkenner, sonst würde er an den billigen Stiefeln, dem verwilderten Bart, der Kappe, ja an allem erkennen, dass hier augenblicklich – als einziger Gast – ein Mann sitzt, der nie und nimmer imstande ist, seine Rechnung zu bezahlen.

So soll das Spiel beginnen. Der Pariser Zeichner Sempé veröffentlichte vor Jahren einen Cartoon, der eine noble Brasserie zeigte mit dem Aushang im Fenster: »Hier essen nur die, die keinen Hunger haben.« So wäre ich heute die Ausnahme, hier sitzt ein Hungriger. Auch die (schuldbeladene) Erinnerung an das Mahnschreiben meines Verlegers wird mich nicht abhalten, mir jetzt einen kleinen Traum zu erfüllen. Ich lasse mir auf der Karte zeigen, was es bereits vor der Eröffnung der Abendküche gibt. Es gibt zum Beispiel Champagner, den ganz ausgezeichneten »Taittinger brut«, den ich nun leichten Herzens bestelle. (Ich rede mit dem Ober, als hätte ich eine Ahnung.) Und warum nicht zur Einstimmung eine *Crème brulée* dazu? Ich bitte darum.

Ich sitze und rauche, das Fernsehteam hat mir eine Schachtel Zigarillos spendiert. Der Kameramann dreht aus sicherer Position. Bei Borchardt sind sie eitel, sie sollen nicht wissen, dass sie auf die Probe gestellt werden. Wüssten sie, dass ihr Auftritt später im Fernsehen zu begutachten sein wird, sie würden wohl mit der Sänfte kommen und mich in der Mitte des Speisesaals abladen. Als Beweis für ihren souveränen Umgang mit Großzügigkeit.

Der Jüngling und der Champagner treffen ein. Im selben Augenblick bekommt das von mir entworfene Drehbuch einen Riss. Der irritierte Lehrling hat wohl mit der Direktion Rücksprache gehalten, auch möglich, dass er die volle Wahrheit spricht, er sagt schneidig: »Bei Konsumation auf der Terrasse wird sogleich abgerechnet.« Ich überlege blitzschnell, weiß blitzschnell, dass meine paar Münzen nicht einmal reichen, um hier ein halbes Glas Wasser zu finanzieren. So sage ich mit festem Blick: »Ich möchte den Geschäftsführer sprechen.« Selbstverständlich!, der junge Mann schwirrt ab. Ich nehme ein paar Schluck vom Champagner, ich finde, ich habe sie verdient.

Der Boss kommt, vermutlich der Oberkellner. Welche Überraschung, er kommt mit der delikat zubereiteten Crème, einem Töpfchen mit rotbraun schimmerndem Inhalt. Schon die Ästhetik verrät eine Delikatesse. Er deponiert sie auf dem Tisch und will kassieren. Die beigelegte Rechnung wage ich nicht anzuschauen. Ich reiße mich los von dem sinnverwirrenden Anblick (des Töpfchens) und erkläre mit einfachen Worten, dass ich ein Wandersmann aus Paris sei, immer zu Fuß und immer ohne Geld, somit auch jetzt keine Mittel zur Verfügung stünden, um die Wunder zu erstatten. Dass ich aber eigentlich schuldlos sei, denn Bekannte hätten so eindringlich vom Borchardt gesprochen, dass ich mich praktisch verpflichtet fühlte, ihren Empfehlungen nachzukommen. Die Moral der so einfachen Geschichte, ich wiederhole mich: Ich bin pleite und kann nicht zahlen.

Das gefällt dem Boss überhaupt nicht, er reagiert wie einer, der nicht gefilmt wird, er reagiert kleinlich: »Das geht doch nicht, das ist doch irgendwie frech, oder?« Der Delikatessen-Mann echauffiert sich, ich hätte doch vorher fragen und bitten können. Natürlich hätte ich das nicht gekonnt, wollte ich doch auf keinen Fall eine Absage riskieren. Der Traum musste wahr werden, deshalb die Frechheit. Zu Zeiten geht es eben nicht anders. »Aber was soll's«, füge ich generös hinzu, »ein splendides Haus wie Borchardt könne doch zweihundert Milliliter Champagner und zweihundert Gramm Pudding erübrigen?«

Offenbar nicht, denn der Boss bemerkt verbittert, dass ich mein Glas schon zur Hälfte geleert habe. Man sieht seine Anstrengung, den Verlust zu verkraften. Immerhin, die Crème ist noch zu retten. Mit dem Gesicht eines Bitteren, der kurzfristig Freude empfindet, fischt der Geizige nach dem Teller mit der Schale und zieht ihn schwungvoll an sich. Uff, in Sicherheit. Ich appelliere ein letztes Mal an den höheren Lohn der Gastfreundschaft, vergeblich. Der Boss dreht ab. Ohne Lächeln, ohne Leichtigkeit. Ich rufe ihm noch nach, dass ich warten würde, sollte er die Polizei rufen. Ich sei zu schwach, um davonzurennen. Auch dieser launige Hinweis verführt zu keinem Zeichen der Heiterkeit. Der Boss kocht.

Ich rauche noch einen Zigarillo, trinke den letzten Tropfen »Taittinger brut« und schultere meinen Rucksack. Von Luzia Braun, die ganz in der Nähe im Wagen saß, höre ich lustige Sachen. Mehrmals habe sie Passanten meinen Auftritt kommentieren hören. Der immer gleiche Tenor: Was soll der Typ hier? Der muss sich verlaufen haben!

Grinsend mache ich mich auf den Weg, jetzt kommen die tatsächlich letzten dreitausend Meter. Ein Wetter für Gladiatoren begleitet mich. Berlin ist eine Weltstadt, reine Glücksluft treibt mich an. Ich spiele mein Lieblingsspiel, wenn ich in einen Ort komme, der mir gefällt. Ich spiele »unverschämt reicher Scheich«, blicke die

Fassaden der schönen Häuser hoch und rufe meinem Sekretär hinter mir zu, die Adresse der Wohnung dort drüben im dritten Stock oder die mit dem Atelierfenster oder jene links oben mit der Dachterrasse zu notieren. Er solle die Bewohner kontaktieren und meinen Besuch für morgen ankündigen. Eventuell kaufe ich die eine oder andere. Vielleicht auch alle.

Nach einer knappen Stunde stehe ich am Rande der lange versprochenen Badewanne. Der gute Mensch vom Prenzlauer Berg hat Wort gehalten. Um 19.56 Uhr hebe ich das linke Bein in warmes Berliner Wasser. Strauchle leicht. Aus Schwäche? Aus Glück? Nach 1 863 918 Schritten, nach siebzehn Blasen, nach 217 Pumps, nach 3 647 verlorenen Gramm Körperfleisch, nach 34 Tagen und 33 Nächten, nach einer Tonne kleinlauter Gedanken und einer anderen voller Enthusiasmus und Überschwang bin ich am Ziel. Ich versinke. Durch die Badezimmertür höre ich jemanden den wunderschönen Satz rufen: »Altmann, deine Sachen stinken bestialisch, wohin damit?«

Nachwort

Ich bin voller Dankbarkeit für alle, die etwas mit mir teilten. Ein Brot, zwei Äpfel, ein Bounty, ein paar Münzen. Oder ein Wort, eine Geschichte, ein Geheimnis, einen Blick in ihr Herz. Oder eine Gemeinheit, ein rüdes Wort, eine knallharte Absage, eine Trostlosigkeit für die nächste Nacht. Bereichert werden kann man auf so verschiedene Weise.

Um Nachsicht bitte ich für die Lügen, die ich bisweilen erzählte. Sie mussten sein. Um herauszufinden, ob mein Gegenüber mir etwas schenkt, einfach so, ohne die Aussicht, später einmal lobend oder tadelnd erwähnt zu werden. Ich wollte dem potenziellen Spender nichts anderes anbieten als mich selbst. Einen Mann eben, hungrig und durstig. Ich log nie, um jemanden bloßzustellen. Ich log aus drei Gründen: um nicht vom Fleisch zu fallen. Um eine Ahnung von Wahrheit zu finden. Aus Freude am Spiel.

Die meisten Namen sind geändert. Um die Anonymität der Betroffenen zu schützen.

IMMER WIEDER AFRIKA!

»Wunderbares Afrika, wie rasch sich
die Angst und das Glück abwechseln.«
Andreas Altmann

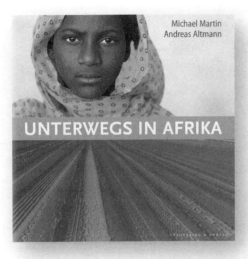

Michael Martin,
Andreas Altmann
UNTERWEGS IN AFRIKA
Bildband
192 S., 210 Farbf.,
geb. mit SU
25,5 x 25,5 cm
ISBN 3-89405-604-5
€ 19,95 [D]
€ 20,60 [A]
SFr. 35,–

Der Fotograf Michael Martin und der Schriftsteller Andreas Altmann reisen seit über zwanzig Jahren immer wieder nach Afrika. In ihrem gemeinsamen Buch erleben wir die beeindruckende Vielfalt der Natur von den kargen Wüstenlandschaften der Sahara bis zu den fruchtbaren Ufern des Nils, und tauchen ein in das Alltagsleben der Menschen, ob in den Gassen von Kairo oder in den Klöstern Äthiopiens. Die Bilder und Texte erzählen Abenteuer und Geschichten – Eine Hommage an den faszinierenden Kontinent.

NATIONAL GEOGRAPHIC TASCHENBÜCHER
VON FREDERKING & THALER

IRGENDWO IN AFRIKA

REISEN · MENSCHEN · ABENTEUER

Théodore Monod
Wüstenwanderungen
Spurensuche in der Sahara
ISBN 3-89405-140-X

Dass ausgerechnet ein Meereszoologe vom Wüstenfieber gepackt wird! Théodore Monod berichtet über seine Wanderungen durch die Sahara in den 20er und 30er Jahren – ein informatives und bleibend aktuelles Standardwerk.

Anthony Sattin
Im Schatten des Pharao
Altes Ägypten in neuer Zeit
ISBN 3-89405-181-7

Ausgestattet mit unveröffentlichten Aufzeichnungen aus den 20er Jahren, macht sich Anthony Sattin auf eine ungewöhnliche Suche: Er fahndet nach den Spuren, die 5.000 Jahre Geschichte im heutigen Ägypten hinterlassen haben – und all ihren Widersprüchen.

Felice Benuzzi
Gefangen vom Mount Kenia
Gefährliche Flucht in ein Bergsteigerabenteuer
ISBN 3-89405-168-X

Die verrückte Geschichte des italienischen Kriegsgefangenen Benuzzi, der mit zwei Gefährten aus einem britischen Lager flieht – nur um den Gipfel des Mount Kenia zu besteigen. Selbst wilde Tiere und die Unbilden der Natur können das Trio nicht stoppen.

So spannend wie die Welt.

NATIONAL GEOGRAPHIC
FREDERKING & THALER
www.frederking-thaler.de

**NATIONAL GEOGRAPHIC TASCHENBÜCHER
VON FREDERKING & THALER**

ABENTEUER IM GEPÄCK

Oss Kröher
Das Morgenland ist weit
Die erste Motorradreise vom Rhein zum Ganges
ISBN 3-89405-165-5

Deutschland, 1951: Zwei junge, wagemutige Männer wollen raus aus dem Nachkriegsmuff. Mit einem Beiwagengespann machen sie sich auf den Weg nach Indien. Ein spritziger Bericht voll mitreißender Aufbruchsfreude.

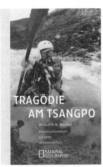

Wickliffe W. Walker
Tragödie am Tsangpo
Wildwasserexpedition auf Tibets verbotenem Fluss
ISBN 3-89405-177-9

Unfassbare 2.700 Höhenmeter stürzt sich der Tsangpo in Tibet durch eine der wildesten Schluchten der Welt. Die Erstbefahrung gelang nur um den Preis eines Toten. Ein ungemein packender Expeditionsbericht.

Christian E. Hannig
Unter den Schwingen des Condor
Rad-Abenteuer zwischen Anden und Pazifik
ISBN 3-89405-133-7

Mit dem Fahrrad ins Abenteuer: Auf seiner Fahrt von Bolivien über die Anden bis nach Lima schließt der Autor Freundschaft mit Indios, gerät in einen Rebellenaufstand und begibt sich auf die geheimnisvollen Spuren der Inka.

So spannend wie die Welt.

NATIONAL GEOGRAPHIC
FREDERKING & THALER
www.frederking-thaler.de

REISEN · MENSCHEN · ABENTEUER

**NATIONAL GEOGRAPHIC TASCHENBÜCHER
VON FREDERKING & THALER**

AUF ALTEN PFADEN

REISEN · MENSCHEN · ABENTEUER

Karin Muller
Entlang der Inka-Straße
Eine Frau bereist ein ehemaliges Weltreich
ISBN 3-89405-164-7

Das Straßennetz der Inka, mit dessen Hilfe sie ihr Riesenreich kontrollierten, ist legendär – und wenig bekannt. Zu Fuß erkundet Karin Muller die alten Routen von Ecuador bis nach Chile. Ein Forschungs- und Reisebericht zugleich, packend und humorvoll geschrieben.

Eberhard Neubronner
Das Schwarze Tal
Unterwegs in den Bergen des Piemont
Mit einem Vorwort von Reinhold Messner
ISBN 3-89405-178-7

Nur eine Autostunde von Turin scheint die Welt eine andere zu sein: aufgegebene Dörfer, verlassene Täler in den piemontesischen Alpen. Unsentimental und doch poetisch schildert Neubronner die wildromantische Landschaft und die Menschen, die in ihr leben.

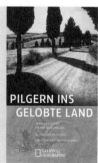

Jean Lescuyer
Pilgern ins Gelobte Land
Zu Fuß und ohne Geld von Frankreich nach Jerusalem
ISBN 3-89405-167-1

Eine Pilgerreise, die kaum zu überbieten ist: Zu Fuß von Lourdes nach Jerusalem, ohne Geld und mit viel Gottvertrauen.
Acht Monate Zweifel und Gefahren, aber auch beglückende Erfahrungen und berührende Begegnungen.

So spannend wie die Welt.

**NATIONAL GEOGRAPHIC
FREDERKING & THALER**
www.frederking-thaler.de

NATIONAL GEOGRAPHIC TASCHENBÜCHER
VON FREDERKING & THALER

IM BLICKPUNKT ASIEN

REISEN · MENSCHEN · ABENTEUER

Maria Coffey
Mond über Vietnam
Streifzüge mit Boot und Fahrrad
ISBN 3-89405-166-3

Vom Mekong-Delta im Süden bis zum Roten Fluss im Norden bereist Maria Coffey drei Monate lang vor allem die Küste Vietnams. Tradition und Moderne, Kriegstrauma und Alltag: die sensible Schilderung eines Landes im Umbruch.

Judy Schultz
Im Land des Himmelsdrachen
Impressionen aus China
ISBN 3-89405-170-1

Wohl wenige Länder haben sich in den letzten 20 Jahren so gewandelt wie China. Judy Schultz erfasst diese Zeitspanne in mehreren Reisen. Genau beobachtend und mit offenem Sinn, muss sie immer wieder feststellen: die Realität ist anders als ihre Vorstellungen.

Josie Dew
Tour de Nippon
Mit dem Fahrrad allein durch Japan
ISBN 3-89405-174-4

Josie Dew ist nicht unterzukriegen: Seit Jahren radelt die Engländerin durch die Welt und berichtet davon auf humorvolle Weise. Diesmal erkundet sie Japan – und ihre Schilderungen von Land und Leuten sind so spannend wie ihre Reiseerlebnisse.

So spannend wie die Welt.

FREDERKING & THALER
www.frederking-thaler.de